W0339615

MÉMOIRES DE VIE
MÉMOIRES D'ÉTERNITÉ

ÉLISABETH KÜBLER-ROSS

MÉMOIRES DE VIE
MÉMOIRES D'ÉTERNITÉ

France Loisirs
123, boulevard de Grenelle, Paris

Titre de l'édition originale
THE WHEEL OF LIFE : A MEMOIR OF LIVING AND DYING
publiée par Scribner, New York.

Traduit de l'américain par Loïc Cohen

Une Édition du Club France Loisirs, Paris,
réalisée avec l'autorisation des Éditions Jean-Claude Lattès.

Le Code de la propriété intellectuelle n'autorisant, aux termes des paragraphes 2 et 3 de l'article L. 122-5, d'une part, que les « copies ou reproductions strictement réservées à l'usage privé du copiste et non destinées à une utilisation collective » et, d'autre part, sous réserve du nom de l'auteur et de la source, que les « analyses et les courtes citations justifiées par le caractère critique, polémique, pédagogique, scientifique ou d'information », toute représentation ou reproduction intégrale ou partielle, faite sans le consentement de l'auteur ou de ses ayants droit ou ayants cause, est illicite (article L. 122-4). Cette représentation ou reproduction, par quelque procédé que ce soit, constituerait donc une contrefaçon sanctionnée par les articles L. 335-2 et suivants du Code de la propriété intellectuelle.

© 1997, by Élisabeth Kübler-Ross.
© 1998, éditions Jean-Claude Lattès pour la traduction française.
ISBN 2-7441-1777-3

Je dédie ce livre à mes enfants,
Kenneth et Barbara

« Lorsque nous avons accompli notre mission sur terre, nous sommes alors autorisés à passer au plan supérieur. Nous pouvons ainsi abandonner notre corps, qui emprisonne notre âme de la même manière que la chrysalide enferme le futur papillon. Alors, nous serons libérés de toute souffrance, de toute peur et de tout souci... nous serons libres comme un magnifique papillon qui retourne chez lui, au royaume de Dieu... »

Extrait d'une lettre d'un enfant cancéreux.

LA ROUE DE LA VIE

LA SOURIS

(l'enfance)

La souris aime se faufiler partout. Elle est vive, malicieuse et toujours en avance sur les autres.

L'OURS

(la jeunesse)

L'ours est très tranquille. Il aime hiberner. Il se souvient de ses jeunes années et rit doucement en apercevant la souris qui court dans tous les sens.

LE BISON

(l'âge mûr)

Le bison adore errer en liberté dans les prairies. Il passe sa vie en revue dans un environnement calme et confortable et attend avec impatience de se débarrasser du lourd fardeau de la vie pour devenir un aigle.

L'AIGLE

(les dernières années)

L'aigle adore s'élever très haut au-dessus du monde, non pas pour observer les gens avec dédain, mais pour les encourager à regarder vers le ciel.

1

LE HASARD N'EXISTE PAS

Ce livre fera peut-être œuvre utile. Des années durant, j'ai été poursuivie par une réputation exécrable, par des gens qui me considéraient comme la dame des *Derniers Instants de la vie*[1]. Ils pensaient que avoir passé plus de trois décennies à poursuivre des recherches sur la mort et la vie après la mort me rendait automatiquement experte en la matière. Je crois qu'ils sont à côté de la question. Le seul fait indéniable concernant mon travail a trait à l'importance de la vie.

J'ai toujours dit que la mort peut constituer l'une des plus grandes expériences que l'on puisse connaître. Si vous vivez chaque jour de votre existence dans la droiture, alors vous n'avez rien à craindre d'elle.

Peut-être ce livre, qui est certainement mon dernier, éclaircira-t-il ce point. Il suscitera sans doute également quelques questions nouvelles et pourra peut-être même en fournir les réponses.

De l'endroit où je suis assise aujourd'hui, dans le salon rempli de fleurs de ma maison de Scottsdale, dans l'Arizona, les soixante-dix dernières années de

1. *Les Derniers Instants de la vie,* Élisabeth Kübler-Ross, éditions Labor et Fides, 1975.

ma vie me semblent extraordinaires. Moi, la petite fille élevée en Suisse, je n'aurais jamais pu imaginer, pas même dans mes rêves les plus fous — et ils étaient particulièrement fous —, que je deviendrais un jour l'auteur de ce livre mondialement célèbre, *Les Derniers Instants de la vie*, dont le thème central m'a propulsée au centre d'une controverse médicale et théologique. Pas plus que je n'aurais pu imaginer que je passerais ensuite le reste de ma vie à expliquer que la mort n'existe pas.

Selon mes parents, j'étais destinée à devenir une femme au foyer gentille et bigote, comme tant d'autres Suissesses. Au lieu de cela, j'ai fini par devenir une psychiatre, un auteur et une conférencière aux idées bien arrêtées, installée dans le sud-ouest des États-Unis, qui communique avec des esprits habitant un monde qui, j'en suis persuadée, recèle bien plus de tendresse et de merveilles que le nôtre. Je pense que la médecine moderne est devenue semblable à un prophète qui nous annoncerait une vie dépourvue de toute souffrance. C'est absurde. Selon moi, la seule chose qui puisse vraiment guérir les gens est l'amour inconditionnel.

Certaines de mes opinions sont non conformistes. Ainsi, par exemple, ces dernières années, j'ai souffert d'une demi-douzaine d'attaques cérébrales, parmi lesquelles une petite crise juste après Noël 1996. Mes médecins m'ont mise en garde, me suppliant d'arrêter le café, les cigarettes et le chocolat. Mais je continue toujours à m'adonner à ces petits plaisirs. Pourquoi pas ? C'est ma vie, après tout.

C'est ainsi que j'ai toujours vécu. C'est vrai, j'ai des idées bien arrêtées, je suis très indépendante, têtue comme une mule et un peu déséquilibrée, et alors ? C'est comme ça que je suis, c'est tout.

Même si les pièces du puzzle de ma vie ne semblent pas s'ordonner harmonieusement, mon expérience m'a enseigné qu'il n'y a pas de hasard dans la vie.

Tout ce qui m'est arrivé *devait* m'arriver.

Mon destin était de m'occuper des mourants. Je n'ai pas eu le choix lorsque j'ai rencontré mon premier patient atteint du sida. J'ai eu le sentiment que l'on me demandait de parcourir 400 000 kilomètres chaque année pour animer des séminaires afin d'aider les gens à gérer les aspects les plus douloureux de la vie, de la mort et de la période intermédiaire. Plus tard dans ma vie, une force irrésistible m'a incitée à acheter une ferme de 120 hectares dans la campagne virginienne, où j'ai fondé mon propre centre de soins et où j'avais fait le projet d'adopter des bébés atteints du sida. En outre, même s'il m'est toujours difficile de l'accepter, mon destin était d'être chassée de cet endroit idyllique.

Après avoir rendu publique mon intention d'adopter des bébés atteints du sida en 1985, je suis devenue la personne la plus exécrée de toute la vallée de Shenandoah et, même si j'ai vite renoncé à ce projet, un groupe d'hommes fit tout ce qu'il put — hormis me tuer — pour me faire déguerpir. Ils ont tiré sur mes fenêtres et sur mes animaux — autant de « messages » qui, dans cet endroit splendide, ont vite rendu ma vie insupportable et dangereuse. Mais c'était ma maison, et j'entendais bien y rester.

Je m'étais installée dans cette ferme, à Head

Waters, dix ans auparavant. Elle incarnait tous mes rêves et j'ai consacré tout l'argent que m'avaient rapporté mes livres et mes conférences à faire de ce rêve une réalité. J'ai construit ma maison, une cabane avoisinante et une ferme. J'ai bâti un centre de soins où j'ai animé mes stages, ce qui m'a permis de réduire grandement le nombre impressionnant de mes voyages. J'avais prévu d'adopter des bébés atteints du sida pour qu'ils puissent profiter au maximum, au grand air dans ce paysage magnifique, des jours qu'il leur restait à vivre.

La vie simple à la campagne me comblait entièrement. Rien ne me procurait autant de détente après un long voyage en avion que de me retrouver sur l'allée qui serpente jusqu'à ma maison. Le silence de la nuit était plus apaisant qu'un somnifère. Au matin, j'étais réveillée par la symphonie des vaches, chevaux, poulets, cochons, ânes... tous les pensionnaires de ma ménagerie qui me souhaitaient la bienvenue. Les champs déroulaient leurs tapis étincelants de rosée fraîche aussi loin que mon regard pouvait se porter, tandis que de vieux arbres m'offraient leur sagesse silencieuse.

Ce n'est pas le travail qui manquait. Mes mains étaient sales. Elles étaient pleines de terre, d'eau et de soleil. Elles travaillaient avec les matériaux de la vie.

Ma vie.

Mon âme était ici.

Et puis, le 6 octobre 1994, ma maison fut incendiée.

Elle a brûlé complètement, et j'ai tout perdu. Tous mes documents furent détruits. Tout ce que je possédais avait été réduit en cendres.

J'étais en train de courir dans l'aéroport de Baltimore pour essayer de sauter dans un avion afin de rentrer chez moi, lorsque j'ai appris la nouvelle de l'incendie. L'ami qui m'a avertie m'a alors suppliée de ne pas rentrer chez moi, pas encore. Mais, durant toute ma vie, on m'a donné des conseils : ne pas devenir médecin, ne pas converser avec les mourants, ne pas créer un dispensaire pour sidéens dans une prison. Chaque fois, j'ai fait avec obstination ce que je croyais juste plutôt que ce que l'on me demandait de faire. Maintenant, les choses n'étaient pas différentes.

Tout le monde traverse des difficultés dans la vie. Plus vous en aurez, et plus vous apprendrez et évoluerez.

Le vol fut très rapide. Je me retrouvai bien vite sur le siège arrière de la voiture d'un ami, et nous avons roulé à toute vitesse sur les routes de campagne plongées dans l'obscurité. Il était près de minuit. À quelques kilomètres de la maison, j'ai aperçu les premiers signes de l'incendie : des colonnes de fumées et de flammes se détachaient sur un ciel parfaitement noir. J'ai tout de suite compris qu'il s'agissait d'un terrible sinistre. De près, la maison, ou ce qu'il en restait, était à peine visible derrière le rideau de flammes. J'ai eu l'impression de me trouver au milieu de l'enfer. Les pompiers me dirent qu'ils n'avaient jamais rien vu de pareil. La chaleur intense les a tenus à distance durant toute la nuit et toute la matinée.

Tard cette nuit-là, j'ai trouvé refuge dans la ferme voisine où je logeais mes invités. Je me suis préparé une tasse de café, j'ai allumé une cigarette et j'ai réfléchi à tout ce que j'avais perdu dans ce brasier qui était autrefois ma maison. J'étais effondrée : cette catastrophe était incompréhensible. Parmi tout ce que j'avais perdu, il y avait les journaux intimes où mon père relatait mon enfance, mes papiers et journaux personnels, quelque vingt mille observations se rapportant à ma recherche sur la vie après la mort, ma collection d'objets d'art, de photos et de vêtements indiens... tout, j'avais tout perdu.

Vingt-quatre heures durant, je suis restée prostrée. Je ne savais pas comment réagir — fallait-il que je pleure, que je hurle, que je brandisse un poing vengeur vers Dieu ou que je me contente de rester bouche bée face à ce coup impitoyable du destin ?

L'adversité ne peut que vous rendre plus fort.

Les gens me demandent toujours à quoi ressemble la mort. Je leur réponds qu'elle est merveilleuse, qu'elle est l'expérience la plus facile.

La vie est dure. La vie est un combat.

La vie, c'est comme l'école. On vous y apprend de nombreuses leçons. Plus vous avancez dans cet apprentissage, et plus les leçons deviennent difficiles.

Cet incendie était l'une de ces dures leçons. Étant donné qu'il ne servait à rien de nier la perte que je venais de subir, je l'ai acceptée. Que pouvais-je faire d'autre ? Après tout, il ne s'agissait que d'un ensemble d'objets et, quelle qu'ait été leur importance sentimentale ou matérielle, ils n'étaient rien en comparaison de la valeur de la vie. J'étais indemne. Mes deux enfants adultes, Kenneth et Barbara, étaient sains et saufs. Quelques pauvres types avaient bien réussi à réduire en cendres ma maison et tout ce qu'elle contenait, mais moi, ils n'avaient pas pu me détruire.

Dès lors que vous avez appris vos leçons, la douleur disparaît.

Ma vie, qui a commencé à l'autre bout du monde, a été particulièrement riche, mais jamais facile. C'est une constatation, je ne m'en plains pas. J'ai appris que l'on ne peut connaître le bonheur sans traverser des périodes difficiles. Il n'y a pas de plaisir sans souffrance. Pourrait-on concevoir le bonheur de la paix sans la détresse de la guerre ? Sans le sida, aurait-on compris que l'humanité est en danger ? Sans la mort, pourrait-on apprécier la vie ? Sans la haine, aurions-nous compris que le but suprême est l'amour ?

Comme j'aime à le dire : « Si l'on avait protégé des ouragans les terrains où se sont creusés les canyons, vous ne pourriez pas contempler ces paysages fantastiques que l'érosion a sculptés au fil des siècles. »

Je reconnais qu'il est difficile d'associer cette nuit d'octobre — il y a de cela deux ans — avec le concept de la beauté. Mais, durant toute ma vie, j'ai dû faire face à de tels défis, scrutant l'horizon pour y découvrir quelque chose de pratiquement impossible à voir. Dans de telles circonstances, on peut s'enfoncer dans la négativité et chercher des coupables, ou bien on peut choisir la voie de la guérison et de l'amour. Comme je suis persuadée que notre unique raison d'être est d'évoluer, mon choix fut vite fait.

Et c'est ainsi que, quelques jours après l'incendie, je suis allée en ville pour reconstituer ma garde-robe et me préparer à la suite des événements, quels qu'ils dussent être.

D'une certaine manière, ceci est l'histoire de ma vie.

Première partie

LA SOURIS

2

LE COCON

Tout au long de notre vie, nous recevons des indices sur la voie que nous sommes supposés suivre. Si vous n'y prêtez pas attention, alors vous ferez des mauvais choix et votre vie sera misérable. Si vous demeurez attentif, vous apprendrez vos leçons et votre vie sera agréable et riche, tout comme votre mort, d'ailleurs.

Le plus beau don que Dieu nous a accordé est le libre arbitre. C'est ainsi que nous avons sur nos épaules la responsabilité de prendre un nombre très important de décisions.

Je pris ma première grande décision lorsque j'étais en sixième. Vers la fin du semestre, le professeur nous proposa un sujet de rédaction. Nous devions rédiger un texte sur ce que nous voulions devenir lorsque nous serions adultes. En Suisse, ce genre de devoir constituait un grand événement. Il jouait un rôle dans notre orientation scolaire. L'élève serait orienté vers un lycée professionnel, ou bien il s'engagerait dans un long et rigoureux cursus universitaire.

J'ai pris mon crayon et ma feuille avec un enthousiasme inhabituel. Mais même si je croyais brosser ainsi le tableau de mon destin, la réalité était tout autre. L'enfant ne peut décider seul de son avenir.

Pour faire ma rédaction, il m'a suffi de repenser à ce qui s'était passé la veille au soir. Au dîner, mon père avait écarté son couvert pour fixer du regard chaque membre de la famille : c'est ce qu'il faisait toujours avant une déclaration importante. Ernst Kübler était un homme vigoureux, dur, tout comme ses idées, d'ailleurs. Six ans plus tôt, il avait envoyé mon frère aîné, Ernst Jr., dans un pensionnat très strict. À présent, il s'apprêtait à révéler l'avenir qu'il avait fixé pour ses triplées.

Je fus émue par la dimension dramatique de cette scène lorsqu'il dit à Erika, la plus fragile des trois filles, qu'elle devrait poursuivre des études théoriques. Ensuite, il dit à Eva, la moins motivée des trois, qu'elle recevrait une éducation générale dans une école de maintien pour filles. Enfin, ses yeux se tournèrent vers moi et j'ai prié pour qu'il exauce mon rêve de devenir médecin.

Il savait bien ce que je voulais.

Mais je n'oublierai jamais l'instant suivant.

« Élisabeth, tu travailleras avec moi au bureau, m'a-t-il dit. J'ai besoin d'une secrétaire intelligente et efficace. C'est toi qui occuperas ce poste. »

Mon cœur se serra. Élevée avec mes deux autres sœurs jumelles, jusque-là ma vie avait été un combat pour trouver ma propre identité. Maintenant, à nouveau, on me refusait tout ce qui faisait de moi un être unique : mes pensées et mes sentiments. Je m'imaginais en train de travailler dans son entreprise, exécutant des tâches administratives et comptables, assise derrière un bureau toute la journée. Les jours auraient passé, aussi monotones que des lignes sur du papier millimétré.

Cela ne me correspondait en rien. Toute petite

déjà, j'étais extrêmement curieuse de la vie. Je contemplais le monde avec une admiration mêlée de crainte et de respect. Je rêvais de devenir médecin de campagne, ou, mieux encore, d'aller soigner les pauvres en Inde comme l'avait fait mon héros, Albert Schweitzer, en Afrique. Je ne savais pas d'où me venaient ces idées, mais je savais que je n'étais pas faite pour travailler dans le bureau de mon père.

« Non, merci ! » ai-je répliqué sèchement.

À cette époque, une telle rébellion de la part d'un enfant n'était pas très appréciée, surtout dans ma famille. Mon père devint rouge de colère. Ses veines temporales se gonflèrent. Puis, il explosa : « Si tu ne veux pas travailler dans mon bureau, alors tu passeras le reste de ta vie comme domestique », hurla-t-il. Puis, il se rua dans son bureau.

« Ça me convient parfaitement », répondis-je d'un ton sec. Et je le pensais vraiment. Je préférais travailler comme bonne et m'accrocher à mon indépendance plutôt que de laisser un autre, fût-il mon père, me condamner à une vie de comptable ou de secrétaire. Pour moi, cela équivalait à être jetée en prison.

Tout cela fit que, le lendemain matin à l'école, mon cœur battait et mon crayon m'échappait lorsqu'il fut temps de rédiger cette dissertation. Pas une seule fois, je ne mentionnai dans ma copie un quelconque emploi de bureau. En revanche, je décrivis avec passion comment je suivrais les traces de Schweitzer dans la jungle à la recherche des nombreuses formes de vie. « Je veux découvrir le sens de la vie. » Bravant mon père, j'affirmais dans mon texte que mon rêve était aussi de devenir médecin. Il m'était égal que mon père lût ma rédaction et entrât à nouveau dans une colère folle. Personne ne pouvait me priver de mes rêves. « Un jour, je suis sûre que je pourrai me débrouiller toute seule, ai-je écrit. Nous devrions toujours nous fixer les buts les plus élevés. »

Enfant, je me posais les questions suivantes : pourquoi suis-je née une triplée, dépourvue d'une identité claire ? Pourquoi mon père était-il si dur ? Pourquoi ma mère était-elle si tendre ?

Les choses devaient être ainsi. Cela faisait partie du Plan.

Je crois que chaque être a un bon génie ou un ange gardien qui l'aide à effectuer la transition entre la vie et la mort et qui l'aide également à choisir ses parents avant de venir au monde.

Mes parents formaient un couple tout à fait typique de la haute bourgeoisie conservatrice zurichoise. Leurs deux personnalités démontraient le bien-fondé du vieil axiome selon lequel les contraires s'attirent. Mon père, directeur adjoint de la plus grosse entreprise de fournitures de bureau de la ville, était un homme solide, sérieux, responsable et économe. Ses yeux marron foncé ne pouvaient apparemment distinguer que deux possibilités dans la vie : sa conception personnelle des choses, la bonne, et la mauvaise, celle des autres.

Mais il avait aussi une passion dévorante pour la vie. Il organisait des fêtes où l'on chantait à tue-tête autour du piano familial et sa grande passion était d'explorer les merveilleux paysages suisses. Membre du prestigieux Ski Club de Zurich, mon père connaissait le bonheur parfait lorsqu'il faisait des randonnées, de l'escalade ou du ski en montagne. C'est une passion qu'il a transmise à ses enfants.

Ma mère respirait la santé, toujours bronzée même si elle ne participait pas à nos activités de plein air avec le même enthousiasme que mon père. Menue et séduisante, c'était une ménagère à l'esprit pratique, et elle était fière de son savoir-faire. C'était une bonne cuisinière. Elle confectionnait bon nombre de ses vêtements, tricotait des pull-overs bien chauds, entretenait parfaitement son intérieur et prenait si bien soin du jardin que de nombreuses personnes venaient l'admirer. Elle représentait un atout majeur pour mon père, car il pouvait ainsi se consacrer à son travail dans les meilleures conditions. Après la naissance de mon frère, elle fit tout son possible pour être une bonne mère.

Mais elle désirait une jolie petite fille pour parfaire le tableau. Elle tomba enceinte pour la deuxième fois et la grossesse se passa sans la moindre difficulté. Quand elle commença à avoir des contractions le 8 juillet 1926, elle se mit à prier pour avoir un petit bout de chou bouclé qu'elle pourrait habiller avec des vêtements somptueux, semblables à ceux d'une poupée. Le Dr B., une obstétricienne âgée, l'aida à surmonter les douleurs des contractions. Mon père, que l'on avait prévenu à son bureau, arriva à l'hôpital au terme de neuf mois d'impatience. Le docteur tendit les bras pour attraper un bébé, le plus petit nouveau-né que l'on ait jamais vu naître vivant dans cette salle d'accouchement.

Il s'agissait de moi. Je pesais deux livres. Le docteur fut consterné en découvrant ma petite taille. Je ressemblais à une petite souris. Personne ne s'attendait à ce que je survive. Quoi qu'il en soit, dès que mon père entendit mon premier cri, il se précipita sur le téléphone installé à l'extérieur dans le couloir pour informer Frieda, sa mère, qu'elle venait d'avoir un autre petit-fils.

Lorsqu'il revint précipitamment dans la salle d'accouchement, l'infirmière lui dit la vérité : « Mme Kübler a en fait donné naissance à une fille. » Elle lui expliqua alors qu'il était souvent difficile de déterminer tout de suite le sexe de si petits bébés. Sur ce, il se précipita à nouveau sur le téléphone pour annoncer à sa mère qu'elle était pour la première fois grand-mère d'une petite fille. « Nous pensons l'appeler Élisabeth », dit-il avec fierté.

Lorsque mon père pénétra de nouveau dans la salle d'accouchement pour réconforter ma mère, une autre surprise l'attendait. Un deuxième bébé venait de naître. Tout comme moi, ce bébé-là était tout petit et ne pesait que deux livres. Quand mon père eut informé sa mère de ces bonnes nouvelles, il s'aperçut que ma mère souffrait toujours considérablement. Elle affirmait avec force que ce n'était pas fini, qu'un autre enfant allait venir au monde. Mon père crut qu'il s'agissait d'une lubie provoquée par la fatigue, et la vieille doctoresse expérimentée lui donna raison sans en être tout à fait persuadée.

Mais, soudain, ma mère commença à avoir de nouvelles contractions. Elle se mit à pousser et, quelques instants plus tard, elle donnait naissance à une troisième fille. Celle-là était un gros bébé pesant six livres et demie, trois fois le poids de chacune des deux autres filles. Et elle était toute bouclée ! Ma mère, bien qu'épuisée, était enchantée ! Elle avait finalement la petite fille dont elle avait rêvé ces neuf derniers mois.

Le Dr B., une femme âgée, prétendait avoir des dons de voyance. Nous étions les premières triplées à l'accouchement desquelles elle ait participé. Elle se mit à scruter méticuleusement nos visages et fit à ma mère des prédictions sur chacune d'entre nous. Elle dit qu'Eva, née la dernière, resterait toujours « la plus chère au cœur de sa mère » tandis qu'Erika, la deuxième, choisirait toujours « la voie du milieu ». Puis, le Dr B., me désignant d'un geste, expliqua que j'avais montré la voie aux deux autres et ajouta : « Vous n'aurez jamais à vous inquiéter de celle-là. »

Tous les journaux locaux annoncèrent la nouvelle excitante de la naissance de triplées dans leurs éditions du lendemain. Jusqu'à ce qu'elle découvre les gros titres, ma grand-mère pensa que mon père lui avait joué une farce stupide. Ma famille célébra notre naissance durant des jours et des jours. Seul mon frère ne partageait pas cet enthousiasme. Dorénavant, il ne pouvait plus espérer être choyé comme un petit prince béni des dieux. Il se retrouva enseveli sous une avalanche de couches. Il lui faudrait bientôt pousser une voiture d'enfant lourdement chargée jusqu'en haut d'une colline et surveiller ses trois sœurs assises sur trois pots identiques. Je suis presque certaine que le manque d'attention qui lui fut réservé après notre naissance explique les distances qu'il prit plus tard avec sa famille.

Pour moi, être une triplée était un cauchemar. C'est une situation que je ne souhaiterais pas à mon pire ennemi. Je n'avais d'autre identité que celle que nous partagions toutes les trois. Nous étions des sosies. Nous recevions les mêmes cadeaux. Nos professeurs nous attribuaient les mêmes notes. Lorsque nous nous promenions dans le parc, les passants voulaient savoir qui était qui. Il arrivait même parfois que ma mère soit dans l'incapacité de le dire.

C'était là un lourd fardeau psychologique à porter en permanence. Non seulement je ne pesais que deux livres à la naissance, avec, paraît-il, seulement une petite chance de survie, mais encore avais-je passé toute mon enfance à me demander qui j'étais. J'ai toujours eu le sentiment qu'il me fallait travailler dix fois plus dur que n'importe qui d'autre pour me prouver que j'étais digne... de quelque chose.... de vivre. C'était une torture quotidienne.

C'est seulement lorsque je suis devenue adulte que j'ai considéré les circonstances de mon enfance comme une bénédiction. Elles étaient celles que j'avais choisies avant de venir au monde. Elles n'étaient peut-être pas très agréables et j'en aurais sans doute préféré d'autres. Mais ce sont elles qui m'ont donné le mordant, la détermination et la vigueur qui m'ont permis d'accomplir tout le travail qui m'attendait.

3

UN ANGE À L'AGONIE

Après quatre années au cours desquelles mes sœurs et moi avons été élevées dans un appartement étriqué de Zurich qui ne nous offrait ni espace ni intimité, mes parents louèrent une charmante maison de campagne à deux étages à Meilen, un village suisse traditionnel situé sur les bords d'un lac à une demi-heure de train de Zurich. Elle était peinte en vert, ce qui nous incita à la baptiser la « Maison Verte ».

Notre nouvelle demeure était située sur une colline verdoyante qui surplombait le village. Elle avait en grande partie gardé son aspect d'antan et était entourée d'un petit jardin gazonné où nous pouvions courir et jouer. Il y avait aussi un jardin potager où nous faisions pousser nous-mêmes des légumes frais. Pleine d'énergie, je pris goût à la vie au grand air. De ce côté-là, j'étais bien la fille de mon père ! Je passais parfois toute la journée à sillonner les bois et les prairies, à l'affût des oiseaux et des animaux terrestres.

J'ai deux souvenirs précoces de cette époque, deux souvenirs qui ont joué un rôle très important dans la formation de ma personnalité adulte.

Le premier fut la découverte d'un livre d'images sur un village africain, livre qui devait déclencher mon éternelle curiosité concernant les différentes sociétés de la planète. Je fus immédiatement fascinée par les photos des enfants à la peau noire. J'essayais de mieux les comprendre en créant un monde imaginaire que je pouvais explorer à loisir, ainsi qu'un langage secret que mes sœurs et moi étions les seules à comprendre. Je harcelais mes parents pour qu'ils m'achètent une poupée noire, mais ce genre de poupée était introuvable en Suisse à cette époque. J'ai même renoncé à poursuivre ma collection de poupées jusqu'à ce que l'on m'en donnât quelques-unes à la peau noire.

Le jour où j'appris qu'une exposition sur l'art africain s'ouvrait au zoo de Zurich, je suis sortie de chez moi à la dérobée pour aller la voir. J'ai pris le train, comme je l'avais fait auparavant avec mes parents, puis j'ai trouvé facilement le zoo. J'ai pu admirer les percussionnistes africains et leurs magnifiques rythmes, si exotiques pour moi.

Pendant ce temps, toute la ville de Meilen était partie à la recherche de la petite Kübler, cette peste de petite fugueuse. En rentrant ce soir-là, je n'avais pas vraiment conscience de l'inquiétude que j'avais suscitée, mais je fus à juste titre punie.

À peu près à la même époque, je me rappelle avoir assisté à une course de chevaux en compagnie de mon père. Comme j'étais toute menue, il m'avait poussée devant les adultes pour que je puisse mieux voir. Je suis restée sur l'herbe humide tout l'après-midi. Malgré un léger refroidissement, je suis demeurée tranquillement assise afin de pouvoir admirer de près ces magnifiques chevaux. Puis, j'ai attrapé un rhume et tout ce dont je me souviens, c'est que j'ai passé la nuit à parcourir, dans un état somnambulique et délirant, le sous-sol de notre maison.

Lorsque ma mère m'a trouvée, j'étais complètement désorientée. Elle m'a conduite dans la chambre d'ami où elle pouvait me surveiller. C'était la première fois que je dormais sans mes sœurs. J'avais une grosse fièvre, qui se transforma rapidement en pleurésie et en pneumonie. Je savais que ma mère était en colère contre mon père parce qu'il était parti faire du ski et l'avait laissée assumer seule la garde épuisante de ses quatre enfants.

À quatre heures du matin, ma température ayant encore monté, ma mère pria un voisin de surveiller mon frère et mes sœurs, puis demanda à un autre voisin, M. H., qui avait une voiture, de nous conduire à l'hôpital. Elle m'enveloppa avec plusieurs couvertures et me tint dans ses bras pendant que M. H. roulait à toute allure en direction de l'hôpital pédiatrique de Zurich.

Ce fut mon premier contact avec la médecine hospitalière et, malheureusement, je n'en garde pas un très bon souvenir. La salle d'examen était glaciale. Personne ne m'a adressé la parole. Pas même un « bonjour ». Pas même un « Comment vas-tu ? » Rien. Un docteur arracha les couvertures qui recouvraient mon corps tremblant et me déshabilla rapidement. Il pria ma mère de quitter la salle. Ensuite, pour trouver la cause de mes problèmes, on me pesa, on m'examina avec rudesse sur toutes les coutures, on me demanda de tousser, bref on me traita comme une chose et non comme une petite fille.

Puis, tout ce dont je me souviens, c'est que je me suis réveillée dans une pièce étrange. En fait, cela ressemblait davantage à une cage de verre ou à un aquarium. Il n'y avait pas de fenêtres. Le silence était absolu. Une coupole d'éclairage était allumée pratiquement vingt-quatre heures sur vingt-quatre. Durant les quelques semaines qui suivirent, je vis défiler des gens en blouse blanche qui allaient et venaient sans prononcer un seul mot ni offrir un sourire amical.

Il y avait un autre lit dans l'aquarium. Il était occupé par une petite fille qui avait deux ans de plus que moi. Elle était toute menue et sa peau était si pâle et avait un aspect si maladif qu'elle semblait translucide. Elle me faisait penser à un ange sans ailes, un petit ange en porcelaine. Personne n'est jamais venu lui rendre visite.

À intervalles réguliers, elle perdait conscience, si bien que nous n'avons jamais pu entamer une véritable conversation. Mais nous nous sentions bien ensemble, détendues, et une certaine intimité s'était instaurée entre nous. Nous nous dévisagions sans cesse. C'était notre façon de communiquer. Nous avions des conversations longues, profondes et sérieuses sans prononcer la moindre parole. C'était une sorte de transmission de pensée naturelle. La seule chose que nous ayons à faire consistait à ouvrir nos yeux de petites filles pour mettre en marche le processus de transmission. Oh là là ! Nous avions tant de choses à nous dire !

Et puis, un jour, peu avant que ma propre maladie n'entre dans une phase critique, j'ai ouvert les yeux au sortir d'un rêve et j'ai vu ma camarade de chambre qui attendait mon réveil en m'observant. Nous avons eu alors une discussion merveilleuse, très profonde et très émouvante. Ma petite amie de porcelaine m'annonça qu'elle s'en irait plus tard cette nuit-là. Je m'inquiétai pour elle. « Ne t'en fais pas, dit-elle. Il y a des anges qui m'attendent. »

Ce soir-là, elle était plus agitée que d'habitude. Alors que j'essayais de capter son attention, elle regardait obstinément au-delà de moi, ou à travers moi. « Il faut que tu continues à te battre, me dit-elle. Tu vas y arriver. Tu vas retourner chez toi dans ta famille. » J'étais tout heureuse, mais bientôt, mon humeur changea brusquement. « Et toi ? » lui ai-je demandé.

Elle me répondit que sa vraie famille se trouvait « de l'autre côté » et m'assura qu'il n'y avait aucune raison de s'inquiéter. Nous avons échangé des sourires avant de nous rendormir. Le voyage qui attendait ma nouvelle amie ne nous inspirait aucune crainte. Cela nous semblait aussi naturel que le coucher du soleil ou que le lever de la lune.

Le lendemain matin, j'ai tout de suite vu que le lit de mon amie était vide. Aucun docteur, aucune infirmière ne dit mot au sujet de son départ, mais j'ai souri intérieurement en me rappelant ce qu'elle m'avait confié avant de partir. Peut-être en savais-je plus qu'eux. Depuis lors, je n'ai évidemment jamais oublié ma petite amie qui est apparemment morte toute seule, mais qui, j'en suis sûre, était attendue par des proches sur un plan différent. Au fond de moi, je savais qu'elle nous avait quittés pour un monde meilleur.

Quant à moi, je n'étais sûre de rien. Je détestais mon médecin. Je lui en voulais de ne pas avoir autorisé mes parents à m'approcher. En effet, il leur était interdit de dépasser la cage de verre. Ils me fixaient du regard de l'autre côté de celle-ci alors que j'avais désespérément besoin de me blottir dans leurs bras. Je voulais entendre leurs voix. Je voulais sentir la chaleur de leur peau et entendre le rire de mes sœurs jumelles. Au lieu de cela, je devais me contenter de voir mes parents derrière la vitre contre laquelle ils pressaient leurs visages. Ils brandissaient des dessins que mes sœurs m'avaient envoyés. Ils souriaient et me faisaient signe de la main. Voilà à quoi se résumaient leurs visites durant tout le temps que j'ai passé dans cet hôpital.

Mon seul plaisir consistait à arracher les peaux mortes de mes lèvres couvertes d'ampoules. C'était une sensation agréable et cela irritait au plus haut point mon médecin. Elle me tapait constamment sur la main et menaçait, si je ne mettais pas un terme à ces pratiques, de me ligoter pour m'immobiliser. Insoumise et excédée, je m'obstinais. Je ne pouvais m'arrêter. C'était mon seul amusement. Mais, un jour, peu après le départ de mes parents, cette cruelle doctoresse est entrée dans ma chambre, a vu mes lèvres ensanglantées et m'a ligoté les bras afin que je ne puisse plus toucher mon visage.

Je me servis alors de mes dents. Mes lèvres saignaient constamment. Cette femme me haïssait parce que j'étais une enfant entêtée, insoumise et désobéissante. Mais je n'étais rien de tout cela. J'étais malade et seule et j'avais désespérément besoin de chaleur humaine, à tel point que j'avais pris l'habitude de frotter mes jambes l'une contre l'autre pour sentir le toucher réconfortant de la peau humaine. Ce n'était pas une façon de traiter un enfant malade, et il y avait sans nul doute ici des enfants bien plus malades que moi et encore plus mal traités.

Puis, un matin, plusieurs docteurs se sont agglutinés autour de mon lit, murmurant quelque chose sur la nécessité de procéder à une transfusion sanguine. Tôt, le lendemain matin, mon père entra dans ma chambre désespérément vide et triste à mourir. Il était imposant et m'apparut tel un héros. Il m'annonça que j'allais recevoir un peu de son « sang de bohémien de première qualité ». Soudain, la pièce m'a paru plus riante. Nous nous sommes allongés sur des civières placées l'une à côté de l'autre et l'on a fixé des tubes à nos bras. Cet appareil qui aspirait et faisait circuler le sang était actionné à la manivelle et ressemblait à un moulin à café. Mon père et moi écarquillions les yeux devant ces tubes écarlates. À chaque coup de manivelle, le sang de mon père passait de son tube dans le mien.

« Grâce à cela, tu vas t'en sortir, dit-il d'un ton encourageant. Tu pourras bientôt rentrer à la maison. »

Naturellement, j'y ai cru dur comme fer.

À la fin de la transfusion, mon père s'est levé et m'a laissée à nouveau toute seule, ce qui me plongea dans une profonde tristesse. Cependant, après quelques jours, ma fièvre est tombée et ma toux s'est calmée. Et puis, un matin, mon père réapparut. Il m'ordonna de me lever et de longer le couloir jusqu'à un petit vestiaire. « Il y a un petit quelque chose qui t'attend là-bas », me dit-il.

Même si mon pas n'était pas très assuré, mon moral en partie recouvré me permit d'aller au bout du couloir, où je pensais que ma mère et mes sœurs m'attendaient pour me faire une surprise. Mais le vestiaire était vide. La seule chose qui s'y trouvait était une petite valise en cuir. Mon père passa la tête par l'embrasure de la porte et me dit d'ouvrir la valise et de m'habiller très vite. J'étais faible et j'avais peur de tomber, sans compter que j'avais à peine la force d'ouvrir la valise. Mais je ne voulais pas lui désobéir et rater peut-être une occasion de rentrer à la maison avec lui.

C'est pourquoi, de toutes mes forces, j'ai essayé d'ouvrir la valise. Et c'est alors que j'eus la plus belle surprise de toute ma vie. À l'intérieur, posée au-dessus de mes vêtements impeccablement pliés — c'était manifestement l'œuvre de ma mère — il y avait une poupée noire. C'était la poupée dont je rêvais depuis des mois. Je l'ai saisie et me suis mise à pleurer. Jusque-là, je n'avais jamais eu une poupée pour moi toute seule. Rien. Pas même un jouet ou même un vêtement, car je devais tout partager avec mes sœurs. Mais cette poupée noire était bien à moi, rien qu'à moi. Elle n'avait rien de commun avec les poupées d'Eva et d'Erika. J'étais si heureuse que j'ai eu envie de danser — si seulement mes jambes affaiblies avaient pu me le permettre.

À la maison, mon père m'a portée dans ses bras jusqu'à ma chambre et m'a mise au lit. Au cours des quelques semaines suivantes, je ne pus m'aventurer au-delà du fauteuil placé sur le balcon, où je me reposais avec ma précieuse poupée noire dans les bras. Là, je profitais de la chaleur du soleil en contemplant, admirative, les arbres et les fleurs au milieu desquels mes sœurs jouaient. J'étais si contente d'être de retour à la maison qu'il m'était égal de ne pas pouvoir jouer avec elles.

Avec tristesse, je dus renoncer à la rentrée des classes. Toutefois, un jour de grand soleil, ma professeur favorite, Mme Burkli, me fit la surprise de venir à la maison en compagnie de toute la classe. Ils se sont rassemblés sous mon balcon et m'ont fait une sérénade avec mes chansons préférées. Avant de partir, mon professeur me tendit un adorable ours noir, rempli de succulentes truffes au chocolat que j'ai dévorées en un temps record.

Lentement mais sûrement, j'ai retrouvé mon état normal et, ainsi que je l'ai réalisé bien plus tard dans ma vie — alors que je faisais partie depuis longtemps déjà de ces médecins hospitaliers en blouse blanche — cette guérison était due en grande partie à la meilleure médecine au monde : les soins, le réconfort et l'amour que l'on m'avait donnés à la maison... sans oublier quelques chocolats !

4

MON PETIT LAPIN NOIR

Mon père adorait prendre des photos de la famille dans les grandes occasions. Ensuite, il rangeait méticuleusement les clichés dans des albums. Il tenait également des journaux détaillés de nos faits et gestes — nos premières paroles, notre première nage, nos premiers pas, nos premières réflexions intelligentes ou drôles — des observations précieuses que j'avais toujours considérées avec mépris jusqu'à ce que la plupart d'entre elles disparaissent dans l'incendie. Grâce à Dieu, elles sont toujours présentes dans ma mémoire.

La période de Noël était toujours la plus agréable de l'année. En Suisse, chaque enfant travaille dur pour fabriquer de ses mains des cadeaux pour tous les membres de sa famille. Au cours des jours précédant Noël, nous tricotions ensemble des housses de cintres, brodions des mouchoirs fantaisie et imaginions de nouveaux points de couture pour les nappes et les dessous de plat. J'étais très fière de mon frère le jour où il rapporta à la maison un kit pour cirer les chaussures qu'il avait fabriqué dans l'atelier de menuiserie de son école.

Ma mère était la meilleure cuisinière du monde, mais elle gardait le meilleur de son art pour les périodes de vacances. Elle choisissait minutieusement les commerces où elle achetait sa viande et ses légumes, et elle n'hésitait pas à faire des kilomètres à pied pour aller chercher un produit particulier dans un magasin situé à l'autre bout du village.

Notre père était donc à nos yeux un homme économe, mais il rapportait toujours à la maison un bouquet d'anémones, de renoncules, de pâquerettes et de mimosas pour Noël. Chaque décembre, simplement en fermant les yeux, je peux encore sentir le parfum de ces fleurs. Il ramenait aussi à la maison des paquets de dattes, des figues sèches et d'autres gâteries qui faisaient de la période de Noël un moment mystérieux et très particulier. Ma mère mettait des fleurs et des branches de sapin dans tous les vases et décorait la maison de très belle manière. C'était une période d'enthousiasme et de grand optimisme pour l'avenir.

Le 25 décembre, mon père nous emmenait tous faire une longue marche à la recherche de l'enfant Jésus. Bon conteur, il nous avait fait croire que le scintillement de la neige indiquait la présence de l'enfant Jésus un peu plus loin devant nous. Nous n'avons jamais mis en doute ses paroles durant toutes ces années où nous avons parcouru forêts et collines, avec en permanence l'espoir de voir Jésus de nos propres yeux. La randonnée durait plusieurs heures, jusqu'à la tombée du jour. Alors, avec un soupir déçu, mon père décidait qu'il était temps de rentrer à la maison afin que notre mère ne s'inquiétât pas.

Mais à peine étions-nous arrivés dans le jardin que ma mère, emmitouflée dans un épais manteau, rentrait comme par hasard en même temps que nous, sans doute après avoir effectué quelques courses tardives. Nous rentrions alors tous ensemble dans la maison et découvrions dans une grande excitation que l'enfant Jésus était apparemment passé dans notre salle de séjour pour allumer toutes les bougies de l'immense sapin de Noël magnifiquement décoré. Derrière le sapin se trouvaient des paquets. Nous nous mettions alors à table pour un grand repas de fête à la lueur vacillante des bougies.

Plus tard, nous passions au salon qui faisait également office de salle de musique et de bibliothèque, et toute la famille entonnait de vieux chants de Noël aimés de tous. Ma sœur Eva s'installait au piano et mon frère l'accompagnait à l'accordéon. Mon père avait une magnifique voix de ténor et tout le monde se mettait à chanter avec lui. Puis, il nous lisait un conte de Noël pendant que nous l'écoutions, fascinés, assis à ses pieds. Tandis que ma mère rallumait les bougies sur le sapin puis préparait les desserts, nous nous faufilions derrière le sapin pour essayer de deviner le contenu de chaque paquet. Finalement, après le dessert, nous ouvrions les paquets et jouions jusqu'au moment d'aller au lit.

Les jours ouvrables, mon père partait tôt le matin pour prendre le train de Zurich. Il revenait déjeuner puis repartait à nouveau pour se rendre à la gare. Ma mère n'avait donc que peu de temps pour faire les lits et nettoyer la maison avant de préparer le déjeuner, qui se composait généralement de quatre plats. Nous devions tous participer au repas, et nous avions droit au « regard d'aigle » de mon père — qui ne plaisantait pas avec la discipline —

si d'aventure nous faisions trop de bruit ou si nous ne finissions pas complètement nos assiettes. Il avait rarement besoin d'élever la voix, aussi, lorsqu'il le faisait, nous nous tenions tous tranquilles. Sinon, il nous convoquait dans son bureau et nous savions bien ce que cela signifiait.

Je ne me souviens pas que mon père ait jamais perdu son calme avec Eva ou Erika. Erika était presque toujours gentille et calme. Eva était la favorite de ma mère. Aussi Ernst et moi étions les cibles habituelles des foudres de mon père. Celui-ci nous avait attribué à chacun un surnom : Erika était *Augedaechli,* ce qui veut dire « paupière », une façon symbolique de montrer à quel point elle était chère à son cœur, et peut-être aussi parce qu'il la voyait toujours à moitié endormie ou en train de rêvasser, avec ses yeux presque fermés. Étant donné que je sautais sans cesse de branche en branche, il m'avait surnommée *Meisli,* ou petit moineau, bien que parfois il modifiât ce surnom en m'appelant *Museli,* petite souris, parce que je ne restais jamais en place. Eva fut surnommée *Leu,* ce qui signifie lion, probablement en raison de sa magnifique et abondante chevelure, mais également à cause de son grand appétit ! Ernst était le seul à être appelé par son vrai prénom.

Le soir, longtemps après notre retour de l'école et celui de mon père de son travail, nous nous rassemblions tous dans la salle de musique pour chanter. Mon père, amuseur public très demandé au prestigieux Ski Club de Zurich, tenait absolument à ce que nous apprenions des centaines de chansons et romances populaires. Avec le temps, il devint manifeste qu'Erika et moi-même n'avions aucune disposition pour la musique et que notre contribution à ces concerts, par ailleurs pleins d'entrain, se résumait à une multitude de fausses notes. C'est pourquoi mon père nous affecta aux tâches de cuisine. Tous les jours ou presque, pendant que les autres chantaient, Erika et moi étions condamnées à laver la vaisselle et à chanter toutes les deux seules. Mais cela nous était égal. Lorsque nous avions fini la vaisselle, plutôt que de nous joindre aux autres, nous nous asseyions sur le comptoir, chantions de notre côté et demandions aux autres d'interpréter nos airs favoris, parmi lesquels l'*Ave Maria, Das Alte Lied,* et *Always.* C'étaient des moments magiques.

Quand venait le moment de se coucher, mes sœurs et moi dormions dans des lits et des draps identiques et nous posions nos vêtements identiques sur des chaises identiques. Des poupées aux livres, toutes nos affaires étaient strictement semblables. C'était exaspérant. Je me souviens de mon pauvre frère qui était obligé de jouer les chiens de garde pendant nos « petites commissions ». Son travail consistait à s'assurer que je ne me levais pas de mon pot avant que mes sœurs n'aient fini. Je n'appréciais pas du tout cette manière de procéder car j'avais l'impression que l'on m'avait passé une camisole de force. Tout cela étouffait mon désir de trouver ma propre identité.

À l'école, j'avais, beaucoup plus que mes sœurs, affirmé mon individualité. Excellente élève, surtout en mathématiques et en langues, j'étais cependant plus connue comme un défenseur des enfants faibles, sans défense ou handicapés contre les fauteurs de troubles. Je cognais si souvent avec mes poings le dos des brutes de l'école que ma mère ne s'étonnait plus lorsque le garçon boucher — « la commère » du village —, qui passait par chez nous après la classe, lui disait : « Betli sera en retard aujourd'hui. Elle est en train de tabasser l'un de ces petits voyous. » Mes parents ne m'adressaient aucun reproche, car ils savaient que je ne faisais que protéger des enfants sans défense.

Contrairement à mes sœurs, je m'intéressais énormément aux animaux. Au sortir de l'école maternelle, un proche ami de la famille de retour d'Afrique m'avait donné un petit singe que j'ai appelé Chicito. Nous sommes vite devenus amis intimes. Je recueillais aussi toutes sortes d'animaux et j'avais établi dans la cave un hôpital de fortune pour les oiseaux, les grenouilles et les serpents blessés. Un jour, j'ai réussi à guérir un corbeau blessé, tant et si bien qu'il a pu voler à nouveau. J'ai eu la nette impression que les animaux savaient d'instinct à qui ils pouvaient accorder leur confiance.

C'était certainement le cas de la bonne douzaine de petits lapins que nous avions installés dans une petite cage à poules dans le jardin. C'était surtout moi qui étais chargée de nettoyer leur cage, de les nourrir et de jouer avec eux. Même si ma mère inscrivait au menu du civet de lapin tous les deux ou trois mois, je ne me demandais jamais comment les lapins finissaient dans la cocotte, ce qui était bien commode. D'un autre côté, j'ai remarqué que les lapins ne s'approchaient de la porte de la cage que lorsque c'était moi qui y entrais, jamais quand n'importe quel autre membre de ma famille y pénétrait. Ce favoritisme me poussa à les gâter encore plus. Eux, au moins, ils savaient me distinguer de mes sœurs.

Lorsqu'ils ont commencé à se reproduire en grand nombre, mon père décida de réduire leur nombre et de n'en garder que certains. Je ne comprends toujours pas pourquoi il a agi ainsi. Ces lapins ne coûtaient rien à nourrir, étant donné qu'ils mangeaient du pissenlit et de l'herbe, lesquels poussaient en abondance dans notre jardin. Mais il a dû se dire qu'il économiserait ainsi de l'argent. Un matin, il a demandé à ma mère de faire un rôti de lapin. Puis il m'a saisie par le bras et m'a dit : « Quand tu iras à l'école, amène l'un de tes lapins chez le boucher, puis rapporte-le à l'heure du déjeuner pour que ta mère puisse le cuisiner à temps pour le dîner. »

Bien qu'anéantie par la requête de mon père, j'ai quand même obéi. Ce soir-là, j'ai regardé ma famille manger « mon » lapin. J'ai failli m'étrangler quand mon père m'a suggéré d'en goûter un petit morceau. « Pourquoi pas une cuisse ? » dit-il. J'ai obstinément refusé tout en réussissant à éviter une « invitation » dans le bureau de mon père.

Ce drame s'est répété durant des mois, jusqu'à ce qu'il ne reste plus qu'un lapin, Blackie, mon préféré. Je pouvais tout lui confier. C'était un gros lapin, une grosse boule de duvet. J'adorais le câliner et lui confier tous mes secrets. Il savait comme nul autre m'écouter. C'était un formidable psychanalyste. J'étais convaincue qu'il était la seule créature vivante sur toute la terre qui m'aimait de manière inconditionnelle. Et puis, le jour tant redouté est venu. Après le petit-déjeuner, mon père m'a dit d'amener Blackie chez le boucher. Je suis sortie de la maison, affolée et tremblante. Lorsque je me suis emparée de lui, je lui ai avoué la mission que l'on m'avait confiée. Blackie m'a regardée en tortillant son nez rose.

« Je ne peux pas faire ça », ai-je dit, et je l'ai posé par terre. « Prends la fuite, lui ai-je dit en l'implorant. Vas-y ! » Mais il n'a pas bougé.

J'étais en retard, car l'école n'allait pas tarder à commencer. Aussi ai-je pris Blackie et couru jusqu'à la boucherie, les larmes aux yeux. Le pauvre Blackie a dû sentir que quelque chose de terrible se préparait car lorsque je l'ai remis au boucher, son cœur battait aussi vite que le mien. Je suis alors partie précipitamment pour l'école sans lui dire au revoir.

J'ai passé le reste de la journée à penser à Blackie. Je me demandais s'il avait déjà été tué, s'il savait que je l'aimais et qu'il me manquerait toujours. Je regrettais de ne pas lui avoir dit au revoir. Ces questions que je me posais, sans parler de mes sentiments, semaient les graines de mon futur métier. Je me sentais terriblement mal dans ma peau et j'en voulais à mon père.

Après l'école, j'ai traversé lentement le village. Le boucher m'attendait sur le seuil de sa porte. En me tendant le sac contenant Blackie, il m'a dit : « C'est vraiment une honte que l'on t'ait demandé de m'apporter cette lapine. Dans un jour ou deux elle aurait eu des petits. » (Je ne savais pas que Blackie était une femelle.) Je croyais avoir atteint le fond de la détresse, mais là, j'étais encore plus effondrée. J'ai déposé le sac encore chaud sur le comptoir. Plus tard, assise à la table, j'ai observé ma famille tandis qu'elle mangeait mon lapin. Je n'ai pas pleuré. Je ne voulais pas que mes parents sachent à quel point ils m'avaient blessée.

J'étais parvenue à la conclusion qu'ils ne m'aimaient pas et qu'il me fallait donc être dure. Plus dure que n'importe qui.

Quand mon père complimenta ma mère pour son délicieux repas, je me suis dit : « Si tu réussis à surmonter cette histoire, alors tu pourras surmonter tout dans la vie. »

Lorsque j'avais dix ans, mon père décida de déménager dans une maison beaucoup plus spacieuse que nous avions, pour cette raison, baptisée la « Grande Maison ». Elle était située plus haut dans les collines qui surplombaient le village. Nous avions six pièces, mais mes parents décidèrent que mes sœurs et moi devions toutes trois partager la même chambre. Dans ces conditions, je ne me sentais bien qu'à l'extérieur. Nous avions un magnifique jardin, deux acres de pelouse, de fleurs, ainsi qu'un jardin potager. C'est sans nul doute ce jardin qui est à l'origine de ma passion de toute une vie pour le jardinage et les fleurs. Tout autour de nous, il y avait également des fermes et des vignes qui composaient un véritable décor de carte postale et, loin à l'arrière-plan, on pouvait voir les cimes déchiquetées et enneigées des montagnes.

Je sillonnais la campagne, à la recherche d'animaux blessés — oiseaux, chats, serpents, grenouilles, etc. Je les ramenais dans notre cave où j'avais établi un superbe laboratoire. J'en étais très fière. Pour moi, c'était « mon hôpital ». Un jour, j'ai réussi à guérir complètement un corbeau malade. Pour mes patients moins chanceux, j'avais aménagé sous un saule un cimetière, que je me faisais un devoir d'agrémenter régulièrement de fleurs.

Mes parents ne m'ont pas caché les réalités de la vie et de la mort, phénomènes naturels, ce qui m'a permis d'assimiler les différentes circonstances qui entourent la mort ainsi que les réactions des gens. En neuvième, une nouvelle, Suzy, est venue se joindre à notre classe. Son père, jeune médecin, venait de s'établir avec sa famille à Meilen. Il n'était guère facile d'ouvrir un cabinet médical dans un petit village, et il eut un mal fou à trouver une clientèle. Mais tout le monde pensait que Suzy et sa petite sœur étaient adorables.

Puis, quelques mois plus tard, Suzy ne vint plus à l'école. La rumeur se répandit vite qu'elle était gravement malade. Tout le village critiquait son père pour son incapacité de la guérir. « C'est certainement un mauvais médecin », en ont-ils conclu. Mais même les meilleurs médecins du monde n'auraient rien pu faire. On apprit en effet que Suzy avait attrapé une méningite.

Le village tout entier, y compris les écoliers, suivit l'aggravation graduelle de son état : d'abord la paralysie, puis la surdité, et finalement la cécité. Les habitants du village, même s'ils étaient tristes pour la famille de Suzy, étaient comme la plupart des provinciaux : ils craignaient qu'en la côtoyant de trop près cette horrible maladie n'atteignît leurs foyers. Et c'est ainsi que ces nouveaux venus furent pratiquement mis à l'écart de la vie du village au moment où ils avaient le plus grand besoin d'aide.

Aujourd'hui encore, cette histoire suscite en moi un sentiment de gêne, même si je faisais partie des camarades de classe de Suzy qui ont maintenu le contact avec elle. Je confiais à sa sœur des notes, des dessins et des fleurs sauvages pour qu'elle les rapporte chez elle. « Dis à Suzy que nous pensons à elle, lui disais-je. Dis-lui qu'elle me manque. »

Je n'oublierai jamais qu'au moment de sa mort les rideaux de sa chambre étaient tirés. Je me souviens de ma tristesse à l'idée qu'elle ne pouvait voir le soleil, les oiseaux, les arbres, les jolis paysages, ni entendre les bruits délicieux de la nature. Tout cela me paraissait injuste, tout comme la débauche de tristesse et de chagrin qui s'ensuivit, car la plupart des habitants de Meilen étaient manifestement soulagés que cette épreuve fût finie. La famille de Suzy, n'ayant plus de raisons de rester, s'en alla.

J'ai été encore plus impressionnée par le décès d'un ami de mes parents. C'était un paysan qui avait, je crois, la cinquantaine. Des années auparavant, c'était lui qui nous avait conduites à toute allure à l'hôpital le jour où j'avais attrapé ma pneumonie. Il mourut après s'être rompu le cou en tombant d'un pommier. Mais il n'était pas mort sur le coup.

À l'hôpital, les médecins lui dirent qu'ils ne pouvaient rien faire, aussi demanda-t-il avec insistance qu'on le ramène chez lui pour y mourir. Sa famille et ses amis eurent tout le temps de lui dire au revoir. Le jour où nous sommes allés le voir, il était entouré par toute sa famille. Sa chambre était remplie de fleurs sauvages, et son lit était disposé de telle sorte qu'il pouvait regarder à travers la fenêtre ses champs et ses arbres fruitiers — au sens propre, les fruits de son labeur qui survivraient au cours du temps. La dignité, l'amour et la paix qui se dégageaient de cet homme étaient impressionnants.

Il mourut le lendemain, et nous sommes donc retournés chez lui pour nous incliner sur sa dépouille mortelle. Je suis venue avec beaucoup de réticence car je n'avais aucune envie de découvrir pour la première fois un corps sans vie. À peine vingt-quatre heures plus tôt, cet homme, dont les enfants allaient à l'école avec moi, a prononcé mon nom, un « petite Betli » douloureux, mais sincère. Toutefois, la scène s'est révélée passionnante. En observant attentivement son corps, j'ai compris que cet homme n'était plus ici. Quelles que soient les forces ou l'énergie qui lui avaient donné la vie, quelle que soit la réalité de ce que nous pleurions, il n'était plus présent.

Dans mon esprit, j'ai fait un parallèle entre sa mort et celle de Suzy. Comment avait-elle vécu ses derniers instants alors qu'elle était plongée dans l'obscurité, derrière des rideaux tirés qui l'empêchaient même de profiter de la chaleur du soleil ? Le paysan était mort de ce que j'appelle maintenant une bonne mort — chez lui, entouré de l'affection et du respect des siens. Les membres de sa famille lui dirent tout ce qu'ils avaient à lui dire et vécurent leur deuil sans éprouver le moindre regret ni le moindre remords.

À partir de ces deux expériences, j'ai compris que la mort était quelque chose que l'on ne pouvait pas toujours maîtriser. Mais si un certain choix nous est laissé, alors elle nous semble moins injuste.

5

LA FOI, L'ESPOIR ET L'AMOUR

Je réussissais bien à l'école. Mon intérêt pour les mathématiques et les matières littéraires faisait de moi l'un de ces rares enfants qui aiment aller à l'école. Mais mes réactions étaient tout autres en ce qui concerne le catéchisme obligatoire. C'était vraiment dommage, parce que, déjà enfant, j'étais attirée par la spiritualité. Mais le pasteur protestant du village, M. R., enseignait l'histoire sainte à l'école du dimanche en insistant sur la peur et la culpabilité, et je n'arrivais pas à m'identifier à *son* Dieu.

C'était un homme fruste, froid et brutal. Ses cinq enfants, qui savaient bien, eux, à quel point en réalité il était peu chrétien, se présentaient à l'école avec la faim au ventre et des bleus sur tout le corps. Ces pauvres enfants semblaient épuisés. Nous leur glissions subrepticement des sandwichs pour un petit-déjeuner tardif et placions des pulls et des coussins sous leurs fesses afin qu'ils puissent s'asseoir sur les bancs en bois à l'extérieur. À l'école, on finit par connaître les secrets de cette famille — chaque matin, leur père très vénéré leur donnait une formidable correction avec tout ce qui lui tombait sous la main.

Au lieu de lui reprocher son comportement

indigne, les adultes se laissaient griser par ses sermons prononcés avec force éloquence et dramatisation. Mais nous, les enfants, qui devions subir son enseignement tyrannique et sa discipline rigide, connaissions la véritable nature du personnage. Un soupir durant son cours, ou bien un léger mouvement de la tête, entraînaient immanquablement un violent coup de règle sur le bras, la tête ou l'oreille, ou pis encore.

J'ai détesté cet homme, tout comme la religion d'une manière générale, le jour où il demanda à ma sœur Eva de réciter un psaume. Nous l'avions appris la semaine précédente. Ma sœur le connaissait par cœur. Mais juste avant qu'elle eût fini sa récitation, sa voisine se mit à tousser. Le pasteur R. crut par erreur qu'elle avait soufflé le texte du psaume à l'oreille de ma sœur. Sans poser la moindre question, il empoigna leurs deux nattes et cogna leurs têtes l'une contre l'autre. Le choc produisit un bruit qui fit frémir d'effroi la classe tout entière.

C'en était trop. Folle de rage, je lui ai envoyé au visage le psautier que je tenais en main. Il l'a reçu en pleine tronche. Il m'a regardée, abasourdi, mais j'étais trop en colère pour être intimidée : « Votre comportement est à l'opposé de ce que vous prêchez, ai-je crié d'une voix perçante. Vous ne ressemblez en rien à un pasteur bon, plein de compassion, affectueux et compréhensif. Je ne veux plus rien avoir à faire avec votre pseudo-religion ! » Puis, je suis sortie en trombe de l'école en jurant de ne jamais y remettre les pieds.

Sur le chemin de la maison, j'étais bouleversée et effrayée. Même si je savais que ma réaction était justifiée, j'en craignais les conséquences. J'ai pensé que j'allais être renvoyée de l'école. Mais la plus grande inconnue était la réaction de mon père. Je ne voulais même pas songer à la façon dont il me punirait. Toutefois, il n'était pas un fanatique du pasteur. Celui-ci avait récemment choisi nos voisins comme la famille chrétienne la plus exemplaire du village, alors que chaque soir nous pouvions entendre les parents crier, se quereller et frapper leurs enfants. Mais le dimanche ils affichaient une apparence impeccable. Mon père se demandait comment le pasteur pouvait être si aveugle.

En chemin, je me suis arrêtée pour me reposer à l'ombre des grands arbres, aux alentours d'un champ de vigne. C'était ça, mon église. Les champs à perte de vue. Les arbres. Les oiseaux. La lumière du soleil. Le caractère sacré de la Nature suscitait en moi une crainte mêlée de respect. Elle symbolisait l'éternité et je pouvais lui faire confiance. Elle me semblait si belle et si bienfaisante pour toutes les créatures vivantes. Elle savait pardonner. C'est dans la nature que je trouvais un refuge sûr pour me protéger de l'hypocrisie des adultes. Manifestement, elle portait la marque du Divin.

Mon père comprenait cette passion. C'était lui qui m'avait appris à vouer un véritable culte à la splendeur généreuse de la nature en nous emmenant faire de longues randonnées en montagne, où nous découvrions landes et prairies, nagions dans l'eau claire et glaciale des torrents et où nous ouvrions des chemins dans les forêts épaisses. Avec lui, nous faisions d'agréables randonnées de printemps mais aussi de dangereuses expéditions dans la neige, l'hiver. Il nous a transmis sa passion pour la haute montagne, pour un edelweiss à moitié dissimulé derrière un rocher ou pour la vision fugitive d'une fleur alpine rare. Nous savourions la beauté d'un coucher de soleil. Nous avions aussi appris à connaître les dangers de la montagne. Ainsi, un jour j'ai fait une chute presque fatale dans une crevasse profonde. J'ai été sauvée par ma corde de sécurité.

Les chemins que nous empruntions sont restés gravés à tout jamais dans notre mémoire.

Avant de rentrer à la maison, où maintenant les nouvelles de ma prise de bec avec le pasteur devaient être arrivées, je me rendis dans un endroit connu de moi seule dans la prairie située derrière notre maison. Je considérais cet endroit comme le plus sacré au monde. Au centre d'un petit morceau de nature vierge constituée d'une végétation si épaisse que personne à part moi n'y avait jamais pénétré, se trouvait une énorme pierre d'environ un mètre cinquante de haut et couverte de mousse, de lichens, de salamandres et d'insectes rampants. C'était le seul endroit où je pouvais me fondre dans la nature et où aucun être, dans tout l'univers, ne pouvait me découvrir.

Je me suis installée au sommet de la pierre. Le soleil laissait filtrer à travers les arbres ses rayons dorés comme à travers les vitraux d'une église. J'ai alors levé les bras au ciel comme un Indien et j'ai psalmodié une prière de mon cru afin de remercier le Seigneur pour toutes les manifestations de la vie. Jamais le pasteur R. n'aurait pu me rapprocher autant du Tout-Puissant.

Toutefois, ma relation avec le monde spirituel

s'altérait lorsque je retrouvais le monde réel. À la maison, mes parents ne me posèrent pas même une question sur l'incident qui m'avait opposée au pasteur. J'interprétai leur silence comme un témoignage de soutien. Cependant, trois jours plus tard, le conseil d'école se réunit pour une séance d'urgence afin de discuter de cette affaire. En réalité, leur discussion ne concernait que la meilleure punition à infliger. À leurs yeux, il ne faisait aucun doute que j'étais dans mon tort.

Heureusement pour moi, M. Wegmann, mon professeur favori, réussit à convaincre le conseil de me laisser présenter ma propre version de l'incident. Je suis entrée dans la salle du conseil avec inquiétude. Dès que j'ai commencé à parler, j'ai fixé des yeux le pasteur. Il était assis la tête penchée en avant et les mains jointes comme pour prier — l'image même de la piété. Après mon intervention, on me pria de rentrer chez moi et d'attendre leur décision.

Les jours qui suivirent me semblèrent très longs. Et puis, un soir, M. Wegmann est venu chez nous après dîner. Il informa mes parents que j'étais officiellement dispensée des cours du pasteur R. Tout le monde était satisfait. Cette punition légère impliquait tout de même que je ne m'étais pas bien conduite. M. Wegmann me demanda ce que j'en pensais. Je lui répondis que cela m'apparaissait équitable, mais que je souhaitais qu'une autre condition soit remplie. Je voulais qu'Eva soit également dispensée des cours du pasteur. « Accordé », dit M. Wegmann.

Pour moi, rien n'était plus proche du Divin ou d'une croyance profonde en un pouvoir supérieur que la vie au grand air. Les meilleurs moments de ma jeunesse furent sans aucun doute ceux que j'ai passés dans un petit refuge alpin à Amden. Mon père, le meilleur guide que l'on puisse imaginer, attirait notre attention sur chaque fleur et chaque arbre. L'hiver, nous faisions du ski. Chaque été, il nous guidait au cours d'épuisantes randonnées de deux semaines qui nous ont appris à vivre de manière spartiate et à respecter une stricte discipline. Il nous laissait également explorer les landes, les prairies et les ruisseaux qui couraient à travers la forêt.

Mais lorsque ma sœur Erika perdit son enthousiasme pour ces sorties, nous nous sommes inquiétés. À partir de l'âge de douze ans, elle apprécia de moins en moins ces randonnées. Lors de la randonnée scolaire annuelle de trois jours, à laquelle participaient plusieurs adultes et un enseignant, elle refusa tout net de se joindre à nous. On aurait dû comprendre que c'était là le signe de quelque chose de plus grave. Ayant effectué de nombreuses randonnées sur de longues distances avec mon père, dans des conditions véritablement spartiates, nous étions bien entraînées pour ce genre d'expéditions. Même Eva et moi ne pouvions comprendre la nature du problème de notre sœur. Mon père, qui ne pouvait tolérer la moindre « poltronnerie », se contenta d'imposer sa volonté et l'obligea à participer à cette randonnée.

Ce fut une erreur. Avant de partir, elle se plaignit de vives douleurs à une jambe et à la hanche. Dès le premier jour de randonnée, elle tomba gravement malade. L'un des professeurs et un parent d'élève la ramenèrent à la maison à Meilen, où elle fut hospitalisée — ce fut le début d'années de « maltraitance » par les médecins et le personnel hospitalier. Bien qu'elle fût paralysée d'un côté et qu'elle boitât de l'autre, personne ne put établir un diagnostic. Elle souffrait tellement que, très souvent, quand Eva et moi venions la voir après l'école, nous pouvions l'entendre hurler dans sa chambre. Évidemment, tout cela nous conduisit à marcher sur la pointe des pieds dans toute la maison et à hocher la tête en signe de commisération pour la pauvre Erika.

Étant donné qu'aucun diagnostic sérieux ne pouvait être établi, bon nombre de gens pensèrent qu'il s'agissait d'une hystérie ou tout simplement d'un moyen d'échapper aux sports et aux activités physiques. De nombreuses années plus tard, l'obstétricienne qui nous avait mises au monde consacra une bonne partie de son temps à essayer d'établir un diagnostic. Finalement, elle découvrit une cavité dans l'os iliaque. Avec le recul, on s'est aperçu qu'Erika avait une poliomyélite associée à une ostéomyélite. À cette époque, ces maladies étaient difficiles à diagnostiquer. Dans l'un des services orthopédiques où elle fut traitée, on la tortura en la forçant à marcher longuement sur un tapis roulant, ce qui la faisait beaucoup souffrir. Ils pensaient que si elle faisait assez d'exercice, elle cesserait de « tirer au flanc ».

Je me sentais impuissante face aux souffrances de ma sœur. Grâce à Dieu, dès lors qu'un diagnostic put être établi et qu'un traitement approprié fut appliqué, Erika put à nouveau aller à l'école à

Zurich et mener une existence agréable, productive et sans souffrances. Mais j'ai toujours pensé qu'un médecin attentionné et compétent aurait pu la guérir bien plus rapidement. Un jour, durant l'hospitalisation d'Erika, je lui ai écrit une lettre dans laquelle je lui faisais part de mon intention de devenir exactement comme ce médecin idéal.

Il était manifeste que le monde avait besoin d'un traitement, et bientôt d'un traitement plus radical encore. En 1939, la machine de guerre nazie avait mis en branle ses forces de destruction. Notre professeur, M. Wegmann, un officier de l'armée suisse, nous avait préparés au déclenchement probable de la guerre. À la maison, mon père recevait de nombreux hommes d'affaires allemands qui lui racontaient les crimes d'Hitler, notamment comment les Juifs étaient arrêtés en masse et rassemblés en Pologne et, à en croire certains, assassinés dans des camps de concentration, bien que personne n'ait été au courant de leur véritable sort. Quoi qu'il en soit, toutes ces discussions sur la guerre nous faisaient peur et nous mettaient mal à l'aise.

Un matin de septembre, mon économe de père rentra à la maison avec une radio — un luxe dans notre village. C'était brusquement devenu une nécessité pour lui. Chaque soir à sept heures et demie, après le dîner, nous nous rassemblions autour de l'imposant poste en bois pour écouter les reportages sur l'avancée des troupes nazies en Pologne. Bien entendu, j'ai pris le parti des courageux Polonais qui risquaient leurs vies pour défendre leur patrie, et j'ai pleuré lorsque le reporter a raconté comment les femmes et les enfants de Varsovie mouraient en première ligne. Je tremblais de colère lorsque j'entendais des reportages rapportant les massacres des Juifs par les nazis. Si j'avais été un homme, j'aurais été me battre.

Mais je n'étais qu'une jeune fille. Aussi, faute de mieux, j'ai promis à Dieu que, lorsque je serais assez grande pour cela, j'irais en Pologne pour aider ces êtres courageux à vaincre leurs oppresseurs. « Dès que je le pourrai, murmurai-je. Dès que je le pourrai, j'irai en Pologne pour les aider. »

En attendant, je haïssais les nazis. Je les ai haïs encore plus quand les soldats suisses confirmèrent les rumeurs concernant l'enfermement des Juifs dans des camps de concentration. Mon frère et mon père eux-mêmes avaient vu des soldats nazis stationnés le long du Rhin mitrailler une marée humaine de réfugiés juifs qui tentaient de traverser le fleuve pour trouver un refuge en Suisse. Peu d'entre eux parvinrent à atteindre sains et saufs l'autre rive. Certains furent attrapés et envoyés dans des camps de concentration. Les corps sans vie de nombreux autres dérivaient sur le fleuve. Ces atrocités étaient trop effroyables et trop nombreuses pour pouvoir être dissimulées. Toutes les personnes que je connaissais étaient scandalisées.

Les nouvelles sur la guerre diffusées par la radio renforçaient ma résolution : « Non, nous ne nous rendrons jamais, criais-je lorsque j'écoutais Winston Churchill à la radio. Jamais ! »

Au plus fort des combats, nous apprîmes le sens du mot sacrifice. Les réfugiés traversaient en masse les frontières suisses. Les produits alimentaires furent rationnés. Ma mère nous apprit comment ranger les œufs afin de pouvoir les conserver pendant un an ou deux. Nous avons transformé nos pelouses en carrés de pommes de terre et de légumes. Nous avions tellement rempli notre cave de boîtes de conserve qu'elle ressemblait à un supermarché moderne.

J'étais fière de savoir que je pouvais survivre uniquement en consommant les aliments que nous produisions nous-mêmes, que je pouvais faire mon propre pain, conserver des fruits et légumes et m'en sortir en me passant du luxe d'autrefois. Ce n'était qu'une petite contribution à l'effort de guerre, mais cela m'a permis de réaliser que je pouvais me débrouiller toute seule, ce qui plus tard devait m'être très utile.

Étant donné la situation prévalant dans les pays voisins, nous pouvions remercier le ciel d'être si bien lotis. Quant à nous, notre existence était relativement normale. Âgées de seize ans, mes sœurs se préparaient pour la cérémonie de la confirmation — un événement majeur pour un enfant suisse. Elles étudiaient à Zurich sous la férule de M. Zimmermann, un pasteur renommé. Ma famille entretenait depuis longtemps des relations étroites avec lui et il y avait entre lui et nous une affection et un respect mutuels. La date de la cérémonie approchait. Il confessa à mes parents avoir rêvé conduire la confirmation des triplées Kübler, ce qui était une manière subtile de demander : « À ce propos, où en est Élisabeth ? »

Je n'avais aucunement l'intention de rejoindre l'église, mais le pasteur me demanda de lui dire tous les reproches que je faisais à la religion. Je les énumérais, du pasteur Kay jusqu'à ma conviction que Dieu ne pouvait entrer dans le moule de telle ou telle doctrine ou convention conçues par l'homme. « Dans ces conditions, pourquoi devrais-je rejoindre une telle église ? » demandai-je, curieuse de connaître sa réponse.

Au lieu d'essayer de changer mon opinion, le pasteur Zimmermann fit l'apologie de Dieu et de la foi en affirmant que c'était la façon dont les gens menaient leur existence, et non leurs pratiques religieuses, qui était importante. « Chaque jour tu dois t'efforcer de prendre les décisions qui honorent le plus le Seigneur, dit-il. C'est cela qui détermine vraiment si une personne conduit sa vie dans le respect de Dieu. »

J'étais d'accord avec lui, et c'est ainsi que, quelques semaines après notre conversation, le rêve du pasteur Zimmermann put se réaliser. Les triplées Kübler se tenaient sur une estrade magnifiquement décorée dans l'église toute simple du pasteur, tandis que celui-ci se dressait devant nous de manière imposante et récitait un verset de la première épître aux Corinthiens de saint Paul : « Or maintenant demeurent la foi, l'espérance, l'amour, ces trois-là ; mais le plus grand des trois, c'est l'amour. » Ensuite, le pasteur Zimmermann se tourna vers nous, éleva une main au-dessus de nos têtes et assimila, d'un seul mot, chacune de nous à une qualité :

Eva était la Foi, Erika l'Espoir et moi, l'Amour. À une époque où l'amour était manifestement une denrée rare partout dans le monde, j'ai accepté cela comme un cadeau, un honneur et, par-dessus tout, comme une responsabilité.

6

MA PREMIÈRE BLOUSE DE LABORATOIRE

Au moment où ma scolarité s'achevait au printemps 1942, j'étais devenue une jeune femme mûre et réfléchie. De profondes pensées habitaient mon esprit. Je ne me voyais pas d'autre avenir que la faculté de médecine. Mon désir de devenir médecin était toujours aussi fort. C'était une véritable vocation. Que pouvait-on faire de mieux que de soigner les malades, rendre l'espoir aux désespérés et réconforter ceux qui souffrent ?

Mais mon père était toujours responsable de moi et, un soir, il s'exprima à nouveau, comme il l'avait fait trois ans plus tôt lors de cette soirée tumultueuse, sur l'avenir de ses trois filles. Il n'avait pas le moins du monde changé d'avis. Il prit donc la décision d'envoyer Eva dans une école de maintien. Erika, elle, ferait ses humanités dans un *Gymnasium* de Zurich. Quant à moi, mon père me « gratifia » à nouveau du poste de secrétaire-comptable dans son entreprise. Il me révéla à quel point il me connaissait mal en m'expliquant combien ce travail constituait une merveilleuse opportunité pour moi. « Tu as tout l'avenir devant toi », me dit-il.

Je n'ai pas cherché à cacher ma déception et je lui ai fait clairement comprendre que je n'accepterais jamais une telle sentence de prison. J'étais quelqu'un de créatif et de réfléchi et j'avais en permanence besoin de bouger. Rester tous les jours assise derrière un bureau m'apparaissait comme une condamnation à mort.

Mon père se mit rapidement en colère. Il n'avait aucunement l'intention de discuter, surtout avec un enfant. Qu'est-ce qu'un enfant pouvait bien connaître de la vie ?

« Puisque ma proposition ne te convient pas, s'offusqua-t-il, tu peux t'en aller et travailler comme boniche, si ça te chante. »

Un lourd silence emplit la salle à manger. Je ne voulais pas me disputer avec mon père, mais chaque fibre de mon corps refusait le futur qu'il avait choisi pour moi. Je réfléchissais à la seule alternative qu'il m'avait laissée. Évidemment, je ne souhaitais pas travailler comme bonne, mais, d'un autre côté, je voulais prendre moi-même les décisions qui concernaient mon avenir.

« Eh bien, je travaillerai comme bonne. » À peine avais-je fini ma phrase que mon père s'est brusquement levé pour se rendre dans son bureau en claquant violemment la porte derrière lui.

Le lendemain, ma mère vit une annonce dans le journal. La veuve d'un riche professeur à Romilly, un village situé sur le lac Léman, cherchait une personne pour l'aider à tenir sa maison, prendre soin de ses trois enfants, des animaux de compagnie et du jardin. J'ai décroché ce travail et suis partie une semaine plus tard. Mes sœurs étaient si bouleversées qu'elles ne m'ont pas accompagnée à la gare. Lorsque je suis arrivée à la gare, j'ai eu toutes les peines du monde à tirer une vieille valise en cuir presque aussi grande que moi. Avant de partir, ma mère m'avait donné un chapeau à large bord qui allait bien avec mon ensemble en laine, puis elle m'avait demandé de reconsidérer ma décision. Même si ma famille et ma maison me manquaient déjà, j'étais trop têtue pour changer d'avis. J'avais pris *ma* décision.

Je l'ai regrettée dès que je suis descendue du train et ai salué ma nouvelle patronne, Mme Perret, et ses trois enfants. Je m'étais exprimée en suisse allemand. Elle s'en offusqua aussitôt. « Ici, nous ne parlons qu'en français, dit-elle. Et dès maintenant ! » Mme Perret était une femme grande et grosse qui avait très mauvais caractère. Elle avait été autrefois la gouvernante du professeur qui, après avoir perdu sa femme, l'avait épousée. Puis il mourut. Elle avait hérité de tout, sauf de son caractère plaisant.

C'était là mon drame. Je travaillais chaque jour de six heures du matin jusqu'à minuit, avec seulement une demi-journée de congé, deux week-ends par mois. Le matin, je commençais par cirer les parquets, puis j'astiquais l'argenterie et ensuite je faisais les courses, la cuisine, et enfin, le soir, je mettais de l'ordre dans les pièces. À minuit, Madame désirait habituellement une tasse de thé. Finalement, j'étais autorisée à me retirer dans ma petite chambre. Je sombrais d'habitude dans le sommeil avant même que ma tête ait touché l'oreiller.

Le lendemain matin, si Madame n'entendait pas le bruit de la cireuse de parquet dans le salon à six heures et demie, elle venait taper à ma porte. « C'est l'heure ! Au travail ! »

Dans les lettres que j'envoyais à ma famille, je

n'ai jamais avoué que j'avais faim ni que j'étais malheureuse, surtout quand le froid sévissait et que les vacances approchaient. Peu avant Noël, le mal du pays devenait lancinant. Lorsque je repensais aux chants de Noël joyeux que toute ma famille entonnait autour du piano, je sombrais dans un abîme de tristesse. Je revoyais les jolis objets que nous confectionnions, mes sœurs et moi, pour chaque membre de la famille. Mais, durant ces périodes, Madame me faisait travailler encore plus dur. Elle recevait constamment du monde et m'interdisait de contempler l'arbre de Noël. « C'est réservé à la famille », disait-elle d'un ton méprisant, une attitude à laquelle ses enfants faisaient aussitôt écho, eux qui étaient à peine plus jeunes que moi.

J'ai touché le fond le soir où elle donnait un dîner pour les anciens collègues d'université de son mari. Conformément aux instructions de Madame, j'ai servi des asperges comme hors-d'œuvre et je me suis précipitée dans la salle à manger pour ramasser les assiettes lorsqu'elle a sonné la cloche pour m'avertir que les invités avaient fini leur plat. Mais lorsque je suis entrée au salon, les asperges se trouvaient toujours dans les assiettes. Je suis donc sortie, mais Madame a sonné de nouveau. La même scène s'est répétée à nouveau, puis une troisième fois. Cela aurait été comique si je n'avais eu l'impression de devenir folle.

Finalement, Madame est entrée dans la cuisine comme une tornade. Comment pouvais-je être aussi stupide ? « Retournez au salon et débarrassez les assiettes, dit-elle, folle de rage. Les gens bien élevés ne mangent que le bout des asperges. Le reste est laissé dans l'assiette ! » C'est peut-être vrai, mais après avoir débarrassé la table, j'ai dévoré tous les restes d'asperges. C'était aussi bon que ça en avait l'air. Alors que j'avalais ma dernière bouchée, un des invités de Madame, un professeur, est entré et s'est exclamé : « Mais que diable faites-vous là ? »

Je lui ai dit que je mourais de faim et que je n'avais pratiquement pas d'argent. « Si je tiens le coup toute l'année ici, c'est parce que je dois attendre d'avoir l'âge requis pour pouvoir travailler dans un laboratoire, dis-je tandis que des larmes s'écoulaient de mes yeux fatigués. Je veux faire une formation de technicienne de laboratoire pour pouvoir ensuite entrer à la faculté de médecine. »

Le professeur m'écouta avec compassion. Puis il me tendit sa carte en me promettant de m'aider à trouver un travail dans un bon laboratoire. Il offrit également de me loger chez lui à Lausanne et me dit qu'il en parlerait à sa femme dès son retour. En échange, je devais lui promettre de quitter cet endroit épouvantable.

Plusieurs semaines plus tard, j'ai eu un demi-jour de congé. Je me suis rendue à Lausanne et j'ai frappé à la porte du professeur. C'est sa femme qui m'a ouvert la porte. Elle m'informa avec tristesse que son mari était mort quelques jours plus tôt. Nous avons discuté pendant un long moment. Elle m'apprit que son mari avait cherché un emploi dans un laboratoire pour moi, mais elle ne savait où. Je l'ai quittée encore plus déprimée.

De retour chez Mme Perret, j'ai travaillé plus dur que jamais. La veille de Noël, elle recevait une foule d'invités. J'étais constamment occupée à cuisiner, à organiser, à nettoyer et à laver du linge. Un soir, j'ai supplié Madame de pouvoir contempler le sapin de Noël, ne serait-ce que cinq minutes. J'avais besoin de me recharger spirituellement. « Non, ce n'est pas encore Noël », dit-elle, l'air consternée par ma requête. Puis, elle réitéra l'avertissement qu'elle m'avait déjà adressé : « D'ailleurs, tout cela est réservé à la famille. Ce n'est pas pour les employés. » C'en était trop. Je décidai de m'en aller. Une personne qui refusait de partager son arbre de Noël ne méritait ni mon travail ni mon attention.

Après avoir emprunté une valise de paille à une fille que j'avais connue à Vevey, j'ai préparé secrètement ma fuite. Le matin de Noël, Madame, qui n'avait pas entendu comme à l'accoutumée le ronronnement de la cireuse de parquet, est montée me voir dans ma chambre pour m'ordonner de me mettre au travail. Mais, au lieu de m'exécuter, je l'informai sur un ton provocant que j'avais décidé de ne plus jamais cirer ses parquets. Sur ce, j'ai ramassé mes affaires et je suis partie précipitamment pour attraper le premier train pour Genève. Là, j'ai passé la nuit chez une amie, qui m'a dorlotée en me préparant un bain moussant, du thé, des sandwichs et des gâteaux. Le lendemain, elle m'a prêté de l'argent pour que je puisse retourner à Meilen.

Je suis arrivée à Meilen le lendemain de Noël. J'ai glissé mon corps efflanqué à travers l'étroite ouverture où l'on réceptionnait les bidons de lait et me suis dirigée tout droit vers la cuisine. Je pensais que ma famille était partie dans les montagnes pour leurs vacances traditionnelles, aussi fus-je agréablement surprise lorsque j'entendis du bruit à l'étage. C'était ma sœur Erika qui n'avait pu partir avec les autres à cause de sa jambe malade. Elle était tout aussi surprise que moi en découvrant que c'était moi qui avais fait du bruit en bas. Toute la nuit, nous avons discuté de nos vies pour rattraper le temps perdu.

Je racontai à nouveau mes aventures le lendemain à mes parents, qui furent scandalisés par la manière dont j'avais été exploitée et presque affamée. Ils m'ont demandé pourquoi je n'étais pas rentrée plus tôt à la maison. Mes explications n'eurent pas l'heur de plaire à mon père, mais étant donné ce que j'avais enduré, il s'est efforcé de tempérer sa colère et m'a laissée profiter d'un lit confortable et de repas nourrissants.

Lorsque mes sœurs retournèrent de l'école, je fus à nouveau confrontée à la question de mon avenir. Une fois encore, mon père me proposa de travailler avec lui. Mais cette fois il m'offrit quelque chose de plus, quelque chose qui démontrait qu'il avait beaucoup évolué. Il me dit que, si sa proposition ne m'intéressait pas, je pourrais chercher un travail qui me plaise, qui me rende heureuse. C'était la meilleure nouvelle de ma jeune existence, et j'ai imploré le ciel de me trouver quelque chose.

Peu après, ma mère entendit parler d'un poste dans un institut de recherche en biochimie. Ce laboratoire était situé à Feldmeiler, à plusieurs kilomètres de Meilen, et il avait l'air parfait. J'ai pris rendez-vous pour rencontrer le propriétaire du laboratoire. Le jour dit, je me suis habillée avec élégance pour l'entrevue, en faisant de mon mieux pour paraître plus âgée et plus « professionnelle ». Mais le Dr Hans Braun, un jeune scientifique plein d'ambition, se fichait complètement de mon apparence. Il semblait débordé de travail et il me dit qu'il recherchait des personnes intelligentes et capables de se mettre immédiatement au travail. « Pouvez-vous commencer dès maintenant? demanda-t-il.

— Oui », ai-je répondu.

J'ai été embauchée comme apprentie.

« Il y a juste une condition, dit-il. Il faut apporter sa blouse blanche. »

C'était la seule chose que je ne possédais pas. Mon cœur se serra. Je voyais cette formidable opportunité m'échapper et, manifestement, il s'en est aperçu.

« Si vous n'en avez pas, je serais content de vous en donner une », dit le Dr Braun.

J'étais folle de joie, et plus encore lorsque je me suis présentée à mon travail le lundi matin à huit heures et que j'ai vu trois magnifiques blouses blanches de laboratoire, brodées de mon nom, suspendues sur la porte de mon laboratoire. J'étais la femme la plus heureuse du monde.

La moitié du laboratoire du Dr Braun était affectée à la fabrication de crèmes, de produits cosmétiques et de lotions, tandis que l'endroit où je travaillais était une grande serre destinée à l'étude des effets de produits cancérogènes sur les plantes. Le Dr Braun avait émis l'hypothèse que les agents cancérogènes pourraient être testés efficacement et à peu de frais sur des plantes plutôt que sur des animaux. Avec son formidable enthousiasme, il nous avait convaincus de la validité de ses théories. Cependant, au bout d'un certain temps, j'ai remarqué qu'il arrivait parfois déprimé au laboratoire. Rongé par le doute, il passait alors toute la journée enfermé dans son bureau. Plus tard, j'ai compris qu'il était maniaco-dépressif. Mais ses sautes d'humeur périodiques ne m'ont jamais gênée dans mon travail, qui consistait entre autres à injecter des substances nutritives dans certaines plantes, des substances carcinogènes dans d'autres, et ensuite à consigner de manière très précise, sur de grands registres, mes observations sur la croissance des plantes — normale, excessive, anormale ou insuffisante.

Non seulement j'étais ravie de l'importance de ce travail, qui pouvait sauver des vies, mais en outre, un sympathique technicien de laboratoire me donna des leçons de chimie et de sciences. Ainsi, il s'était efforcé d'étancher ma soif inextinguible de connaissances. Après quelques mois, j'ai commencé à me rendre deux fois par semaine à Zurich pour y suivre des cours de chimie, de physique et de mathématiques. J'ai eu tout de suite les meilleures notes, devant trente garçons. Juste après moi il y avait une autre fille. Mais, après neuf mois de félicité, mon rêve s'est transformé en cauchemar lorsque le Dr Braun, qui avait dépensé des millions pour ouvrir son laboratoire, fit faillite.

Nous l'ignorions tous jusqu'à ce matin d'août où nous trouvâmes porte close. Personne ne savait ce qu'il était arrivé au Dr Braun ni où il se trouvait. Peut-être était-il hospitalisé à la suite d'un accès maniaco-dépressif, ou encore était-il en prison.

Personne ne savait quand on le reverrait, et le fait est qu'on ne le revit jamais. Pendant ce temps, les policiers à l'extérieur du laboratoire nous informèrent que nous étions licenciés. Toutefois, ils nous autorisèrent généreusement à débarrasser le laboratoire et à emporter des données importantes. Après que bon nombre d'entre nous eurent pris part à un triste thé d'adieu, je suis rentrée chez moi dans la peau d'une chômeuse. J'étais profondément affectée de voir un de mes rêves, un de plus, s'écrouler de la sorte.

Mais cette malchance qui me poursuivait devait me fournir la clé de ma future carrière. Lorsque je me suis réveillée, le lendemain matin, il m'a suffi de m'imaginer en train de travailler au bureau de mon père pour cesser de m'apitoyer sur moi-même et me mettre à la recherche d'un emploi. Mon père m'avait accordé trois semaines entières pour dénicher un nouveau poste. Si au bout de ce temps je n'avais rien trouvé, alors il me faudrait devenir sa comptable, un sort pour moi inconcevable après la merveilleuse expérience que j'avais vécue au laboratoire de recherche. Sans perdre un instant, j'ai pris l'annuaire de Zurich, puis j'ai écrit fébrilement à chaque institut de recherche, à chaque hôpital et à chaque clinique, en joignant à ces lettres mes diplômes, mes lettres de recommandation et une photo. En outre, je priais mes correspondants de me répondre rapidement.

Cela se passait vers la fin de l'été, ce qui n'est pas une période particulièrement indiquée pour chercher du travail. Je me précipitais chaque jour sur la boîte aux lettres. Chaque journée semblait durer une année. Les premières réponses étaient négatives, de même que celles qui me parvinrent la deuxième semaine. Tous mes correspondants louaient mon enthousiasme, ma passion pour leurs activités et mes notes, mais leurs quotas d'apprentis étaient d'ores et déjà atteints. Ils m'encourageaient à réitérer ma candidature l'année suivante. Ils seraient alors heureux de la reconsidérer avec sympathie. Mais pour moi, c'était trop éloigné dans le temps.

Pendant près d'une semaine, j'ai attendu en vain chaque jour devant la boîte aux lettres une réponse qui ne venait pas. Et puis, vers la fin de la semaine, le postier m'apporta la lettre pour laquelle j'avais tant prié. Le service de dermatologie de l'hôpital cantonal de Zurich venait de perdre l'une de ses apprenties et avait besoin de la remplacer au plus vite. Je me rendis sur place aussi rapidement que possible. Médecins et infirmières se pressaient dans les couloirs. Une odeur caractéristique, celle que l'on décèle dans tous les hôpitaux, flottait dans l'air, et j'eus l'impression de respirer pour la première fois : je me sentais comme chez moi.

Le laboratoire du service de dermatologie se trouvait au sous-sol de l'hôpital. Il était dirigé par le Dr Zehnder Karl, dont le bureau dépourvu de fenêtres était coincé dans un angle. J'ai tout de suite compris que le Dr Zehnder était un bourreau de travail. Il y avait des monceaux de documents partout sur son bureau et le laboratoire lui-même bourdonnait d'activité comme une ruche. Après un entretien qui s'est idéalement déroulé, le Dr Zehnder m'a embauchée. Sans perdre un instant, j'annonçai la nouvelle à mon père. D'autre part, j'étais particulièrement satisfaite d'avertir le Dr Zehnder que, lorsque je commencerais mon travail le lundi matin, j'apporterais ma propre blouse de laboratoire.

7

MA PROMESSE

Chaque jour, j'arrivais à l'hôpital et j'y respirais à pleins poumons cet air à l'odeur caractéristique qui était devenu pour moi le plus sacré et le plus merveilleux. Ensuite, je me précipitais en bas dans mon laboratoire sans fenêtres. En ces temps de guerre étranges et chaotiques, où tout manquait, des produits alimentaires aux médecins, je savais que je ne resterais pas longtemps confinée dans un sous-sol, et cette intuition devait rapidement devenir une réalité.

Après plusieurs semaines à ce poste, le Dr Zehnder me demanda si cela m'intéresserait d'effectuer des prélèvements sanguins sur de vrais malades. Il s'agissait en fait de prostituées atteintes de maladies vénériennes et dont les symptômes en étaient à un stade très avancé. À cette époque, avant la découverte de la pénicilline, les personnes atteintes de maladies vénériennes étaient traitées comme l'on traite de nos jours les patients atteints du sida — on les craignait, on les abandonnait à leur sort, on les fuyait comme la peste et on les enfermait. Plus tard, le Dr Zehnder m'avoua qu'il s'attendait à un refus de ma part. Il se trompait et je me suis dirigée d'un pas résolu vers cette salle lugubre.

Je pense que ma réaction est typique de ce qui sépare ceux qui ont une véritable vocation pour la profession médicale et ceux qui la choisissent pour l'argent.

Les malades étaient toutes dans un état exécrable. Leurs corps étaient tellement infectés que la plupart d'entre elles ne pouvaient même pas s'asseoir sur une chaise ou s'étendre sur leur lit. La seule chose qu'elles pouvaient faire était de s'allonger dans des hamacs. À première vue, ces femmes étaient pitoyables et percluses de douleurs. Mais il s'agissait d'êtres humains et, après avoir discuté avec elles, je me suis aperçue que ces femmes étaient des personnes profondément chaleureuses, gentilles et attentionnées, qui avaient été rejetées par leurs familles et par la société. Elles étaient démunies de tout, ce qui renforçait mon désir de leur venir en aide.

Après avoir effectué les prélèvements sanguins, je me suis assise avec elles et nous avons discuté pendant des heures de leurs vies, de leurs expériences et de la vie en général. J'ai compris que leur vie émotionnelle était aussi désastreuse que leur condition physique. Le fait de leur donner l'amitié et la compassion qu'elles recherchaient désespérément a ouvert mon cœur autant que mes yeux. C'était un bon « échange » qui m'a préparée au pire.

Le 6 juin 1944, les troupes alliées débarquèrent en Normandie. Le jour J, le cours de la guerre changea complètement et, très vite, nous ressentîmes les effets de cet événement capital. Une multitude de réfugiés accoururent en Suisse. Ils venaient par vagues, durant des jours et des jours. Des centaines chaque fois. Ils marchaient, avançaient en boitant, se traînaient ou bien étaient portés. Certains venaient d'aussi loin que la France. Il y avait des vieillards estropiés, et beaucoup de femmes et d'enfants. Du jour au lendemain ou presque, notre hôpital fut submergé par ces victimes traumatisées.

On les conduisait directement au service de dermatologie, où ils étaient épouillés et désinfectés dans notre grande salle d'eau. Sans même en demander la permission à mon patron, je me suis tout de suite occupée des enfants. Je les badigeonnais de savon liquide pour traiter leur gale et les frottais avec une brosse douce. Une fois qu'ils étaient revêtus d'habits propres, je leur donnais ce qui, selon moi, leur manquait le plus : des câlins et des paroles de réconfort. « Tout ira bien », leur disais-je.

Les choses continuèrent ainsi pendant trois semaines. J'étais complètement absorbée par les exigences de mon travail et je ne voulais pas penser à mon propre bien-être alors que tant de gens vivaient une situation bien pire que la mienne. Je sautais des repas sans même m'en rendre compte. Dormir ? Qui en avait le temps ? Je me traînais péniblement jusque chez moi après minuit pour repartir le lendemain matin à l'aube. J'étais si préoccupée par le sort de ces enfants malades et apeurés, si coupée de ma routine quotidienne, si engagée dans des responsabilités tellement différentes de celles pour lesquelles j'avais été embauchée, que je n'ai eu vent qu'avec plusieurs jours de retard d'une nouvelle pourtant capitale : mon patron, le Dr Zehnder, avait quitté l'hôpital et avait été remplacé par le Dr Abraham Weitz.

J'étais à ce moment-là trop occupée à trouver de la nourriture en quantité suffisante pour ces réfugiés affamés. Avec l'aide d'un autre apprenti — un fripon nommé Baldwin qui nous préparait toujours quelque farce — nous avons conçu un plan pour remplir tous ces estomacs vides. Durant plusieurs soirs d'affilée, nous avons commandé des centaines de repas complets à la cuisine de l'hôpital, que nous avons ensuite chargés sur des grands chariots pour les distribuer aux enfants. S'il en restait quelques-uns, nous les donnions aux adultes. Quand les enfants et les adultes étaient enfin propres, habillés et nourris, ils étaient dirigés vers diverses écoles de la ville et confiés à la Croix-Rouge.

Je savais que le détournement de précieux stocks de nourriture serait inévitablement découvert et qu'il y aurait des sanctions disciplinaires. J'espérais seulement qu'elles ne seraient pas trop sévères. Toutefois, lorsque le Dr Weitz me convoqua dans son bureau, je m'attendais à être renvoyée. En dehors de cette affaire des repas, j'avais complètement oublié de demander à être dispensée de mon travail au laboratoire. En outre, j'avais également oublié de souhaiter la bienvenue à mon nouveau patron. Cependant, au lieu de m'admonester, le Dr Weitz me fit des compliments. Il me confia qu'il n'avait jamais vu quelqu'un accomplir son travail avec tant de passion et de joie. « Vous devez vous occuper des enfants réfugiés, me dit-il. C'est votre destinée. »

Je n'aurais pas pu me sentir plus soulagée ni plus encouragée. Puis, le Dr Weitz me parla des besoins urgents en soins médicaux dans son pays natal, la

Pologne ravagée par la guerre. Ses récits terrifiants, surtout à propos des enfants juifs dans les camps de concentration, m'ont émue jusqu'aux larmes. Sa propre famille avait beaucoup souffert. « On a besoin de gens comme vous là-bas, dit-il. Si cela se révèle possible lorsque vous aurez fini votre apprentissage, promettez-moi d'aller en Pologne pour m'aider à accomplir cette tâche là-bas. » Trop heureuse de n'avoir pas été renvoyée, mais aussi très intéressée par ce travail, je lui en fis la promesse.

Mais je m'étais réjouie trop vite. Ce soir-là, le directeur de l'administration de l'hôpital nous convoqua dans son bureau, Baldwin et moi. Exténuée, je n'avais que mépris pour ce bureaucrate pourri, gros et content de lui, qui trônait derrière un grand bureau en acajou, tirant sur son cigare et nous dévisageant, nous, pauvres techniciens de laboratoire, comme si nous étions des voleurs. Il exigea que nous remboursions les centaines de repas que nous avions servis aux enfants réfugiés, avec de l'argent ou avec l'équivalent en tickets de rationnements. « Sinon, dit-il, vos contrats de travail seront immédiatement résiliés. »

J'étais anéantie. Je ne voulais pas perdre mon emploi ni mon contrat d'apprentissage, mais je n'avais aucun moyen de réunir une telle somme. Lorsque je suis redescendue au sous-sol, le Dr Weitz a senti qu'il y avait un gros problème et m'a fait parler. En hochant la tête en signe de dégoût, il me dit de ne pas m'inquiéter. Le lendemain, il rendit visite aux leaders de la communauté juive de Zurich et, avec leur aide, l'hôpital fut rapidement remboursé des plats « détournés » grâce à un grand nombre de tickets de rationnement. J'ai pu conserver mon poste et je me suis fait un devoir de réitérer ma promesse au Dr Weitz, mon bienfaiteur : oui, j'apporterais ma contribution à la reconstruction de la Pologne dès la fin de la guerre. J'ignorais que l'échéance en serait si proche.

Il y avait de cela une éternité, mon père m'avait demandé de l'aider à préparer notre petit chalet de montagne à Amden pour recevoir des visiteurs. Cette fois-ci, au début de janvier 1945, lorsqu'il me pria de l'accompagner là-haut, les circonstances étaient différentes. D'une part, j'avais besoin de me reposer durant tout un week-end. De l'autre, il m'avait juré que ces visiteurs me plairaient énormément, ce qui s'est révélé exact. Nos invités étaient membres du Mouvement international des volontaires pour la paix (ISVP). Ils étaient vingt en tout, et, à mes yeux, constituaient un groupe d'idéalistes. La plupart d'entre eux étaient jeunes, intelligents et venaient de toute l'Europe. Dans un premier temps, nous avons ri, chanté et mangé comme des loups affamés. Ensuite, j'ai écouté avec une attention profonde certains d'entre eux m'expliquer comment l'ISVP — fondé après la Première Guerre mondiale et devenu plus tard un modèle pour l'*American Peace Corps* — se consacrait à la promotion de la paix et de la coopération mondiales.

La paix mondiale ? La coopération entre les peuples ? Assister les peuples des pays d'Europe ravagés et dévastés lorsque la guerre serait finie ? Ces gens dépeignaient mes rêves les plus fous.

Leurs récits concernant le travail humanitaire ravissaient mon âme comme une musique sublime. Dès que j'appris qu'il existait un bureau local de leur organisation à Zurich, j'ai immédiatement décidé d'en devenir membre. Et, dès que j'ai senti que la guerre allait bientôt s'achever, j'ai rempli un formulaire de candidature en rêvant de quitter la paisible Suisse pour aller aider les survivants des pays d'Europe dévastés par la guerre.

À propos de musique sublime, la symphonie de bruits qui envahit la ville le 7 mai 1945 — le jour de la fin de la guerre — est la plus magnifique qu'il m'ait été donné d'entendre. Je me trouvais à l'hôpital. Comme si elles s'étaient donné le signal, les cloches de toutes les églises de Suisse se mirent à sonner. L'air résonnait des carillons joyeux qui fêtaient la victoire, et surtout, la paix. Aidée par plusieurs employés de l'hôpital, j'ai conduit sur le toit tous les patients, un par un — y compris ceux qui étaient trop affaiblis pour quitter leur lit — où ils purent se joindre à la liesse générale.

Ce furent des instants que tous partagèrent, du vieil homme très affaibli jusqu'au nouveau-né. Certains se tenaient debout, d'autres restaient assis. D'autres encore étaient sur des chaises roulantes ou sur des brancards et certains d'entre eux souffraient énormément. Mais, en ces instants historiques, cela n'avait pas d'importance. Nous étions tous soudés par l'amour et l'espoir — les fondements de l'existence humaine. Pour moi, ce furent des instants magnifiques et inoubliables. Malheureusement, ce n'était qu'une illusion.

Si quelqu'un pensait que la vie avait retrouvé son cours normal, il n'avait qu'à rejoindre l'ISVP pour se rendre compte de sa méprise. Quelques jours après la fin des célébrations, le chef d'un groupe d'une cinquantaine de volontaires — qui envisageaient de passer la frontière française récemment rouverte pour reconstruire Écurcey, un petit village autrefois très pittoresque, mais qui avait été totalement détruit par les nazis — me demanda de me joindre à eux. C'était vraiment une occasion à ne pas manquer. Je pouvais enfin tout lâcher et me rendre utile. Il y avait tant à faire !

Oh, il y avait mon travail, bien sûr. Mais le Dr Weitz, mon plus grand soutien, me donna une autorisation d'absence. À la maison, ce fut une autre histoire. Lorsque j'ai abordé cette question au dîner — davantage comme un fait accompli que comme une demande de permission — mon père sortit de ses gonds en disant que j'étais folle. Il ajouta que j'étais également inconsciente de tous les dangers qui m'attendaient là-bas. Ma mère, en considérant l'avenir beaucoup mieux assuré de mes sœurs, aurait manifestement souhaité que je prenne une direction semblable, plutôt que de m'exposer à toutes sortes de dangers — mines terrestres, pénuries de vivres, maladies, etc. Mais ni l'un ni l'autre ne comprenaient mon obsession. Ma destinée, quel que soit son cours futur, emprunterait nécessairement une piste dans le désert de la souffrance humaine.

Pour avoir une chance d'accomplir cette vocation, il me fallait faire le premier pas.

8

TROUVER UN SENS À LA VIE

Je ressemblais à un adolescent parti camper dans la nature. J'ai traversé la frontière pour me rendre à Écurcey sur une vieille bicyclette que quelqu'un avait trouvée. C'était la première fois que je quittais la Suisse si tranquille, mais j'ai vite découvert les ravages que la guerre pouvait laisser derrière elle. Écurcey, qui était avant-guerre un hameau au charme suranné, était complètement détruit. Les maisons n'étaient plus que ruines. Quelques jeunes hommes, tous blessés, erraient sans but. Le reste de la population était surtout composé de personnes âgées, de femmes, d'une poignée d'enfants et d'un groupe de prisonniers allemands qui étaient détenus dans les sous-sols de l'école.

Notre arrivée représentait pour eux un grand événement. Tout le village était présent, y compris le maire. « Nous ne vous serons jamais assez reconnaissants », dit-il.

Je pensais exactement la même chose — j'étais reconnaissante de cette chance qui m'était donnée d'assister des gens qui avaient besoin d'aide. Tous les volontaires de l'ISVP débordaient d'énergie. Tout ce que j'avais appris jusque-là, des techniques de survie que mon père m'avait enseignées lors de nos randonnées en montagne, jusqu'aux rudiments de pratique médicale que j'avais grappillés à l'hôpital, fut rapidement utilisé. Le travail était très gratifiant. Chaque jour offrait un nouveau but à atteindre.

Nos conditions de vie étaient épouvantables et, pourtant, je n'avais jamais été si heureuse. Nous dormions dans des logements délabrés ou par terre à la belle étoile. S'il pleuvait, nous étions trempés. Nos outils étaient constitués de pioches, de haches et de pelles. L'un des membres du groupe — une femme d'une soixantaine d'années — nous raconta comment elle avait effectué une mission similaire après la Première Guerre mondiale en 1918. En l'écoutant, nous avons compris que le peu que nous avions fait avait vraiment son utilité.

Étant la plus jeune des deux femmes volontaires, j'ai été choisie comme cuisinière. Étant donné qu'aucun des bâtiments encore debout n'avait de cuisine en état de fonctionner, plusieurs volontaires entreprirent d'en construire une à l'extérieur en utilisant un énorme fourneau à bois. Le ravitaillement en vivres était extrêmement problématique. Nos propres rations disparaissaient presque immédiatement car nous les distribuions à tous les habitants du village. D'autre part, l'épicerie du village — miraculeusement intacte, si ce n'est une grosse couche de poussière sur les rayons — était entièrement vide. Plusieurs volontaires passaient parfois toute une journée à sillonner les bois et à visiter les fermes à la recherche d'une nourriture qui ne suffisait souvent que pour un seul repas. Il nous est même arrivé de n'avoir qu'un seul et unique poisson séché pour nourrir cinquante personnes !

Mais nous compensions le manque de viande, de pommes de terre et de beurre par une camaraderie enthousiaste et joyeuse. Le soir, nous nous racontions des histoires et chantions en chœur, ce qui, je m'en suis rendu compte, plaisait beaucoup aux prisonniers allemands qui se trouvaient dans le sous-sol de l'école. Lorsque nous sommes arrivés à Écurcey pour la première fois, nous avions remarqué que des prisonniers étaient conduits tous les jours dans plusieurs champs. Là, on les obligeait à les sillonner en tous sens. À la fin de journée, il manquait toujours un ou deux prisonniers. Après enquête, nous avons découvert que l'on se servait d'eux comme démineurs. Ceux qui ne revenaient pas avaient sauté sur les mines qu'ils avaient eux-mêmes posées. Scandalisés, nous avons mis un terme à cette pratique en menaçant de marcher en tête des prisonniers. Finalement, ceux-ci ont été affectés à des travaux de construction.

À l'exception des habitants du village, personne ne haïssait plus que moi les nazis. Si les crimes qu'ils avaient commis dans ce village n'y suffisaient pas, je n'avais qu'à repenser aux récits du Dr Weitz sur le sort réservé à sa famille en Pologne pour que la haine monte en moi. Cependant, dans les premières semaines de mon séjour ici, ces soldats me sont apparus pour ce qu'ils étaient, c'est-à-dire des êtres humains vaincus, démoralisés, affamés et terrorisés à l'idée d'être déchiquetés en petits morceaux par une de leurs propres mines. Alors, mon cœur s'est ouvert.

Je ne voyais plus en eux des nazis, mais des hommes en détresse. Le soir, je leur glissais des petits morceaux de savon ou des crayons et du papier à travers les volets en fer des fenêtres du sous-sol. De leur côté, ils donnaient libre cours à leurs émotions dans des lettres très émouvantes que je fourrais dans mes vêtements pour les expédier ensuite à leurs familles, à mon retour en Suisse. Des années plus tard, les familles de ces soldats, qui pour la plupart sont rentrés chez eux sains et saufs, me transmirent leurs plus profonds remerciements. En fait, le mois que j'ai passé à Écurcey, malgré les épreuves, malgré ma tristesse de devoir revenir chez moi, n'aurait pas pu être plus positif. C'est vrai, nous avons reconstruit bon nombre de maisons. Mais le plus important, c'est que nous avons donné à ces personnes amour et espoir.

En échange, ces gens nous permirent de comprendre définitivement à quel point notre travail était important. Le jour de mon départ, le maire est venu me dire adieu en compagnie d'un vieil homme malade qui avait sympathisé avec tous les volontaires, mais qui avait une préférence pour moi. Il m'appelait la « petite cuisinière ». Il m'a remis un petit mot sur lequel on pouvait lire ceci : « D'un point de vue humanitaire, vous nous avez rendu les plus grands services. Je vous écris parce que je n'ai plus de famille. Je tiens à vous dire que, quel que soit notre sort futur ici, heureux ou funeste, nous ne vous oublierons jamais. Je vous prie d'accepter ce témoignage de mon affection et de mes remerciements les plus profonds, d'un être humain à son semblable. »

Dans la quête de mon identité et de l'orientation à donner à ma vie, ce message était de ceux qui m'ont fait faire un grand pas en avant. Les forces du mal de l'Allemagne nazie avaient été punies durant cette guerre et elles devaient maintenant rendre des comptes devant la justice. Mais j'avais compris que les blessures infligées par la guerre, les souffrances et la peine qui affectaient encore presque tous les foyers — tout comme aujourd'hui les problèmes de la violence, des sans-abri et du sida — ne pouvaient disparaître que si des personnes comme moi, ou des organisations comme l'ISVP, reconnaissaient le devoir moral de s'attaquer résolument aux problèmes et d'aider les autres.

Profondément transformée par cette expérience, j'ai eu beaucoup de mal à supporter la prospérité de mon pays natal. L'abondance était telle que j'acceptais difficilement le contraste entre ces magasins croulant sous les denrées alimentaires, ces entreprises prospères et la situation tragique qui prévalait dans le reste de l'Europe. Mais on avait également besoin de moi à la maison. Souffrant d'une fracture de la hanche, mon père était en train de vendre notre maison pour emménager dans un appartement situé plus près de son bureau à Zurich. Étant donné que mes sœurs poursuivaient leurs études ailleurs en Europe et que mon frère continuait les siennes en Inde, il me revint la tâche d'empaqueter les affaires et de régler d'autres détails.

Sur le plan émotionnel, j'étais profondément troublée. Je réalisai avec tristesse que je devais dire adieu à ma jeunesse, à ces merveilleuses promenades à travers les champs de vigne ainsi qu'à mes pas de danse sur mon rocher « privé » dans la prairie. D'un autre côté, j'avais pas mal grandi et j'étais prête à franchir la prochaine étape. J'ai retrouvé rapidement mon travail au laboratoire de l'hôpital. En juin, j'ai passé mon examen d'apprentissage, et le mois suivant je décrochais un formidable poste de chercheur au département d'ophtalmologie de l'université de Zurich. Mais mon patron, le professeur Marc Amsler, un célèbre médecin qui m'a donné d'extraordinaires responsabilités — entre autres, celle de l'assister en chirurgie —, savait que je n'envisageais pas de rester plus d'un an. Je devais me préparer à l'examen d'entrée à l'école de médecine, mais je n'avais pas oublié mon engagement à l'ISVP.

Et il y avait aussi ma promesse au Dr Weitz. Oui, la Pologne faisait toujours partie de mes projets.

« Alors comme ça, l'hirondelle veut reprendre son envol », dit le Dr Amsler lorsque je l'informai de la nouvelle mission que m'avait confiée l'ISVP. Il n'était ni fâché ni déçu. Au cours de l'année qui venait de s'écouler, il s'était attendu à mon départ, étant donné que nous avions souvent parlé de mon engagement. Il y avait, je l'ai noté, une lueur d'envie admirative dans ses yeux. Il avait certainement vu dans les miens la promesse de nouvelles aventures.

C'était le printemps. L'ISVP s'était engagé à aider la population d'une cité minière polluée, près de Mons en Belgique, à construire un lieu de divertissement au sommet d'un terril, au-dessus de l'air poussiéreux et sale. On m'informa que cet engagement avait été pris avant la guerre. Le directeur du bureau de Zurich m'expliqua que je pouvais me rendre là-bas en train jusqu'au point où la ligne n'était plus en service, mais je lui assurai que je pouvais faire de l'auto-stop sur tout le parcours. Partant de Paris, que je découvrais pour la première fois, j'ai trimbalé mon sac à dos bourré à craquer dans diverses auberges de jeunesse, jusqu'à ce que je parvienne dans cette cité minière crasseuse.

C'était vraiment un endroit déprimant. L'air était lourd de poussières qui recouvraient tout d'un triste manteau gris et crasseux. À cause des effets terrifiants de cette atmosphère viciée — la pneumoconiose des mineurs, par exemple — l'espérance de vie était ici d'une quarantaine d'années, ce qui constituait une perspective bien sombre pour les charmants enfants du village. Notre tâche — le rêve du village — consistait à aménager un terrain de jeu sur l'un des terrils, là où l'air était pur, audessus de cette poussière qui polluait toute la cité. À l'aide de pelles et dc pioches, nous avons travaillé jusqu'à l'épuisement, mais les habitants du village nous ont donné une telle quantité de pâtés en croûte et de pâtisseries que j'ai pris quatre kilos durant les quelques semaines de mon séjour là-bas.

J'ai aussi noué d'importants contacts. Un soir, alors que nous chantions en chœur des chansons populaires après un dîner copieux, j'ai rencontré le seul Américain de notre groupe. C'était un homme assez jeune, membre d'un groupe de quakers. Il comprenait mon mauvais anglais et me dit qu'il s'appelait David Richie. « Du New Jersey. » Mais je connaissais d'ores et déjà sa réputation. Richie faisait partie des volontaires les plus célèbres et c'était un pacifiste au dévouement absolu. Ses missions l'avaient conduit des ghettos de Philadelphie jusqu'aux pires endroits de l'Europe de l'après-guerre et, très récemment, en Pologne. Il ajouta qu'il devait y retourner sous peu.

Oh mon Dieu ! C'était bien la preuve que rien ne survient par hasard.

La Pologne !

Sautant sur l'occasion, je fis part à Richie de la promesse que j'avais faite à mon ancien patron et je le suppliai de m'emmener avec lui. Il reconnut que l'on avait désespérément besoin d'aide là-bas, mais il me fit aussi comprendre que se rendre dans cette région serait très difficile. Des transports sûrs et dignes de ce nom étaient pratiquement inexistants. D'ailleurs, l'argent manquait pour payer les voyages. Malgré ma petite taille, malgré mon apparence nettement plus jeune que mes vingt ans et malgré mes pauvres quinze dollars en poche, je n'accordai aucune importance à de tels obstacles. « Je ferai de l'auto-stop ! » m'exclamai-je. Impressionné, amusé et conscient de l'utilité de la passion, Richie me dit qu'il s'efforcerait de m'emmener là-bas.

Pas de promesses. Mais il essaierait.

Mais cela a failli n'avoir aucune importance, car ce soir-là, alors que je devais partir le lendemain pour une nouvelle mission en Suède, je me suis gravement brûlée pendant que je préparais le dîner. Une vieille poêle en fonte s'est brusquement cassée en deux et ma jambe a été éclaboussée d'huile brûlante, ce qui a provoqué des brûlures au troisième degré et des cloques. Couverte de pansements, je suis malgré tout partie, munie de quelques sous-vêtements et d'une couverture en laine au cas où il me faudrait coucher dehors. À mon arrivée à Hambourg, toutefois, ma jambe me faisait horriblement souffrir. Lorsque j'ai enlevé les pansements, je me suis aperçue que les plaies étaient gravement infectées. Inquiète à l'idée d'être bloquée en Allemagne — le dernier endroit au monde où je souhaitais résider — j'ai trouvé un médecin qui a soigné mes brûlures avec un onguent, et j'ai pu poursuivre ma route.

Malheureusement, je souffrais toujours. Cependant, grâce à un volontaire de la Croix-Rouge qui, dans le train, s'est aperçu de mon calvaire, j'ai pu me rendre en boitillant dans un hôpital parfaitement équipé au Danemark. Après avoir été soignée et délicieusement nourrie durant plusieurs jours, j'ai pu retrouver tous mes moyens et me rendre au camp de l'ISVP à Stockholm. Mais le fait d'être têtue comme une mule a aussi ses inconvénients. J'étais certes à nouveau sur pied et en bonne santé, mais j'étais déçue par ma mission — former un groupe de jeunes Allemands pour qu'ils soient en mesure de gérer leurs propres camps ISVP. Ce travail n'était pas très motivant. En outre, la plupart de ces types me dégoûtaient, car ils reconnaissaient avoir soutenu Hitler et les nazis au lieu de leur opposer une attitude ferme et morale, comme ils auraient dû le faire : c'est ce que je leur ai très clairement dit. Je les soupçonnais d'être des opportunistes bien contents de profiter des trois bons repas que leur offrait l'ISVP en Suède.

Il y avait toutefois quelques individus merveilleux. Un émigré russe âgé de quatre-vingt-treize ans est tombé amoureux de moi. Il a pris soin de moi pendant les semaines où j'ai souffert du mal du pays et, au cours de longues conversations, il m'a appris des choses très intéressantes sur la Russie et la Pologne. Lors de mon vingt et unième anniversaire, il a illuminé mes jours en écrivant ces mots sur mon journal intime : « Vos yeux brillants me rappellent la lumière du soleil. J'espère que nous nous rencontrerons à nouveau et que nous pourrons ainsi saluer ensemble le lever du soleil. Au revoir. » Chaque fois que j'ai besoin d'un réconfort moral, il me suffit de relire ces mots.

Cet homme au bon cœur m'avait beaucoup impressionnée, mais il disparut un jour sans laisser de traces. Ce sont les aléas de la vie. J'ai réalisé que la seule attitude à adopter est d'en chercher la signification. Lui était-il arrivé quelque chose ? Ou bien savait-il que notre relation était parvenue à son terme ? Le fait est que juste après son départ j'ai reçu un télégramme de David Richie, mon ami de l'ISVP. Je l'ai ouvert fébrilement avec ce frisson que l'on éprouve lorsque ses espoirs et ses rêves se réalisent brusquement. « Élisabeth, viens en Pologne aussi vite que possible, écrivait Richie. On absolument besoin de toi. » « Enfin ! » me suis-je dit. C'était le plus beau cadeau d'anniversaire que l'on pouvait me faire.

9

UNE TERRE BÉNIE

Se rendre à Varsovie ne fut pas chose aisée. J'ai dû faire les foins et traire des vaches pour un fermier afin de pouvoir financer mon voyage. Ensuite, j'ai fait de l'auto-stop jusqu'à Stockholm, où j'ai obtenu un visa et dépensé la presque totalité de mon argent durement gagné pour acheter mon billet de bateau. Enfin, je devrais plutôt dire une sorte de bateau. La coque de ce navire était rouillée et ses craquements ininterrompus n'inspiraient pas confiance : nombreux étaient ceux qui doutaient que l'on puisse arriver à bon port, à Gdansk. J'ai voyagé en « classe super-économique », c'est-à-dire avec un service limité au strict minimum. La nuit, je me suis recroquevillée sur un mauvais banc en bois et j'ai rêvé d'objets de luxe, comme une chaude couverture et un oreiller confortable, et je n'ai pas prêté attention aux quatre types qui déambulaient sur le pont près de moi dans l'obscurité. J'étais trop fatiguée pour m'en inquiéter.

En l'occurrence, il n'y avait pas de quoi s'inquiéter. Au matin, nous avons fait connaissance. Ces quatre hommes, originaires de divers pays d'Europe de l'Est, étaient tous médecins. Ils revenaient d'une conférence médicale. Par bonheur, ils m'ont proposé de me joindre à eux pour le reste du voyage jusqu'à Varsovie. La gare était bondée et le quai de notre train l'était plus encore. Non seulement il était submergé de voyageurs croulant sous des tonnes de bagages, mais il y avait aussi des gens qui transportaient des poulets et des oies, d'autres qui tiraient des chèvres et des moutons, le tout faisant irrémédiablement penser à une arche de Noé chaotique.

Seule, je n'aurais jamais pu monter dans le train. Lorsqu'il est arrivé, il y eut un désordre indescriptible au moment où les gens, criant à tue-tête, voulurent à tout prix monter dans le train. L'un des médecins, un Hongrois grand et sec, sauta sur le toit avec l'agilité d'un singe, puis nous tira l'un après l'autre là-haut. Je me suis agrippée à la cheminée au moment même où retentit le sifflement du départ et le train s'est mis en marche. Cette position assise n'était pas la plus sûre, surtout lorsqu'on traversait des tunnels — il fallait alors se coucher à plat ventre — ou lorsque d'énormes volutes de fumée noire s'échappaient de la cheminée et nous faisaient suffoquer. Toutefois, quand le train s'est vidé un petit peu, nous avons pu avoir notre propre compartiment. Nous nous sommes alors sustentés et avons discuté de nos vies respectives, et ce voyage nous a soudain paru luxueux.

Si le voyage pour Varsovie fut une aventure, l'arrivée, elle, fut proprement incroyable. Mes compagnons de voyage devaient prendre un autre train. Quant à moi, je savais que j'étais à un croisement de ma vie, que quelque chose d'important se produirait inéluctablement ici. Le visage noirci par la suie comme des ramoneurs, nous nous sommes dit au revoir. Ensuite, j'ai scruté la foule pour essayer d'y trouver mon ami le quaker américain. Je n'avais pu prévenir personne de mon arrivée. Dans ces conditions, comment auraient-ils pu en connaître l'heure ? Et maintenant, où devais-je me rendre ?

Mais le destin est semblable à la foi : tous deux requièrent une forte croyance en la volonté divine. J'ai regardé d'un côté, puis de l'autre. Personne. C'est alors que j'ai aperçu un grand drapeau suisse qui flottait au-dessus de la foule. Ensuite, j'ai vu Richie en compagnie de plusieurs autres personnes. Leur présence ici représentait pour moi un miracle. Bon sang ! Comme je l'ai serré fort dans mes bras ! Ses amis m'ont offert du thé et une soupe bien chaude. Jamais je n'avais ressenti un tel plaisir à m'alimenter. Un long sommeil dans un bon lit aurait également été le bienvenu. Mais au lieu de cela nous sommes montés à l'arrière d'un camion plate-forme et avons passé le reste de la journée à rouler sur des routes cahoteuses et déchiquetées par les bombardements, pour rejoindre le camp de l'ISVP à Lucima, une région agricole fertile.

Ce voyage par la route nous démontra à quel point notre présence était nécessaire. Deux années ou presque après la fin de la guerre, Varsovie était toujours en ruine. Des pâtés de maisons entiers n'étaient plus que des tas de gravats. La population de la ville, environ trois cent mille âmes, se terrait dans les sous-sols. Les seuls signes de vie se manifestaient le soir lorsque des rubans de fumée s'élevaient des feux de cheminée que les gens allumaient pour faire la cuisine ou pour se réchauffer. Les villages périphériques, détruits par les Allemands et les Soviétiques, étaient dans un état tout aussi dantesque. Des familles entières en étaient réduites à creuser des trous dans la terre comme des animaux pour trouver un abri. Dans la campagne, les bombardements avaient abattu de nombreux arbres et laissé des cratères dans le sol.

Arrivée à Lucima, j'ai pris conscience du privilège qu'il y avait à faire partie de ceux qui étaient assez courageux pour soigner les nombreux villageois en détresse. Quel autre sentiment aurais-je pu éprouver ? Aucun, étant donné qu'il n'y avait pas d'hôpital ni de structures médicales à proximité. En outre, on se trouvait parmi des gens qui étaient affectés, à différents stades, par la typhoïde et la tuberculose. Les plus chanceux ne souffraient que de vieilles blessures infectées, provoquées par des éclats d'obus. Des enfants mouraient de maladies comme la rougeole. Cependant, malgré tous leurs problèmes, ces gens étaient merveilleux et généreux.

Il n'y avait pas besoin d'être un expert du secours aux sinistrés pour comprendre que la seule façon de gérer une telle situation consistait simplement à relever ses manches et à se mettre au travail. Le camp de l'ISVP était constitué de trois grandes tentes. La plupart du temps, je couchais dehors sous la couverture militaire en laine qui m'avait tenu chaud tout au long de mes voyages en Europe. Ici, de nouveau, on me donna la responsabilité de la cuisine. Rien ne me rendait plus heureuse que de concocter des repas savoureux qui plairaient à ces volontaires venus du monde entier et unis par le même idéal, ce que je faisais à l'aide de boîtes de bananes séchées, de quelques oies, de farine et d'œufs obtenus à titre gratuit, et de n'importe quels autres ingrédients que l'on pouvait trouver.

Lorsque je suis arrivée ici, un certain nombre de maisons avaient été reconstruites et une école flambant neuve était en train d'être édifiée. Je travaillais comme maçon et couvreur. Ma connaissance du polonais laissait à désirer, mais tous les matins une jeune femme squelettique qui se mourait d'une leucémie m'enseignait cette langue tandis que je lavais mes vêtements dans la rivière. Comme elle avait été le témoin de tant de souffrances et de misères au cours de sa courte vie, elle ne considérait pas sa propre situation comme la pire au monde. Loin de là. D'une certaine manière, elle acceptait son sort sans aucune amertume et sans en imputer la responsabilité à personne. À ses yeux, c'était sa vie, tout au moins une partie de sa vie. Inutile de préciser qu'elle m'a appris bien autre chose que le polonais.

Chaque jour, il fallait jouer les touche-à-tout. Un jour, j'ai dû apaiser le maire et un groupe de personnalités locales qui avaient pris les armes parce que nous avions construit un bâtiment sans leur autorisation officielle. Traduisez : sans leur avoir versé des pots-de-vin. Une autre fois, j'ai participé au vêlage d'une des vaches d'un paysan. On pouvait être amené à accomplir n'importe quelle tâche. Un après-midi, j'étais en train de faire des travaux de maçonnerie à l'école, lorsqu'un homme est tombé et s'est fait une impressionnante entaille à la jambe. En temps normal, on aurait dû suturer la blessure. Mais j'étais seule en compagnie d'une Polonaise qui a ramassé précipitamment une poignée de terre afin de s'en servir comme emplâtre pour la blessure. J'ai sauté du toit en hurlant : « Non, ne fais pas ça, tu vas l'infecter ! »

Mais les guérisseurs du cru étaient de véritables chamans. Ils utilisaient des remèdes traditionnels ancestraux comme l'homéopathie, et savaient exactement ce qu'ils faisaient.

Ils n'en ont pas moins été impressionnés lorsque j'ai posé un garrot sur la jambe du blessé pour arrêter l'hémorragie. Depuis lors, ils m'ont appelée « Madame le docteur ». J'ai essayé de leur expliquer qu'il n'en était rien, mais personne ne put les faire changer d'avis, pas même moi.

Jusque-là, tous les besoins médicaux étaient assurés par deux femmes, Hanka et Danka. C'étaient des femmes fabuleuses, très carrées — des *Feldschers,* ainsi qu'on les surnommait. Elles avaient toutes les deux participé à la résistance polonaise sur le front russe, où elles avaient acquis les bases de la médecine de campagne et où elles avaient été confrontées à toutes les affections, blessures et à toutes les atrocités possibles et imaginables. Inutile de dire qu'elles n'étaient pas du genre craintives.

Lorsqu'elles eurent vent de la façon dont j'avais arrêté l'hémorragie de cet homme, elles m'interrogèrent sur ma formation. Dès qu'elles entendirent le mot « hôpital », elles me serrèrent dans leurs bras comme l'une des leurs. Depuis lors, elles amenèrent tous les malades et tous les blessés sur le chantier de construction pour que je les examine. J'ai bien dit tous les cas : des simples infections, jusqu'aux membres qu'il fallait amputer. J'ai fait ce que j'ai pu pour les aider, même si cela se réduisait souvent à une bonne accolade.

Et puis, un jour, elles m'ont offert un cadeau extraordinaire. Il s'agissait d'une cabane en rondins composée de deux pièces. Elles l'avaient nettoyée de fond en comble, puis elles avaient installé un fourneau à bois et des étagères. Finalement, elles décrétèrent que ce serait un dispensaire où nous pourrions toutes les trois soigner les patients. Ma carrière d'ouvrier du bâtiment s'est achevée à cet instant précis.

Je serais bien incapable de dire si ce que j'ai fait par la suite était de la médecine ou des prières pour que s'accomplissent des miracles. Chaque matin, vingt-cinq ou trente personnes attendaient à l'extérieur du dispensaire. Certaines avaient marché des jours durant. En outre, ces gens devaient souvent rester là pendant des heures. S'il pleuvait, on les autorisait à patienter dans la pièce normalement réservée aux oies, poulets, chèvres et à tout ce que l'on nous donnait en guise d'argent. L'autre pièce était utilisée pour la chirurgie. Nous manquions de tout, d'instruments, de médicaments et nous n'avions aucun anesthésique. Cependant, chose étonnante, nous avons mené à bien des interventions chirurgicales complexes. Nous avons amputé des membres, extrait des éclats d'obus, donné naissance à des bébés. Un jour, une femme enceinte s'est présentée avec une tumeur grosse comme un pamplemousse. Nous l'avons ouverte, puis vidée de son pus et nous avons réussi à l'enlever. Quand nous lui eûmes assuré que tout se passerait bien pour elle-même et son bébé, elle s'est levée et est rentrée chez elle.

La force morale de ces gens était extraordinaire. Leur courage et leur acharnement à vivre m'ont impressionnée. À certains moments, j'ai vraiment pensé que leur détermination était à l'origine de leur taux élevé de guérison. J'ai fini par comprendre que le propre de leur existence — et de celle de toute créature vivante — était simplement de continuer à survivre, comme si de rien n'était. Pour moi qui ai écrit un jour que mon but était de découvrir le sens de la vie, cette attitude constitua une profonde leçon de vie.

L'épreuve la plus difficile s'est produite un soir lorsque Hanka et Danka partirent précipitamment pour des urgences dans d'autres villages en me laissant seule en charge du dispensaire. C'était la première fois que je devais voler de mes propres ailes, et cela s'est produit au plus mauvais moment. Nous manquions complètement de fournitures sanitaires. Si un cas grave se présentait, il me faudrait improviser. Heureusement, la journée fut tranquille et la soirée fort agréable. J'ai déroulé ma couverture en songeant : « Ah, cette nuit, je crois que je vais être tranquille. Pour une fois, j'aurais une bonne nuit de sommeil. »

Mais je me demande si, en pensant cela, je n'ai pas attiré la malchance. Vers minuit, j'ai entendu ce qui m'a semblé être les cris d'un petit enfant. Je n'ai pas ouvert les yeux, en me disant que je rêvais peut-être. Et même si ce n'était pas le cas, quelle importance ? D'ordinaire, les patients débarquent à n'importe quelle heure de la nuit. Si je m'étais occupée de chacun d'eux, je n'aurais jamais pu dormir, ne serait-ce qu'un petit moment. C'est pourquoi je fis semblant de dormir.

Mais j'entendis à nouveau les cris. Ceux d'un petit enfant. Des pleurs, des gémissements qui ne s'arrêtaient pas. Puis, j'ai entendu un souffle rauque, une sorte de suffocation atroce.

Écœurée par ma couardise, j'ai ouvert les yeux. Ainsi que je le craignais, je n'avais pas rêvé. Éclairée par la douce lumière de la pleine lune, une paysanne s'est assise à côté de moi. Elle s'était enveloppée d'une couverture. Manifestement, les gémissements ne venaient pas d'elle. En me redressant, j'ai entendu à nouveau ces pleurs et je me suis aperçue qu'elle berçait un petit enfant dans ses bras. J'examinai alors l'enfant du mieux que je pus, les yeux encore barbouillés de sommeil. C'était un petit garçon. J'ai ensuite porté mon regard sur sa mère. Elle s'est excusée pour m'avoir réveillée si tard, en précisant toutefois qu'elle était venue à pied de son village après avoir entendu parler de la doctoresse qui guérissait les malades.

J'ai placé ma main sur le front du garçonnet. Âgé d'environ trois ans, il brûlait de fièvre. J'ai également remarqué des cloques autour de ses lèvres et sur sa langue, ainsi que des signes de déshydratation. Pas de doute, il s'agissait bien d'une fièvre typhoïde. Malheureusement, je ne pouvais pas faire grand-chose. « Nous n'avons pas de médicaments, dis-je en haussant les épaules en signe d'impuissance. Tout ce que je peux faire, c'est vous faire entrer dans le dispensaire pour vous offrir une tasse de thé chaud. » Reconnaissante, cette femme me suivit dans la cabane. Lorsque son fils suffoqua de plus belle, elle me regarda comme seule une mère peut le faire. Silencieusement. Tristement. Une supplique venue du fond de ses yeux noirs qui trahissait les abysses insondables de son chagrin. « Vous devez le sauver », dit-elle tout simplement.

J'ai hoché la tête en signe d'impuissance.

« Non, vous devez sauver le dernier enfant », continua-t-elle. Puis, sans la moindre émotion apparente, elle me raconta son calvaire : « C'est mon petit dernier. Mes douze autres enfants sont tous morts au camp de concentration de Maidanek. Mais celui-là est né là-bas. Je ne veux pas qu'il meure, maintenant que nous avons réussi à nous en sortir vivants. »

Même si ce petit dispensaire avait été un hôpital parfaitement équipé, il y aurait eu peu de chances de sauver cet enfant. Mais, s'il y a une chose que je ne supporte pas, c'est bien de passer pour une bonne à rien. Cette femme avait déjà été la victime de trop d'atrocités. Si elle avait été capable de s'accrocher à l'espoir, alors que toute sa famille avait été assassinée dans les chambres à gaz, je pouvais bien, de mon côté, rassembler toutes mes énergies. C'est pourquoi je me suis torturé les méninges durant un moment, et j'ai fini par trouver un plan. Il y avait un hôpital à Lublin, une ville située à environ trente kilomètres de là. Étant donné que le camp ne pouvait offrir de moyens de transport, il ne nous restait plus qu'à marcher. Si l'enfant survivait au voyage, peut-être pourrions-nous persuader les responsables de l'hôpital de l'admettre.

Le plan était risqué. Mais cette femme, ayant compris que c'était la seule solution, saisit l'enfant dans ses bras et dit : « O.K., allons-y. »

Durant trente kilomètres, nous avons discuté et porté l'enfant à tour de rôle. Il n'allait pas bien du tout. Au lever du soleil, nous sommes arrivés devant les hautes grilles d'entrée en fer de cet hôpital massif, tout en pierre de taille. Les grilles étaient fermées, et un garde nous dit qu'aucun autre patient ne serait admis. Avions-nous parcouru trente kilomètres à pied pour rien ? J'ai regardé le petit garçon apathique qui perdait conscience à intervalles réguliers. Non, tous ces efforts n'auront pas été accomplis en vain. Alors, voyant quelqu'un qui ressemblait à un médecin, je lui ai demandé avec force de me venir en aide. À contrecœur, il a examiné l'enfant, pris son pouls et en a conclu que son cas était désespéré. « Nous sommes déjà obligés de placer des malades dans les salles d'eau, dit-il. Étant donné qu'il n'a aucune chance de s'en sortir, il n'est pas question de l'accepter. »

Soudain, j'ai senti une grande colère monter en moi. « Je suis venue de Suisse, dis-je en me plaçant presque contre lui. J'ai marché et fait de l'auto-stop pour venir en aide au peuple polonais. Je m'occupe de cinquante malades chaque jour dans un petit dispensaire à Lucima. Et maintenant, je viens de faire tout ce chemin à pied pour sauver cet enfant. Si vous ne l'admettez pas à l'hôpital, je retournerai en Suisse pour dire à tout le monde que les Polonais sont des gens sans cœur, incapables d'amour ou de compassion, et qu'un médecin polonais est resté insensible à la détresse d'une femme qui n'a plus qu'un enfant, après en avoir perdu douze autres dans un camp de concentration. »

Ça a marché. En rechignant, le docteur a tendu les bras pour prendre l'enfant. Il acceptait de l'admettre à l'hôpital, mais à une condition : sa mère et moi devions le laisser ici pendant trois semaines. « Dans trois semaines, ou bien l'enfant sera enterré, ou bien il sera en assez bonne condition pour être ramené chez lui », dit le docteur.

Sans hésiter un instant, la mère embrassa son enfant et le confia au docteur. Elle avait fait tout ce qui était humainement possible et j'ai perçu son soulagement au moment où le docteur et son petit garçon disparurent à l'intérieur de l'hôpital. Quand il n'y eut plus rien à voir, je lui ai dit : « Et à présent, que comptez-vous faire ?

— Je rentre avec vous et je vais vous aider », a-t-elle répondu.

Elle est devenue la meilleure assistante que j'aie jamais eue. Après chaque usage, elle faisait bouillir mes trois précieuses seringues dans une petite casserole. Elle lavait les pansements, puis les suspendait au soleil pour les faire sécher. Elle donnait un coup de main pour préparer les repas et il lui arrivait même d'immobiliser les malades lorsque nous devions pratiquer une incision en chirurgie. Traductrice, infirmière, cuisinière... il n'est aucune fonction qu'elle n'ait remplie.

Et puis, un matin au réveil, j'ai vu qu'elle n'était plus là. Apparemment, à un moment donné durant la nuit, elle était partie discrètement sans laisser un mot ni dire au revoir. J'étais à la fois déconcertée et déçue. Cependant, plusieurs jours plus tard, j'ai découvert le pot aux roses. Il y avait exactement trois semaines que son petit garçon était à l'hôpital à Lublin. J'avais été tellement prise par mon travail quotidien que je l'avais oublié. Mais elle, elle avait compté chaque jour.

Une semaine plus tard, je me suis réveillée après une nuit passée à la belle étoile et j'ai trouvé un mouchoir sur le sol à côté de ma tête. Il était rempli de terre. Pensant qu'il s'agissait de l'une des nombreuses pratiques superstitieuses de ce pays, je l'ai placé sur l'une des étagères du dispensaire et l'ai rapidement oublié jusqu'à ce qu'une femme du village me conseille vivement de défaire les nœuds du mouchoir pour voir ce qu'il y avait à l'intérieur. En effet, enfoui dans cette poignée de terre, il y avait un mot pour « Madame le docteur » : « De la part de Mme W., dont le dernier de ses treize enfants a été sauvé grâce à vous, cette poignée de terre polonaise bénie. »

L'enfant avait survécu !

Un large sourire illumina mon visage.

Puis je baissai les yeux sur la dernière ligne du texte. « Cette poignée de terre polonaise bénie. » Et soudain, j'ai tout compris. Après s'être levée au milieu de la nuit, cette femme avait parcouru à pied les trente kilomètres qui la séparaient de l'hôpital pour aller chercher son enfant bien vivant. De Lublin, elle était retournée avec lui dans son village. Là, elle avait pris une poignée de terre dans son jardin, puis avait cherché un prêtre pour la bénir. Étant donné que les nazis avaient exterminé la plupart des prêtres, je suis persuadée qu'elle a dû remuer ciel et terre pour en trouver un. Pour moi, cette poignée de terre était maintenant sacrée, bénie par Dieu. Après avoir déposé son cadeau près de moi, elle était retournée chez elle. Lorsque j'ai réalisé tout ce qu'elle avait fait, ce petit sac de terre est devenu le cadeau le plus précieux que j'aie jamais reçu.

En outre, il devait bientôt me sauver la vie.

10

LES PAPILLONS

J'évoque souvent l'amour et la compassion, mais c'est en visitant un lieu où furent commises les pires atrocités contre le genre humain que j'ai tiré les enseignements les plus profonds quant au sens de la vie.

Avant de quitter la Pologne, j'ai assisté à une cérémonie à l'occasion de l'inauguration de l'école que nous avions construite. Ensuite, je me suis rendue à Maidanek, l'une des usines de mort d'Hitler les plus tristement célèbres. Une force irrésistible m'a poussée à aller voir de mes propres yeux l'un de ces camps de concentration. Je me suis dit qu'en découvrant cet univers je pourrais peut-être le comprendre.

Je connaissais la réputation de Maidanek. C'était là que mon amie polonaise avait perdu son mari et douze de ses treize enfants. Oui, je la connaissais bien.

Mais il y avait un monde entre cette connaissance abstraite et la réalité.

Les grilles de cet endroit immense avaient été enfoncées. On pouvait encore voir les signes terrifiants de son effroyable passé (trois cent mille personnes sont mortes là-bas). J'ai découvert les barbelés, les miradors et les nombreuses rangées de baraquements où hommes, femmes, enfants, et même des familles entières passèrent leurs derniers jours. Il y avait également plusieurs wagons de marchandises. J'y ai jeté un coup d'œil. C'était une vision d'épouvante. Dans certains wagons, il y avait des cartons remplis de cheveux de femmes prêts à être envoyés en Allemagne, où ils auraient dû être transformés en vêtements d'hiver. Dans d'autres wagons, il y avait des lunettes, des bijoux, des alliances et toutes sortes de colifichets que les gens portent sur eux pour des raisons affectives. Le dernier wagon que j'ai inspecté était rempli de vêtements d'enfants, de chaussures et de jouets pour bébés.

Je suis descendue du wagon, pétrifiée d'horreur. La vie était-elle si cruelle ?

La puanteur des chambres à gaz, l'odeur fétide de la mort, parfaitement reconnaissable, qui flottait dans l'air, m'ont donné la réponse.

Mais pourquoi ?

Comment tout cela était-il possible ?

Pour moi, c'était inconcevable. J'ai erré dans le camp, incrédule : « Comment des hommes et des femmes peuvent-ils commettre de tels crimes contre leurs semblables ? » me suis-je demandé. Ensuite, j'ai été voir les baraquements. « Comment ces gens — surtout les mères et les enfants — ont-ils survécu au cours des semaines ou des jours qui ont précédé leur fin tragique ? » À l'intérieur des baraques, j'ai vu cinq lits superposés en bois, serrés les uns contre les autres. Sur les murs, des détenus avaient gravé leurs noms, leurs initiales et des dessins. Quels outils avaient-ils utilisés pour ce faire ? Des pierres ? Leurs ongles ? J'ai regardé de plus près et j'ai remarqué qu'un dessin avait été reproduit à de nombreuses reprises.

Des papillons.

Il y en avait partout où se portait mon regard. Certains étaient rudimentaires. D'autres étaient relativement achevés. Je n'arrivais pas à concevoir la présence de papillons dans des lieux aussi sinistres que Maidanek, Buchenwald ou Dachau. Quoi qu'il en soit, les baraquements en étaient remplis. Dans chaque baraque où je suis entrée, il y avait des papillons. « Pourquoi ? me suis-je demandé. Pourquoi des papillons ? »

Ils avaient sûrement une signification particulière. Laquelle ? Au cours des vingt-cinq années qui suivirent, je me suis posé cette question. Je m'en voulais énormément d'être incapable de trouver la réponse.

Je suis sortie du camp, bien consciente de l'impact profond que Maidanek aurait sur moi. Toutefois, je n'ai pas réalisé que cette visite me préparait à l'œuvre de ma vie. À ce moment-là, je voulais seulement comprendre comment des êtres humains pouvaient commettre de tels crimes contre d'autres êtres humains, en particulier contre des enfants.

C'est alors que le cours silencieux de mes pensées fut interrompu. J'ai entendu la voix claire, calme et assurée d'une femme qui répondait à mon interrogation silencieuse. Elle s'appelait Golda.

« Vous auriez pu commettre les mêmes crimes », me dit-elle.

J'ai voulu protester, mais j'étais tellement frappée d'étonnement que je suis restée muette. « Si vous aviez été élevée dans l'Allemagne nazie », ajouta-t-elle.

J'ai voulu hurler, lui dire à quel point je n'étais

pas d'accord avec elle. « Pas moi ! » J'étais une pacifiste. J'étais née dans une bonne famille et dans un pays pacifique. Je n'avais jamais connu ni la pauvreté, ni la faim, ni la discrimination. Golda lut tout cela dans mes yeux et me répondit d'un air entendu : « Vous seriez surprise de ce que vous êtes capable de faire. Si vous aviez été élevée dans l'Allemagne nazie, vous auriez pu très facilement devenir comme ces criminels. Il y a un Hitler en chacun de nous. »

Je voulais comprendre, pas me quereller et, comme c'était l'heure du déjeuner, j'ai invité Golda à partager mon sandwich. Elle était étonnamment belle et semblait avoir mon âge. Dans d'autres circonstances, nous aurions certainement été amies, camarades de classe ou collègues. Tout en mangeant, Golda me raconta comment elle en était arrivée à cette conception des choses.

Née en Allemagne, Golda avait douze ans quand la Gestapo est venue arrêter son père dans son entreprise. Elle ne l'a jamais revu. Ensuite, juste après le déclenchement de la guerre, elle et le reste de sa famille, y compris ses grands-parents, ont été déportés à Maidanek. Un jour, les gardes leur ont donné l'ordre de se ranger dans la file de gauche (tous ceux, innombrables, qui avaient emprunté cette file n'étaient jamais revenus). Golda et sa famille faisaient partie de ceux qui avaient été sélectionnés pour la chambre à gaz. Ils avaient hurlé, supplié, pleuré et prié, en vain : l'espoir, la dignité humaine et la survie ne comptaient ici pour rien et ils furent poussés vers la mort dans des conditions d'une atrocité inconnue jusque-là, même dans les abattoirs.

Golda, cette splendide jeune fille, était la dernière personne que les gardes s'efforcèrent de pousser à l'intérieur de la chambre à gaz avant de fermer la porte et de libérer les gaz. Par on ne sait quel miracle, par quelque intervention divine, la porte refusa de se fermer derrière elle, la dernière à y entrer. Il y avait trop de monde. Afin de remplir leur quota journalier, les gardes se sont contentés de l'expulser brutalement. Golda s'est retrouvée au grand air. Par la suite, comme elle figurait d'ores et déjà sur la liste des morts, on l'a considérée comme décédée et elle n'a plus jamais été inquiétée. Grâce à cette inadvertance providentielle, sa vie fut épargnée.

Elle n'eut pas vraiment le temps de s'abandonner au chagrin. Elle consacra la majeure partie de son énergie à rester en vie. Elle fit tout ce qui était en son pouvoir pour survivre à l'hiver polonais, pour trouver de la nourriture en quantité suffisante et pour éviter les maladies comme la typhoïde ou même un simple refroidissement, ce qui l'aurait empêchée de creuser des tranchées ou de dégager la neige à la pelle et l'aurait renvoyée directement à la chambre à gaz. Pour garder le moral, elle imaginait que le camp était libéré. Dieu l'avait choisie, se disait-elle, pour survivre et raconter aux futures générations les atrocités inouïes dont elle avait été le témoin.

Cela lui avait suffi, dit-elle, pour traverser tant bien que mal les terribles froids de l'hiver. Lorsqu'elle sentait que ses forces l'abandonnaient, Golda fermait les yeux et imaginait les hurlements de ses amies qui avaient servi de cobayes pour des expériences conduites par les médecins du camp, ou qui avaient été violées par les gardes — le plus souvent, elles avaient subi ces deux violences. Puis elle se disait : « Je dois survivre pour raconter tout cela au monde. Je dois vivre pour révéler au monde les horreurs que ces gens ont commises. » Et Golda a entretenu cette haine et cette détermination afin de demeurer en vie jusqu'à l'arrivée des forces alliées.

Puis, lorsque le camp fut libéré et les grilles enfoncées, Golda fut paralysée par la colère et le ressentiment qui s'étaient emparés d'elle. Mais elle ne voulait pas passer le reste de sa vie si précieuse à répandre la haine comme Hitler. « Si je passe ma vie, qui a été épargnée, à semer les graines de la haine, je ne serais pas différente de lui. Je ne serais qu'une victime — parmi tant d'autres — qui s'efforce de répandre sans cesse davantage la haine. La seule façon de trouver la paix est de laisser le passé au passé », dit-elle.

À sa manière, elle répondait à toutes les questions qui avaient surgi dans mon esprit depuis que j'étais arrivée à Maidanek. Jusque-là, je n'avais pas vraiment pris conscience de la propension de l'homme à la barbarie. Mais il m'a suffi de voir des wagons entiers de chaussures pour bébés ou de sentir l'odeur nauséabonde de la mort qui planait dans l'air comme un voile fantomatique pour réaliser de quelle cruauté l'homme était capable. Mais, dans ces conditions, comment expliquer que Golda — qui avait subi cette cruauté — ait choisi la voie de l'amour et du pardon ?

Elle me l'a expliqué elle-même comme suit : « Si je peux engager une personne hantée par la haine et l'esprit de vengeance sur la voie de l'amour et de la compassion, j'aurais alors mérité de survivre. »

J'avais mes réponses. J'ai quitté Maidanek en sachant que je ne serais plus jamais la même. J'ai eu le sentiment qu'une vie nouvelle s'ouvrait devant moi.

Je voulais toujours m'inscrire à la faculté de médecine. Toutefois, le but principal de ma vie serait de faire en sorte que les générations futures ne créent pas un nouveau Hitler.

Bien entendu, il me fallait tout d'abord rentrer à la maison.

Mon retour vers la Suisse fut aussi dangereux que tout ce que j'avais entrepris les mois précédents. Plutôt que de rentrer directement, je décidai de découvrir un peu l'Union soviétique. J'y suis allée toute seule. Sans argent ni visa, j'ai fourré dans mon sac à dos ma couverture, les quelques vêtements que j'avais et mon petit tas de terre polonaise, et j'ai pris la route de Bialystok. À la nuit tombante, j'avais traversé des kilomètres de campagne déserte sans rencontrer le moindre signe de la présence de l'armée Rouge — ma seule préoccupation — et je m'apprêtais à camper sur une colline verdoyante. Je ne m'étais jamais sentie aussi seule jusque-là — seule comme un minuscule point sur la terre en train d'observer des milliards d'étoiles.

Mais ce ne fut qu'une brève impression. Avant que j'aie eu le temps de dérouler ma couverture, une vieille femme vêtue d'une robe multicolore à volants s'est approchée de moi, comme si elle était tombée du ciel. Toutes ces écharpes, tous ces bijoux qu'elle portait semblaient un peu déplacés en ce lieu. Pourtant, il s'agissait de la campagne russe, une région sombre, mystique et regorgeant de secrets. S'adressant à moi en russe, que je comprenais à peine, elle m'a proposé de me tirer les cartes, apparemment à la recherche d'argent. Pas du tout intéressée par les sornettes qu'elle ne manquerait pas de me débiter, je lui dis, en me servant d'un mélange de polonais, de russe et de langage des mains, que j'avais surtout besoin de compagnie et d'un endroit sûr pour passer la nuit. Pouvait-elle m'aider ?

En souriant, elle me fit la seule réponse possible : « Le campement des bohémiens. »

Ce furent quatre journées remarquables de chants, de danses et d'amitié. Avant de repartir, je leur ai appris une chanson folklorique suisse. Ils me l'ont chantée en guise d'adieu, au moment où, pour la énième fois, j'ai mis mon sac à dos et pris la direction de la Pologne. Mes yeux se sont voilés de larmes à la pensée que de parfaits inconnus qui s'étaient rencontrés au milieu de la nuit et qui ne pouvaient pas communiquer entre eux, si ce n'est à travers l'amour et la musique, aient pu se comporter comme des frères et sœurs et partager tant de choses en si peu de temps. J'ai quitté ces gens avec le ferme espoir que le monde changerait d'attitude après la guerre.

À Varsovie, les quakers m'ont trouvé une place dans un avion de guerre américain qui transportait des personnages de marque à Berlin. De là, j'avais prévu de prendre un train pour Zurich. J'ai câblé à ma famille pour les avertir de mon arrivée à la maison. « Juste à temps pour le dîner », ai-je écrit, en savourant à l'avance le délicieux repas que ma mère ne manquerait pas de préparer ainsi qu'à la bonne nuit de sommeil qui m'attendait dans mon lit douillet.

Mais à Berlin, la situation était devenue vraiment dangereuse. Les troupes soviétiques ne laissaient personne sans titres justificatifs traverser leur secteur, le futur Berlin-Est, pour rejoindre la zone britannique. Le soir, les gens restaient cloîtrés chez eux dans l'espoir d'échapper, au moins temporairement, à une peur et à une tension qui étaient presque palpables. Aidée par des inconnus, j'ai pu arriver jusqu'à un poste-frontière, où j'ai attendu debout pendant des heures. J'étais de plus en plus fatiguée, affamée et je souffrais de nausées. Lorsqu'il fut évident que je n'arriverais pas à passer la frontière toute seule, j'ai pu convaincre un officier britannique de me prendre dans son camion, cachée dans une caisse en bois de soixante centimètres sur un mètre, afin de rejoindre clandestinement un endroit sûr près de Hildesheim.

Huit heures durant, je suis restée blottie en position fœtale, en me concentrant sur l'instruction formelle qu'il m'avait donnée juste avant de fermer le haut de la caisse avec des clous : « Pour l'amour du ciel, ne faites pas un bruit. Ne toussez pas. Respirez doucement. Pas un bruit jusqu'à ce que j'ouvre la caisse. » À chaque arrêt, je retenais mon souffle, terrifiée à l'idée que le moindre de mes gestes pourrait avoir des conséquences fatales. Je me souviens de la lumière aveuglante quand l'officier a finalement ouvert la caisse. Je n'avais jamais vu une lumière si crue. Le soulagement et la gratitude que j'ai éprouvés lorsque j'ai vu le visage de l'officier britannique n'avaient d'égal que la nausée et la fatigue qui m'ont assaillie par vagues après qu'il m'a aidée à sortir de ma cache.

Après avoir décliné son aimable invitation à partager un bon repas au mess des officiers, je me suis mise à marcher pour rentrer chez moi. À la tombée de la nuit, j'ai déroulé ma couverture dans un cimetière et je me suis réveillée le lendemain matin encore plus malade que la veille. Je n'avais ni nourriture ni médicaments. Dans mon sac à dos, j'ai trouvé mon petit tas de terre polonaise — la seule chose en dehors de ma couverture que l'on ne m'ait pas volée — et j'ai su que j'allais m'en sortir.

J'ai réussi à me lever malgré les douleurs atroces qui traversaient mon corps. Je me suis traînée comme j'ai pu jusqu'à la route gravillonnée et j'ai poursuivi mon chemin. J'ai pu tenir comme ça pendant plusieurs heures. Finalement, je me suis évanouie dans une prairie aux alentours d'une forêt épaisse. Je savais que j'étais très malade, mais la seule chose que je pouvais faire était de prier. Affamée, en nage, je frissonnais de fièvre. Une grande confusion s'est emparée de mon esprit. Dans mon délire, j'ai vu un montage de certaines expériences récentes — le dispensaire à Lucima, les papillons à Maidanek et ma rencontre avec Golda.

Ah, Golda. Un être si précieux, si fort.

À un moment donné, j'ai aperçu une petite fille qui passait en bicyclette tout en mangeant un sandwich. Mon estomac se contracta convulsivement de faim. J'ai pensé arracher ce sandwich des mains de cette petite fille. Qu'elle ait été réelle ou non, je n'en sais rien. Mais à l'instant même où cette idée m'a traversé l'esprit, je me suis souvenue des paroles de Golda : « Il y a un Hitler en chacun de nous. » Maintenant j'en comprenais le sens. Tout est fonction des circonstances.

Dans le cas présent, elles me furent favorables. Une femme, vieille et pauvre, m'a trouvée endormie alors qu'elle ramassait du bois de chauffage. Je ne sais comment, mais elle a réussi à me transporter jusqu'à un hôpital allemand près d'Hildesheim. Durant plusieurs jours, j'ai perdu conscience à de multiples reprises. Au cours d'une période de lucidité, j'ai entendu dire qu'une épidémie de typhoïde était en train de tuer un grand nombre de femmes. Pensant que je faisais partie du lot de ces malheureuses, j'ai réclamé un crayon et une feuille de papier pour écrire à ma famille au cas où je ne les reverrais plus jamais.

Mais j'étais trop faible pour tenir le crayon. J'ai demandé à ma voisine et à l'infirmière de le faire pour moi, mais elles ont refusé. Ces deux fanatiques croyaient que j'étais polonaise. C'était le même genre de préjugés que ceux dont je serais le témoin quarante ans plus tard contre les patients atteints du sida. « Cette cochonne de Polonaise peut bien crever », disaient-elles avec un profond dégoût.

De tels préjugés ont failli me tuer. Plus tard, cette nuit-là, j'ai eu un spasme coronaire, mais personne ne voulut aider la « polack ». Mon pauvre corps, qui ne pesait plus que trente-huit kilos, était à bout de forces. Recroquevillée dans mon lit, je m'affaiblissais de plus en plus. Heureusement, le médecin de garde cette nuit-là prenait son travail au sérieux. Juste à temps, il m'a fait une injection de strophantine. Le lendemain matin, je me sentais aussi bien qu'au moment où j'avais quitté Lucima. J'avais repris des couleurs. Je me suis assise et j'ai pris mon petit-déjeuner. Avant de sortir, le docteur m'a demandé : « Comment va ma petite Suissesse aujourd'hui ? » Suissesse ! Dès que les infirmières et l'autre malade ont entendu que j'étais suissesse et non polonaise, leur attitude envers moi changea du tout au tout. Subitement, elles ne savaient plus quoi faire pour me venir en aide.

Que le diable les emporte ! Après plusieurs semaines d'un repos bien mérité et d'une bonne alimentation, j'étais prête à partir. Mais, avant de quitter l'hôpital, j'ai raconté à cette voisine et à ces infirmières pleines de préjugés l'histoire du petit sac de terre polonaise que je gardais précieusement dans mon sac à dos. « Vous comprenez maintenant ? leur ai-je dit. Il n'y a pas de différence entre la mère d'un enfant polonais et la mère d'un enfant allemand ! »

Le trajet en train vers Zurich me donna le temps de réfléchir aux enseignements extraordinaires que j'avais reçus au cours des huit derniers mois. Il ne faisait aucun doute que je rentrais chez moi plus sage et dotée d'une plus grande expérience du monde. Bercée par les roulements du train, je me voyais déjà racontant tout à ma famille : les papillons de Maidanek et la jeune Juive polonaise qui m'avait fait comprendre qu'il y avait un Hitler en chacun de nous, les bohémiens russes qui m'avaient fait découvrir que l'amour et la fraternité s'affranchissent des barrières du langage et des nationalités, les inconnus, comme cette femme pauvre sortie chercher du bois de chauffage et qui m'avait transportée à l'hôpital, me sauvant ainsi la vie.

Peu de temps après, je me retrouvai autour de la table familiale avec ma mère et mon père, et je leur fis le récit de toutes les horreurs dont j'avais été le témoin... ainsi que de toutes les raisons qui font que nous devons garder l'espoir.

Deuxième partie

L'OURS

11

À LA MAISON POUR LE DÎNER

Dieu soit loué, il existe des patrons comme le professeur Amsler. C'était un brillant ophtalmologue, mais ses compétences professionnelles n'étaient encore rien comparées aux qualités qui faisaient de lui un être exceptionnel, plein de compassion et de compréhension. Moins d'un an après que j'ai commencé mon travail à l'hôpital universitaire, il m'avait autorisée à prendre un congé pour effectuer des missions humanitaires et, maintenant, il m'accueillait à bras ouverts en me confiant à nouveau mon ancien poste. « La petite hirondelle est de retour. Ce doit être l'hiver », m'a-t-il dit lorsque je suis revenue.

Mon vieux laboratoire en sous-sol m'est apparu comme un paradis. J'ai repris le même train-train quotidien et le même travail de recherche. Mais bientôt le professeur Amsler s'aperçut que j'avais changé et que je pouvais assumer davantage de responsabilités. C'est ainsi qu'il m'a affectée au service pédiatrique, où je devais examiner des enfants qui perdaient la vue à cause d'une ophtalmie sympathique ou d'une tumeur maligne. Mon approche était différente de celles de leurs parents ou de leurs médecins. Je m'adressais directement à eux. Je leur montrais que je comprenais leur peur de devenir aveugle et leurs réponses franches m'ont frappée. Là encore, j'assimilais un savoir-faire qui me serait très utile plus tard.

J'adorais accomplir ce travail avec les enfants dans mon laboratoire en sous-sol. Cette tâche me prenait des heures entières. Il y avait beaucoup de mesures et de tests à effectuer. Pour ce faire, nous devions passer de longs moments ensemble dans l'obscurité, ce qui était parfait pour s'exprimer sans retenue. Même les enfants les plus réservés, méfiants et timides, se confiaient à moi lors de ces séances marquées par l'intimité. Je n'étais qu'une technicienne de laboratoire de vingt-trois ans, mais j'avais appris à écouter comme un psychiatre chevronné.

Tout ce que je faisais accentuait encore davantage mon désir de devenir médecin. J'attendais avec impatience de passer le *Matura,* le très difficile examen d'entrée à la faculté de médecine, et j'ai envisagé de suivre des cours du soir pour combler les lacunes de mon éducation : la littérature allemande, française et anglaise, la géométrie et la trigonométrie et, la matière que je redoutais le plus, le latin.

Mais lorsque l'été est arrivé, un vent chaud m'a apporté des nouvelles de l'ISVP. Une équipe de volontaires construisait une voie d'accès à un hôpital de Recco en Italie. Ils avaient absolument besoin d'une cuisinière. Ils n'ont même pas dû me demander si j'étais intéressée, car quelques jours plus tard je maniais la pioche le jour et chantais le soir autour d'un feu de camp sur la Riviera italienne. Je ne pouvais être plus heureuse. Mon cher professeur Amsler m'avait assurée que je conserverais mon emploi et mes parents m'avaient donné leur autorisation. Maintenant, tout le monde s'était habitué à ma manière d'être.

Je n'avais qu'une règle à respecter. Avant mon départ, mon père m'avait interdit de franchir le rideau de fer. C'était dangereux, et il avait peur que je ne disparaisse à jamais.

« Si tu traverscs le rideau de fer, je ne te considérerai plus comme ma fille, m'a-t-il dit pour essayer de m'en dissuader, agitant la menace de ce qu'il pensait être la plus terrible des punitions.

— Bien, monsieur, à vos ordres », ai-je répondu. Quelle bêtise, pensai-je. Pourquoi s'inquiétait-il comme ça, alors que j'allais passer tout l'été en Italie ?

Pourtant, les faits devaient lui donner raison. Tandis que les travaux de construction de la route étaient pratiquement achevés, l'ISVP me contacta pour résoudre un problème urgent. Il s'agissait de réunir deux enfants et leurs parents en Pologne. Leur mère était suisse et leur beau-père polonais. Ils ne pouvaient pas sortir du pays. Ma précédente mission en Pologne faisait de moi la personne la mieux à même de remplir cette tâche. Je parlais la langue du pays, je savais me débrouiller et n'attirais pas l'attention. Je venais de visiter les principales villes d'Italie en auto-stop pour en découvrir les merveilleuses œuvres d'art. Partir pour une nouvelle aventure avant la fin de l'été n'était pas pour me déplaire. Sans parler de l'occasion qui m'était fournie de revoir à nouveau la Pologne. C'était vraiment un don du ciel.

Les enfants, un garçon âgé de huit ans et une fille de six ans, m'attendaient à Zurich. Avant de les prendre en charge, je suis passée à la maison pour faire un brin de toilette et pour prendre des affaires. Si ma mère avait été présente, cela aurait pu m'éviter des complications ultérieures. Mais l'appartement était vide. Oubliant la mise en garde de mon père, j'ai gribouillé à la hâte un bref message pour les mettre au courant de mes projets.

À la gare, le directeur de l'ISVP de Zurich m'a demandé si je pouvais effectuer une tâche supplémentaire : vérifier les conditions de vie dans un orphelinat de Prague. Malgré les risques, j'ai accepté. Mais mon inquiétude sur les dangers éventuels s'évanouit après que ma mission à Varsovie se fut déroulée sans anicroches. Malgré le régime communiste, j'ai pu mener les enfants à bon port. Ensuite, je suis restée jusqu'au lendemain pour sillonner la ville. J'ai été agréablement surprise en découvrant des visages souriants, des fleurs sur les marchés et de la nourriture en bien plus grande quantité que deux ans auparavant.

À Prague, les choses étaient totalement différentes. Pour traverser les barrières qui ceinturaient la ville, j'ai dû me déshabiller et me soumettre à une humiliante fouille corporelle au poste de contrôle, comme si j'étais une criminelle. Ces gardes abjects ont même été jusqu'à me voler mon parapluie et quelques autres affaires personnelles. C'est la seule fois, au cours de mes nombreux voyages, où j'ai vraiment eu peur. Quant à la ville elle-même, je me souviens de la négativité et de la méfiance qui hantaient chaque endroit où je me suis rendue. Des boutiques vides, des visages sinistres, pas une fleur en vue. Cette ville avait complètement perdu son âme.

L'orphelinat m'apparut comme un véritable cauchemar. J'eus le cœur brisé en découvrant les conditions de vie des enfants. C'était révoltant. Ce n'était que saleté, manque de nourriture et, pis que tout, absence d'amour. Mais, face à cette situation, j'étais totalement impuissante. Des agents de police me surveillaient de près et, au bout d'un certain temps, ils me firent clairement comprendre que je n'étais pas la bienvenue ici.

J'étais furieuse, mais lucide. Je ne pouvais évidemment pas engager les hostilités contre la puissante armée tchèque. Mais je ne me suis pas non plus enfuie la tête basse, avec un sentiment de défaite. Avant de quitter l'orphelinat, j'ai vidé mon sac à dos pour distribuer mes vêtements, chaussures, couvertures et tout ce qu'il contenait. Durant le court voyage de retour vers Zurich, j'ai regretté n'avoir pas pu faire davantage à Prague. Toutefois, cette triste pensée fut aussitôt balayée par la lueur d'espoir qui brillait à Varsovie.

« *Jejdje Polsak nie ginewa,* ai-je chanté doucement. La Pologne n'est pas encore perdue. Non, la Pologne n'est pas encore perdue. »

Comme tous les enfants, je suis très excitée chaque fois que je reviens à la maison après un voyage, en particulier celui-ci. Derrière la porte de notre appartement — laquelle laissait filtrer les riches senteurs de la délicieuse cuisine de ma mère — j'ai entendu les éclats d'une vive discussion au milieu du bruit de vaisselle entrechoquée. La voix la plus forte, que je n'avais pas entendue depuis longtemps, souleva mon cœur d'enthousiasme : c'était celle de mon frère. Ernst avait vécu pendant des années au Pakistan et en Inde. Notre seule relation avait été épistolaire et assez superficielle. C'est pourquoi cette visite m'enchantait au plus haut point. Maintenant, nous pourrions rattraper les moments perdus et redevenir une famille unie comme au bon vieux temps.

Mais mon souhait devait se révéler illusoire. Alors que je faisais une pause sur le perron en me demandant quelle pouvait bien être l'apparence d'Ernst après une si longue absence, la porte d'entrée s'est brusquement ouverte. Mon père, qui m'avait aperçue par la fenêtre, se tenait sur le seuil de la porte, me bloquant le passage. Il était en colère. « Qui êtes-vous ? Que voulez-vous ? » me questionna-t-il d'un ton dur.

Je m'attendais à ce que mon père affiche un large sourire et me dise qu'il plaisantait, mais il ferma violemment la porte et j'ai compris qu'il avait découvert ma destination. Je ne me souvenais plus du mot que j'avais gribouillé à la hâte avant de partir, mais j'ai senti intuitivement qu'il voulait me punir pour lui avoir désobéi. J'ai entendu le bruit de ses pas sur le parquet. Puis un silence. La conversation reprit à l'intérieur, quoique moins animée qu'auparavant, et ni ma mère ni mes sœurs ne sont intervenues en ma faveur. Connaissant mon père, il avait dû leur interdire de venir me voir.

Si c'était là le prix à payer pour faire ce que j'estimais juste, et non ce que l'on attendait de moi, alors je n'avais qu'une seule solution : me montrer aussi dure, ou même plus dure que mon père. Après quelques moments de détresse, je me suis mise à errer le long de la Klobsbachstrasse jusqu'à la station de tramway. Je me suis dit que je dormirais dans mon laboratoire. Mais je n'avais plus aucun vêtement, car je les avais tous distribués à Prague.

Je suis entrée dans un petit café et j'ai commandé quelque chose à manger. J'étais certaine que ma mère était très en colère contre mon père tout en n'ayant aucun moyen de le faire changer d'avis. Mes sœurs n'auraient pas demandé mieux que de me venir en aide, mais elles avaient leurs vies maintenant. Erika était mariée et Eva était fiancée avec Seppli Bucher, un champion de ski doublé d'un poète. Je ne pouvais compter que sur mes propres forces, et j'étais dans de beaux draps. Mais je n'éprouvais aucun regret. Je me suis alors souvenue d'un poème que ma grand-mère avait accroché au-dessus du lit dans la chambre d'ami où j'avais passé de nombreuses nuits lorsque j'étais enfant. Approximativement traduit, voilà ce qu'il disait :

Chaque fois que tu penses
que tu n'y arriveras pas,
de nulle part
surgira une petite lueur.

Cette petite lumière
renouvellera tes forces
et te donnera l'énergie nécessaire
pour franchir un pas de plus.

J'étais si fatiguée que je me suis endormie sur la table. Soudain, j'ai été réveillée en sursaut : quelqu'un m'appelait par mon nom. Quand j'ai levé les yeux, j'ai vu mon amie Cilly Hofmeyer. Elle me faisait de grands signes de la main de l'autre côté du café. Puis elle est venue s'asseoir à ma table. Cilly avait obtenu son diplôme d'orthophoniste à l'hôpital cantonal au moment où j'obtenais ma qualification de technicienne de laboratoire. Depuis cette époque nous ne nous étions pas revues, mais Cilly était restée la même : ouverte et charmante. Elle me confia que son plus grand désir était de quitter la maison de sa mère. « Je veux être plus indépendante », me dit-elle.

J'appris ainsi qu'elle cherchait une chambre à louer depuis des semaines, mais qu'elle n'en avait trouvé qu'une qui fût abordable. C'était une pièce mansardée et il fallait monter quatre-vingt-dix-sept marches pour y accéder, car il n'y avait pas d'ascenseur. Cependant, elle avait une vue à couper le souffle sur le lac de Zurich. Il y avait l'eau courante et elle était située à proximité des transports publics. Le seul problème, c'était que le propriétaire ne voulait la louer que si le locataire acceptait de prendre également la petite pièce de l'autre côté du couloir.

Cilly était déçue, mais pour moi, tout cela m'apparaissait comme une aubaine.

« Prenons-la », ai-je crié avant même de lui raconter mes mésaventures.

Le lendemain, nous signions le bail et emménagions aussitôt après. Mes meubles, à l'exception d'un grand bureau d'époque, provenaient de l'Armée du Salut. Cilly, musicienne de talent, réussit à faire installer un piano demi-queue dans sa pièce. Plus tard dans l'après-midi, je suis rentrée en catimini à la maison pour indiquer à ma mère l'endroit où j'habitais. Je lui ai décrit la vue splendide que j'avais de ma petite fenêtre. J'en ai profité pour prendre quelques vêtements et j'ai invité ma mère et mes sœurs à venir me voir.

Même si mes rideaux n'étaient en réalité que de vieux draps, mon nouveau « petit chez-moi » était un nid douillet. Cilly et moi recevions des amis presque tous les soirs. Ses amis de l'orchestre de chambre local nous offraient des concerts merveilleux et les nombreux étudiants étrangers que j'avais connus à l'université nous enchantaient par leurs conversations d'un niveau intellectuel élevé. Un étudiant en architecture turc apporta un jour sa propre cafetière en cuivre ainsi que du halva pour le désert. Mes sœurs venaient souvent me rendre visite. Oh, ma chambrette n'avait rien à voir avec un grand hôtel, ni avec l'appartement de mes parents, mais pour rien au monde je ne l'aurais échangée.

À l'automne 1950, j'ai fait tout ce que j'ai pu pour entrer à la faculté de médecine. Pendant un an, après mes heures de travail au laboratoire avec le professeur Amsler, j'ai passé mes soirées à préparer le Matura. Les matières à étudier étaient très diverses — de la trigonométrie à Shakespeare en passant par la géographie et la physique. En temps normal, il faut trois ans pour préparer cet examen, mais en travaillant à un rythme d'enfer, j'ai pu être fin prête en l'espace de douze mois.

En temps voulu, j'ai rempli le formulaire d'inscription mais je ne disposais pas des 500 francs suisses de frais d'inscription. Ma mère ne pouvait pas m'aider car elle aurait dû pour cela demander cette somme à mon père. Un moment, ma situation m'a semblé sans espoir, mais ensuite ma sœur Erika et son mari, Ernst, m'ont prêté la somme qu'ils avaient mise de côté pour s'acheter une nouvelle cuisine, soit 500 francs !

J'ai passé le Matura au début de septembre 1951. Ce furent cinq jours consécutifs d'épreuves intenses, dont quelques dissertations. Les résultats combinés devaient dépasser une certaine moyenne. J'ai eu des notes très brillantes en physique, mathématique, biologie, zoologie et botanique. Le latin fut une catastrophe. J'avais si bien réussi dans toutes les autres matières que le vieux professeur qui dirigeait l'examen fut sincèrement désolé lorsqu'il dut m'attribuer une mauvaise note. Heureusement, j'avais prévu cet échec en latin quand j'avais calculé la moyenne combinée de mes notes. J'étais sûre que le résultat serait positif.

J'en eus la confirmation officielle par courrier la veille de l'anniversaire de mon père. Bien que nous ne nous parlions toujours pas, je lui avais préparé un cadeau pour son anniversaire, un calendrier sur lequel j'avais évoqué deux événements à côté de la date à laquelle ils s'étaient produits : « Bon anniversaire » et « J'ai passé mon Matura ». Je l'ai déposé à la maison cet après-midi-là, et puis, le lendemain matin, je me suis postée devant son bureau pour guetter sa réaction. Je savais qu'il serait fier de sa fille.

Mon intuition était bonne. Bien que dans un premier temps mon père ait semblé mécontent de me voir, sa grimace se transforma ensuite en sourire. On ne peut pas dire qu'il me présentait ses excuses, mais ce fut la première petite marque d'affection qu'il manifestait à mon égard depuis plus d'un an. Pour moi, c'était suffisant. La glace continua de fondre entre nous. Lorsque je suis rentrée du laboratoire ce soir-là, mes sœurs sont venues chez moi pour me donner un message de mon père : « Ton père veut que tu viennes à la maison pour dîner. »

Au cours d'un merveilleux repas, il a porté un toast à ma réussite. Nous étions enfin tous réunis à nouveau, et nous célébrions beaucoup plus que mon succès à l'examen.

12

LA FACULTÉ DE MÉDECINE

Dans mon travail sur la mort et les derniers instants de la vie, j'ai été plus influencée par Carl G. Jung que par n'importe quel autre psychanalyste ou psychiatre. Au cours de ma première année à la faculté de médecine, j'ai souvent vu le légendaire psychiatre suisse alors qu'il effectuait de longues promenades à travers Zurich. Les Zurichois s'étaient habitués à le voir — toujours perdu dans ses pensées — sur les trottoirs et autour du lac. J'avais le sentiment qu'un lien étrange m'unissait à lui, une sorte d'intimité qui me faisait penser que nous nous serions entendus à merveille.

Malheureusement, non seulement je n'ai jamais osé l'aborder, mais je changeais de trottoir ou de direction dès que j'apercevais le grand homme. Aujourd'hui, je regrette de m'être comportée de la sorte. Mais, à l'époque, je me disais que si je lui parlais, je serais certainement tentée de devenir psychiatre, et ce n'était pas du tout ce que je voulais faire.

En m'inscrivant à la faculté de médecine, mon but était de devenir médecin de campagne. En Suisse, cela fait partie du « contrat », c'est ce que l'on attend de vous. Après l'obtention de son diplôme, le jeune docteur s'installe à la campagne.

C'est une sorte d'apprentissage qui permet aux jeunes docteurs d'aborder la médecine générale avant de choisir une spécialité, comme la chirurgie ou la médecine orthopédique. Si la médecine de campagne leur convient, ils continueront à la pratiquer, et c'est d'ailleurs ce que j'envisageais de faire. Mais il me fallait attendre encore sept années pour cela.

Finalement, c'était un bon système. Il formait de bons médecins qui pensaient d'abord au patient et ensuite seulement aux honoraires.

J'ai pris un très bon départ à la faculté de médecine. J'assimilais sans aucune difficulté des matières fondamentales comme les sciences naturelles, la chimie, la biochimie et la physiologie. Mais mon premier cours d'anatomie a bien failli être le dernier. Le premier jour, tous les étudiants parlaient dans une langue étrangère. Pensant que je m'étais trompée de cours, je me suis levée pour sortir de la classe. Le professeur, très à cheval sur la discipline, a interrompu son cours et m'a réprimandée pour l'avoir dérangé, sans me laisser le temps de m'expliquer. « Vous n'avez pas honte, m'a-t-il dit. Les femmes devraient rester à la maison pour cuisiner et faire de la couture plutôt que d'étudier la médecine. »

J'étais morte de honte. Plus tard, j'ai réalisé qu'un tiers des étudiants venaient d'Israël, en vertu d'un accord entre les deux gouvernements, et que la langue étrangère que j'avais entendue était de l'hébreu. Par la suite, j'ai eu une autre prise de bec avec ce même professeur d'anatomie. Ayant découvert que plusieurs étudiants de première année, dont moi, s'efforçaient de récolter de l'argent durant les heures de classe pour aider un étudiant sans ressources — l'un des Israéliens — le professeur expulsa celui qui était à l'origine de cette démarche charitable et me dit ensuite de « rentrer à la maison et d'apprendre la couture ».

Tout cela était dur à avaler, mais je me suis dit que ce professeur avait oublié une leçon fondamentale et que je me devais de la lui rappeler, même si pour cela je devais risquer ma future carrière. « Nous avons seulement essayé de venir en aide à un être humain dans la détresse, lui ai-je dit. N'avez-vous pas juré de vous comporter ainsi lorsque vous êtes devenu médecin ? »

Mon raisonnement fut bien accueilli. L'étudiant qui avait été expulsé fut réintégré et moi, j'ai continué à aider les autres, en général des étudiants étrangers. J'ai sympathisé avec des étudiants hindous. L'un d'eux avait un ami qui était devenu partiellement aveugle après qu'un rat l'eut mordu à l'œil. Il fut hospitalisé dans le service du professeur Amsler, où je continuais de travailler cinq soirs par semaine. L'étudiant, qui venait d'un village situé non loin de l'Himalaya, était profondément inquiet et déprimé et ne mangeait plus depuis plusieurs jours.

Je savais de par mon expérience personnelle combien il était terrible de tomber malade loin de chez soi. C'est pourquoi j'ai pris des dispositions pour qu'on lui serve des repas indiens relevés avec du curry. J'ai aussi obtenu qu'un de ses amis hindous puisse lui tenir compagnie en dehors des heures de visite, juste avant qu'on l'opère. Ce n'était que de petites attentions, mais toujours est-il qu'il reprit rapidement des forces.

Pour me remercier, j'ai reçu une invitation du Premier ministre de l'Inde, Nehru, à une réception officielle au consulat de l'Inde à Berne. Ce fut une réception somptueuse dans les jardins du consulat. Je portais un magnifique sari que m'avaient offert mes amis indiens. La fille de Nehru, Indira Gandhi, qui deviendrait elle-même plus tard Premier ministre, me gratifia d'un bouquet de fleurs et d'une citation, mais c'est la gentillesse dont elle fit preuve à mon égard qui m'a profondément marquée. Au cours de la réception, elle m'avait observée au moment où j'avais demandé à son père de me dédicacer un exemplaire de son célèbre livre, *L'Unité de l'Inde.* « Pas maintenant », m'avait-il répondu d'un ton cassant. Mortifiée, je me suis reculée précipitamment et me suis littéralement réfugiée dans les bras grands ouverts d'Indira. « Ne vous inquiétez pas, m'a-t-elle dit doucement. Je vous obtiendrai cette dédicace. »

Effectivement, deux minutes plus tard, elle lui tendait mon livre. Il le dédicaça et le lui remit, souriant comme si rien ne s'était passé. Des années plus tard, je fus à mon tour assaillie de milliers de demandes de dédicaces, et il est même arrivé que l'on m'en demande une alors que j'étais aux toilettes à l'aéroport international John F. Kennedy à New York. Même s'il m'arrive souvent d'avoir envie de crier « Pas maintenant ! » je me retiens pour ne pas me mettre dans une situation embarrassante en choquant la personne qui avait acheté mon livre. La leçon que m'avait involontairement apprise le Premier ministre de l'Inde avait porté ses fruits.

Les cours étaient très prenants mais jamais pesants. Peut-être étais-je plus habituée que la plupart des gens à travailler dur. Ou mieux organisée. Entre les cours, j'étudiais. Je passais mes soirées au laboratoire d'ophtalmologie, ce qui m'assurait un revenu régulier, lequel suffisait à subvenir à mes modestes besoins. Généralement j'emportais un sandwich avec moi pour dîner, mais de temps à autre je rejoignais mes camarades de classe à la cafétéria des étudiants. Autant que je m'en souvienne, je n'avais pas beaucoup de temps pour étudier, sauf le matin quand je prenais le tramway pour aller à la faculté.

Heureusement, j'avais une mémoire photographique grâce à laquelle je me souvenais parfaitement des cours. Mais l'inconvénient de ce don était l'ennui, particulièrement en anatomie. Durant un cours de révision, nous nous sommes assises, une de mes copines et moi, tout en haut de l'amphithéâtre. Nous avons papoté sur nos vies, passées et futures. Pour rigoler, mon amie a balayé du regard la grande salle, puis a désigné du doigt un bel étudiant suisse. « C'est lui, dit-elle en riant. C'est mon futur mari. »

Nous avons ri. « Maintenant, choisis ton mari », dit-elle.

J'ai parcouru la salle du regard. Il y avait un groupe d'étudiants américains de l'autre côté de la salle. Ils avaient très mauvaise réputation. Ils plaisantaient sans arrêt et faisaient à voix basse des commentaires répugnants sur les cadavres, des commentaires que les autres étudiants trouvaient choquants. Je les détestais. Toutefois, mes yeux se posèrent sur l'un d'entre eux, un beau garçon aux cheveux noirs. Je ne sais pourquoi, mais je ne l'avais jamais remarqué jusque-là. Je ne connaissais pas non plus son nom. « C'est lui, dis-je. C'est celui qu'il me faut. »

Nous avons de nouveau ri de nos frivolités de jeunes filles.

Pourtant, nous ne nous doutions ni l'une ni l'autre qu'un jour nous finirions par épouser ces garçons. Ce serait l'œuvre du temps et du « hasard ».

Je ne sais pas pourquoi, mais ce cours d'anatomie m'a toujours posé des problèmes. Il avait mal commencé et, par la suite, les choses ne se sont guère arrangées lorsque nous sommes passés des cours théoriques de base au laboratoire de pathologie, où les étudiants avaient dû former des groupes de quatre — chaque groupe s'étant vu attribuer un cadavre unique. J'étais sûre que le professeur d'anatomie avait voulu prendre sa revanche sur moi en raison de nos désaccords précédents lorsque j'ai vu avec qui il m'avait placée — trois Américains, parmi lesquels le beau garçon que j'avais choisi comme futur mari.

La première impression qu'ils me firent, fondée sur la façon dont ils manipulaient le cadavre, ne fut pas bonne. Ils plaisantaient sur le cadavre de ce pauvre homme, se servaient de ses intestins comme d'une corde à sauter et me taquinaient en se gaussant de la taille de ses testicules. Ce n'était pas drôle. Je me suis dit qu'ils se comportaient comme des cow-boys irrespectueux et insensibles. Et, même si ce n'était pas la meilleure manière ni la plus romantique de me montrer à un futur prétendant, je leur ai dit leurs quatre vérités. Un tel comportement dégradant, leur ai-je déclaré d'un air sévère, constituait un motif de renvoi. En outre, cela m'empêchait d'apprendre comme il faut les vaisseaux lymphatiques, les nerfs et les muscles.

Ils m'ont écoutée poliment, mais un seul d'entre eux a réagi — mon Américain. Au plus fort de mon invective, il me fit un sourire d'excuse et me tendit la main. « Salut, dit-il. Je m'appelle Ross — Emmanuel Ross. »

Je me suis retrouvée tout d'un coup complètement désarmée. Emmanuel Ross. Il avait les épaules larges, un corps d'athlète et il était beaucoup plus grand que moi. Et il venait de New York. On pouvait s'en rendre compte rien qu'à son accent. Du pur « Brooklyn ». Ensuite, il a ajouté quelque chose : « Mes amis m'appellent Manny. »

Alors que nous travaillions ensemble au laboratoire, il lui a fallu trois mois avant qu'il ne me propose d'aller voir un film puis d'aller manger un morceau dans un café. Je savais qu'il avait des tas de jolies copines, mais nous avons établi une relation d'amitié franche et simple. Manny, le plus jeune de trois frères, avait eu une enfance particulièrement difficile. Ses deux parents étaient sourds-muets. Son père était mort quand Manny avait six ans. La famille s'était alors installée dans le petit appartement de son oncle. Ils étaient très pauvres. Le seul cadeau qu'il ait jamais reçu de son père, un tigre en peluche, lui avait été retiré, puis avait été perdu par les infirmières de l'hôpital où, à l'âge de cinq ans, on l'avait opéré des amygdales. Bien que cela se soit passé il y a très longtemps, j'ai compris que cette perte le faisait toujours souffrir. Pour le consoler, je lui ai parlé de Blackie, mon lapin.

Manny avait travaillé pour payer ses études. Il

avait servi dans la marine et avait passé son année préparatoire aux études de médecine à l'université de New York. Pour éviter d'être mêlé à la foule des anciens G.I. qui se disputaient les rares places disponibles dans les facultés de médecine américaines surchargées, il avait choisi l'université de Zurich, même si cela impliquait de devoir décrypter des cours dispensés en allemand et des discussions entre étudiants en suisse allemand. Manny, qui attribuait en partie sa réussite à mes prestations de traductrice, était le premier jeune homme avec qui j'envisageais de fonder un foyer. Avant les vacances d'été, je lui avais appris à skier. À l'automne, lorsque nous avons entamé notre deuxième année de médecine, j'ai commencé à réfléchir au moyen de me débarrasser de ses autres admiratrices.

Au cours de cette deuxième année, nous avons été confrontés pour la première fois à de véritables malades. J'avais un flair de policier pour établir rapidement le bon diagnostic, ainsi qu'une prédilection pour la pédiatrie qui trouvait sans doute sa source dans la grave maladie dont j'avais été affectée durant mon enfance. Ou bien était-ce peut-être lié au souvenir de l'hospitalisation ici même de ma sœur Erika ? Heureusement, j'ai évité de perdre trop d'énergie sur cette question, car j'étais obsédée par la résolution d'un problème potentiellement beaucoup plus ardu : présenter Manny à ma famille sans que mon père pique une colère. Les vacances toutes proches allaient m'en donner l'occasion.

D'ordinaire, Noël était un jour réservé à la famille. Cependant, une semaine auparavant, j'avais obtenu de ma mère l'autorisation d'inviter trois Américains triés sur le volet, parmi lesquels Manny, à son fameux repas de Noël. Je lui avais raconté une véritable histoire à faire pleurer Margot, même si elle était en grande partie fondée : je lui ai décrit comment ces étudiants qui se retrouvaient seuls, loin de chez eux, étaient incapables de se payer un bon repas de Noël. J'enjolivais juste assez mon récit pour que ma mère passât des jours entiers à confectionner toutes sortes de mets délicieux de la cuisine traditionnelle suisse, afin de plaire à ces Américains. Dans l'intervalle, nous avons doucement préparé mon père au fait que cette année nous ne serions pas seuls pour la Noël.

Le grand soir, Manny fit immédiatement grande impression sur ma mère en lui offrant des fleurs fraîches et ces trois garçons eurent pour toujours grâce à ses yeux en débarrassant la table et en lavant la vaisselle, choses que les hommes suisses ne font jamais de leur propre initiative. Mon père nous servit un excellent vin et un non moins excellent cognac et, comme à l'accoutumée, pendant la soirée, nous avons repris en chœur des chansons joyeuses autour du piano, jusqu'à ce que la douzaine de bougies qui illuminaient le salon de leur chaude lumière soient complètement consumées. Vers vingt-deux heures, sur un signal convenu, mes amis se sont levés pour prendre congé de nous. « Il sera bientôt vingt-trois heures », ai-je annoncé peu subtilement. Lorsque des invités s'incrustaient un peu trop, mon père le leur laissait comprendre en ouvrant la porte d'entrée et toutes les fenêtres, même s'il faisait moins dix degrés à l'extérieur. Je voulais à tout prix éviter ça.

Mais mon père avait manifestement passé une magnifique soirée. « Tes amis sont vraiment très sympathiques, m'a-t-il dit après coup. Et Manny est le plus gentil de tous. C'est le meilleur garçon que tu aies jamais ramené à la maison. » C'est vrai, Manny s'était senti parfaitement à l'aise parmi nous. Cependant, il y avait encore un fait important au sujet de Manny que mon père ignorait. Je me suis dit que cette soirée si joyeuse était propice pour lui révéler ce secret explosif : « Et te rends-tu compte, il est juif », ai-je dit. Silence. Avant que mon père, dont je connaissais le peu de sympathie pour la communauté juive de Zurich, n'ait le temps de répondre, j'ai couru aider ma mère à la cuisine, en me disant qu'il me faudrait tôt ou tard défendre mon ami.

Grâce à Dieu, ce ne fut pas ce soir-là. Mon père alla directement se coucher sans faire de commentaires, gardant son opinion pour le lendemain matin. Au cours du petit-déjeuner, il lâcha une bombe de son cru : « Tu peux inviter Manny à la maison autant que tu veux. » Au bout de quelques mois, je n'avais même plus besoin d'inviter Manny. Accepté comme l'un des nôtres, il venait même à la maison en mon absence.

Comme prévu, le mariage fut célébré en 1955. Non, pas le mien, même si Manny et moi en étions arrivés au point où un futur mariage ne faisait plus aucun doute. Mais pas avant de finir nos études.

Les futurs mariés étaient en réalité ma sœur Eva et Seppli, son fiancé, qui unirent leur destin pour le meilleur et pour le pire dans la petite chapelle où notre famille priait depuis des générations. Depuis qu'ils formaient un couple solide, mes parents insinuaient que Seppli n'était peut-être pas le meilleur parti pour ma sœur. Un médecin ? un avocat ? Pas de problèmes. Un homme d'affaires ? Certainement. Mais un skieur doublé d'un poète représentait un parti plus que douteux.

Pas pour moi. J'ai défendu Seppli bec et ongles. C'était un être brillant, sensible et doux qui aimait les montagnes, les fleurs et les couchers de soleil tout autant que moi. Durant les week-ends que nous passions tous trois dans notre chalet de montagne à Amden, Seppli arborait toujours un grand sourire lorsqu'il skiait, chantait ou jouait de la guitare ou du violon. Les rares fois où Manny venait nous rejoindre là-bas, j'ai remarqué qu'il acceptait sans rechigner de dormir sur un matelas nu et de faire la cuisine sur un fourneau à bois. En outre, il semblait impressionné lorsque j'attirais son attention sur la faune et les paysages. Toutefois, il était toujours soulagé de rentrer en ville.

L'année suivante, je n'ai pas eu le temps d'aller à la montagne. C'était la septième et dernière année à la faculté de médecine, mais c'était aussi la plus dure. Pour préparer mon internat, j'ai commencé l'année en reprenant à Niederweningen la clientèle de médecine générale d'un sympathique jeune docteur qui devait accomplir ses trois semaines de service militaire. Venant d'un centre hospitalier universitaire moderne, j'ai subi un formidable choc culturel lorsqu'il m'a fait visiter à la hâte son cabinet, son laboratoire avec son matériel de radiographie et son système de classement personnel contenant les noms des patients des sept villages dont il avait la charge.

« Sept villages ? ai-je questionné.

— Oui. C'est pourquoi il vous faudra apprendre à conduire une moto », dit-il.

Je n'ai pas eu le temps de lui demander quand. Quelques heures après son départ, j'ai reçu mon premier appel d'urgence. Il provenait d'un des villages les plus éloignés, à peu près à quinze minutes de là. J'ai fixé ma trousse de médecin noire à l'arrière de la moto, puis j'ai démarré au kick comme on me l'avait appris et suis partie pour le premier tour de ma vie en moto. Je n'avais même pas le permis de conduire.

Au début, tout se passa bien. Mais après avoir effectué environ un tiers du parcours, en haut d'une colline, ma trousse est tombée. En heurtant le sol, mon matériel médical s'est cassé en mille morceaux dans un énorme fracas. À l'instant où je me suis retournée pour constater les dégâts, j'ai compris trop tard que j'avais fait une grosse erreur. La moto passa dans un nid-de-poule et j'en perdis le contrôle. Je suis tombée à mon tour à peu près entre ma trousse et l'endroit où la moto s'est finalement arrêtée.

Voilà quels furent mes débuts de médecin de campagne. Ce fut également comme ça que je fis connaissance avec les habitants du village. À mon insu, ceux-ci avaient observé la scène de leurs fenêtres. Chacun savait qu'il y avait un nouveau docteur, une femme, et dès qu'ils eurent entendu le teuf-teuf de ma moto en haut de la colline, ils se sont précipités pour voir à quoi je ressemblais. Après m'être relevée, j'étais tout éraflée et je saignais par endroits. Des hommes m'ont aidée à relever la moto. Finalement, j'ai réussi à arriver à bon port, où j'ai soigné un vieil homme qui avait une alerte cardiaque. Je crois qu'il s'est senti mieux en constatant que j'avais l'air plus mal en point que lui.

Après trois semaines dans le bled où je soignais tout et n'importe quoi, des genoux égratignés jusqu'aux cancers, je suis retournée à la fac, épuisée mais confiante. Même si les deux derniers cours ne m'intéressaient pas, je n'eus aucun problème avec l'obstétrique, la gynécologie et la cardiologie. Bientôt, il me faudrait passer les examens du Conseil d'État — six mois durant lesquels je devrais surmonter ennui et pression pour décrocher enfin mon diplôme de docteur en médecine. Et ensuite ? Manny insistait pour que nous partions aux États-Unis après l'université, alors que je ressentais pour ma part le besoin urgent d'effectuer une mission bénévole en Inde. Nous n'avions manifestement pas les mêmes buts, mais mon intuition me disait que le positif l'emporterait sur le négatif.

Cette période difficile fut rendue encore plus pénible par un événement inattendu.

13

UNE MÉDECINE DE QUALITÉ

Les examens d'État consistaient en interrogations écrites et orales qui duraient des journées entières et qui couvraient tout ce que nous avions appris au cours des sept années précédentes. On testait aussi bien notre caractère que nos connaissances cliniques. J'ai passé l'examen sans difficulté, en m'inquiétant davantage de la prestation de Manny que de mes propres notes.

Mais il y a dans la vie des situations pénibles — qui ne sont pas enseignées dans les facultés de médecine — auxquelles les médecins doivent faire face. Et c'est justement à une telle épreuve que je fus confrontée en plein milieu de mes examens. Tout a commencé dans l'appartement d'Eva et de Seppli. J'étais venue les voir pour prendre un café et des pâtisseries car j'avais besoin d'échapper quelque peu à la pression des examens. Tout semblait aller pour le mieux jusqu'à ce que je remarque la pâleur et les traits tirés de Seppli, lui qui avait toujours l'air joyeux et dynamique. Je lui ai alors immédiatement demandé comment il allait. « Quelques douleurs d'estomac, dit-il. Mon médecin dit que j'ai un ulcère. »

Mon intuition me dit que mon beau-frère, ce montagnard fort et décontracté, n'avait pas d'ulcère et, au cours des semaines qui suivirent, sans lui laisser de répit, j'ai régulièrement surveillé son état. Puis, à plusieurs reprises, j'ai consulté son médecin, qui n'appréciait pas du tout que je conteste son diagnostic. « Vous, les étudiants en médecine, vous êtes tous les mêmes, dit-il d'un ton méprisant. Vous croyez tout savoir. »

J'étais sûre que Seppli était gravement malade, et je n'étais pas la seule à le penser. Eva partageait mes craintes. Elle voyait bien que la santé de son mari déclinait sans cesse et son inquiétude en augmentait d'autant. Le fait de pouvoir enfin m'en parler, même après que j'eus évoqué l'éventualité d'un cancer, fut pour elle un grand soulagement. Nous avons emmené Seppli chez le meilleur médecin que je connaissais, un vieux médecin de campagne (et aussi professeur à temps partiel à l'université), qui « écoutait » vraiment ses patients et avait la réputation d'être un merveilleux diagnosticien. Après un bref examen, il confirma nos pires craintes et prit sans tarder des dispositions pour qu'on l'opère dès la semaine suivante.

J'ai dû répondre à des centaines de questions durant mes examens, mais aucune ne correspondait à celles qui agitaient mon esprit à ce moment-là. J'ai accompagné Seppli à l'hôpital. Le chirurgien m'avait demandé de l'assister pendant l'opération. Avec Eva, nous étions convenus que si l'état de Seppli se révélait grave, je l'appellerais et lui dirais : « J'avais raison. » Il faudrait alors s'en remettre au destin. Seppli, qui n'avait que vingt-huit ans et était marié depuis moins d'un an, acceptait ce coup du destin avec la même grâce qu'il affichait sur les pistes de ski.

Je me suis efforcée d'adopter la même attitude que lui en entrant dans la salle d'opération. La scène était pénible, mais je n'ai jamais quitté Seppli des yeux, même lorsque le chirurgien a pratiqué la première incision. Quand il ouvrit l'estomac de Seppli, ce fut encore plus pénible. Nous avons tout d'abord vu un petit ulcère sur la paroi interne. Mais ensuite, le chirurgien hocha la tête en signe d'impuissance. Il y avait une énorme tumeur maligne dans l'estomac. Il n'y avait rien à faire. « Je suis désolé, mais votre intuition était la bonne », dit le chirurgien.

Ma sœur accepta cette triste nouvelle dans un silence douloureux. « Non vraiment, il n'y avait rien à faire pour lui », lui ai-je expliqué. Nous avons alors toutes deux éprouvé un sentiment d'impuissance et de colère, surtout envers le premier médecin de Seppli qui avait été incapable de pressentir la gravité de son état, ce qui aurait peut-être pu permettre d'intervenir à temps pour le sauver.

Tandis que Seppli dormait dans la salle de réveil, je me suis assise sur son lit en repensant au magnifique attelage au charme suranné qui les avait conduits, lui et Eva, moins d'un an auparavant, de notre maison jusqu'à la chapelle dévolue aux cérémonies de mariage, située de l'autre côté du village. À cette époque, tout semblait aller pour le mieux. Mes deux sœurs étaient mariées et follement heureuses, et j'espérais bien me marier à l'église comme elles dans un futur proche. Mais, en regardant Seppli, j'ai réalisé que l'on ne pouvait tabler sur le futur. La vie, c'est le présent.

De fait, en se réveillant, Seppli accepta son état

sans poser la moindre question. Il écouta son médecin lui expliquer tout ce qu'il devait savoir sur sa maladie tandis que je lui serrais très fort la main, comme si ma force pouvait l'aider. Dans ces circonstances, ce genre d'espoir est normal, mais chimérique. Après plusieurs semaines, Seppli retourna chez lui, où ma sœur lui prodigua tous les soins et tout l'amour nécessaires pendant les quelques mois qu'il lui restait à vivre.

En 1957, au cours d'une splendide journée d'automne, des années de dur labeur ont enfin été récompensées. « Vous avez réussi votre examen, m'a dit l'examinateur en chef. Vous êtes docteur en médecine. »

La célébration de cet événement fut à la fois agréable et désagréable. J'étais déprimée à cause de Seppli, et j'étais d'autre part déçue qu'une mission chirurgicale de six mois en Inde fût abandonnée au dernier moment. Cette mauvaise nouvelle était arrivée si tard que je m'étais d'ores et déjà débarrassée de mes vêtements d'hiver. D'un autre côté, si cette annulation ne s'était pas produite, je n'aurais probablement pas épousé Manny.

Nous nous aimions, mais notre couple était loin d'être parfait. Pour commencer, il s'opposait à mon voyage en Inde. Lorsqu'il eut fini son dernier semestre universitaire, il voulut que nous allions tous deux aux États-Unis. J'avais une très mauvaise opinion de ce pays, surtout en raison du comportement inqualifiable des étudiants américains que j'avais connus.

Mais quand mon projet de mission en Inde est

tombé à l'eau, j'ai décidé de prendre le risque. J'ai choisi Manny et un avenir aux États-Unis.

Paradoxalement, ma demande de visa fut refusée par des fonctionnaires de l'ambassade américaine. Soumis à un lavage de cerveau par le maccarthysme, ils étaient persuadés que toute personne qui, comme moi, avait voyagé en Pologne devait être communiste. Mais tout s'arrangea lorsque Manny et moi nous sommes mariés en février 1958. Nous avons eu une petite cérémonie civile, surtout pour que Seppli puisse tenir le rôle de garçon d'honneur avant qu'il ne soit trop tard. Le jour suivant, il entrait à l'hôpital. En l'occurrence, il n'aurait pas pu tenir jusqu'au mariage traditionnel et plus imposant que nous avions prévu de célébrer quand Manny aurait fini son année universitaire en juin.

Jusque-là, j'avais accepté un travail temporaire à Langenthal, où un médecin de campagne adoré de ses patients était mort subitement, laissant sa femme et ses enfants sans revenus ni couverture médicale. Je leur ai donné la plus grande partie de mes honoraires, mais je disposais de tout ce dont j'avais besoin et cela me suffisait. Tout comme mon prédécesseur, j'envoyais une note d'honoraires une fois pour toutes, et si la personne n'avait pas les moyens de me payer, cela me laissait indifférente. Presque tous les malades donnaient quelque chose. Si ce n'était pas de l'argent, ils arrivaient alors avec des paniers regorgeant de fruits et de légumes, et j'ai même reçu une robe faite main qui m'allait parfaitement. Le jour de la fête des Mères, j'ai eu tellement de fleurs que mon bureau ressemblait à un établissement de pompes funèbres.

Ma journée la plus triste à Langenthal fut aussi la plus active. En ouvrant la porte de la salle d'attente ce matin-là, j'ai constaté que la pièce était pleine. J'étais en train de recoudre une entaille sur la jambe d'une petite fille lorsque Seppli m'a appelée au téléphone. Sa voix était à peine plus qu'un murmure. Avec une petite fille à moitié suturée qui criait sur la table, il était impossible de parler. Seppli voulait seulement que j'aille le voir. J'ai dû malheureusement lui répondre par la négative en lui expliquant que la salle d'attente était pleine à craquer et que j'avais en outre douze visites à domicile à effectuer. J'avais d'ores et déjà prévu d'aller lui rendre visite, mais pas avant deux jours. En m'efforçant de paraître enjouée, je lui ai dit : « Je te verrai à ce moment-là. »

Malheureusement, les choses ne se sont pas déroulées comme cela, et si Seppli m'avait appelée, c'était pour que je vienne tout de suite le voir avant qu'il ne soit trop tard. Comme la plupart des mourants qui ont accepté l'inexorable passage de ce monde vers l'au-delà, il savait à quel point il lui restait peu de temps pour dire adieu à ses proches. Et, effectivement, Seppli mourut tôt le lendemain matin.

Après ses obsèques, il m'est arrivé de me promener à travers les collines et vallons de Langenthal, en respirant l'air frais adouci par les brusques éclosions colorées des fleurs printanières. Je sentais intuitivement que Seppli devait se trouver quelque part, tout près. Je lui parlais souvent, jusqu'à ce que ma tristesse s'évanouisse quelque peu. Pourtant, je ne me suis jamais pardonné de ne pas être allée le voir à temps.

J'étais tout de même assez intelligente pour comprendre le sentiment de l'urgence chez les mourants. Dans les campagnes, les soins médicaux concernaient tout le monde. Il y avait toujours une grand-mère, un père ou une mère, une tante, un cousin, un enfant ou un voisin pour assister un malade. Il en était de même pour les malades gravement atteints et les mourants. Chacun apportait sa contribution — amis, membres de la famille et voisins. On ne se posait pas de question, on s'entraidait, c'est tout. En fait, ma plus grande satisfaction en tant que jeune médecin, je ne l'ai pas éprouvée au dispensaire ou en effectuant mes consultations à domicile, mais en allant voir des gens qui avaient seulement besoin d'un ami, d'entendre des paroles réconfortantes ou d'avoir un peu de compagnie pendant quelques heures.

La médecine a ses limites — une réalité que l'on ne nous enseigne pas à la faculté. Celle-ci passe autre chose sous silence : le fait qu'un cœur plein de compassion peut guérir pratiquement tout. Ces quelques mois à la campagne m'ont convaincue qu'être un bon docteur n'a rien à voir avec l'anatomie, la chirurgie ou la prescription du bon médicament. Pour assister au mieux son patient, un médecin n'a qu'une chose à faire : se comporter comme un être sensible, plein de compassion et de tendresse.

14

ÉLISABETH KÜBLER-ROSS, DOCTEUR EN MÉDECINE

J'étais maintenant une femme adulte, un médecin exerçant son métier, et j'étais sur le point de me marier. Pourtant, ma mère me traitait toujours comme si j'étais une petite fille. Elle me coiffait, m'emmenait chez un spécialiste en maquillage et me forçait à faire des niaiseries de jeune fille qui étaient pour moi insupportables. Elle me disait aussi de ne pas me plaindre d'aller en Amérique, car Manny était un homme beau et intelligent qui pouvait plaire à n'importe quelle femme. « Il veut probablement que tu l'aides à passer ses examens de fin d'études », dit-elle.

Cette attitude trahissait chez elle un certain sentiment d'insécurité. Elle voulait que je m'estime heureuse avec ce que j'avais. Mais elle n'avait pas besoin de me le dire. Je me sentais tout à fait heureuse.

Quand Manny eut réussi ses examens de fin d'études — sans mon aide — nous nous sommes mariés. Ce fut une grande fête. Mon père fut le seul à ne pas pouvoir l'apprécier. Handicapé par une fracture de la hanche qui le faisait souffrir depuis des mois, il n'avait plus, sur la piste de danse, cette allure gracieuse et princière qui était d'ordinaire la sienne. C'était surtout cela qui le déprimait. Mais il fit tout son possible pour cacher ses tourments lorsqu'il nous tendit son cadeau de mariage, un enregistrement de ses chansons favorites qu'il interprétait magnifiquement accompagné au piano par ma sœur Eva.

Quelques jours plus tard, toute ma famille partit pour l'Exposition universelle à Bruxelles. Puis, ils sont venus nous dire adieu, à Manny, à moi et à plusieurs de ses amis qui avaient assisté au mariage, avant que nous ne montions à bord du *Liberté,* l'énorme paquebot qui devait nous amener aux États-Unis. Ni la nourriture délicieuse, ni le soleil et la piste de danse sur le pont ne purent atténuer les sentiments mêlés que suscitait en moi la perspective de quitter la Suisse pour un pays qui ne me disait rien du tout. Mais je me suis laissé entraîner sans discuter et, d'après ce que j'ai écrit dans mon journal à l'époque, ce voyage valait la peine d'être vécu.

> Pourquoi les oies s'envolent-elles toujours à la même époque vers les contrées ensoleillées ? Qui leur indique les saisons ? Comment nous, les humains, savons-nous qu'il est temps de partir ? Comme pour les oiseaux migrateurs, il doit sûrement y avoir en nous une voix intérieure. Si seulement nous pouvions l'écouter, elle nous indiquerait certainement le bon moment pour s'engager dans l'inconnu.

La nuit qui précéda notre arrivée aux États-Unis, j'ai rêvé que j'étais habillée comme un Indien et que je parcourais le désert à cheval. Dans mon rêve, le soleil était si brûlant que je me suis réveillée avec la gorge toute sèche. Et, chose étrange, j'étais tout d'un coup très désireuse de découvrir l'Amérique. J'ai dit à Manny que, lorsque j'étais petite, je dessinais des boucliers et des symboles indiens et dansais comme un guerrier sur un rocher plat, alors que je n'avais jamais été confrontée de ma vie à la culture des Indiens d'Amérique. Mon rêve était-il fortuit ? C'est peu probable. De manière étrange, il m'a calmée. Comme une voix intérieure, il m'a fait prendre conscience que l'inconnu pouvait prendre l'aspect d'un retour au pays.

Pour Manny en tout cas, il s'agissait bien d'un retour au pays. À travers une pluie torrentielle, il me montra du doigt la statue de la *Liberté.* Des milliers de gens attendaient sur le quai de pouvoir accueillir les passagers du navire, y compris la mère de Manny, qui était sourde et muette, et sa sœur. Durant des années, il m'avait tellement parlé d'elles. Maintenant, une multitude de questions agitaient mon esprit. Quel genre de personnes étaient-elles ? Pourraient-elles accepter une étrangère au sein de leur famille ? Une non-juive ?

Sa mère ressemblait à une poupée et sa joie de revoir son docteur de fils se lisait dans ses yeux aussi clairement que si elle s'était exprimée par la parole. Quant à sa sœur, c'était une tout autre histoire. Lorsqu'elle nous a vus, nous étions en train de chercher nos nombreux bagages. Cette femme de Long Island serra étroitement Manny dans ses bras. Elle sortait manifestement de chez le coiffeur, avec sa chevelure imposante et somptueuse, et elle portait des vêtements flambant neufs. Puis, elle considéra mes cheveux dégoulinants et mes vêtements détrempés comme si j'avais traversé l'Atlantique à la nage derrière le paquebot, et regarda son frère d'un air de dire : « Tu ne pouvais pas trouver mieux ? »

Après les formalités douanières, où l'on me confisqua ma trousse de médecin, nous sommes allés dîner chez la sœur de Manny. Elle vivait à Lyndbrook, Long Island. Au cours du repas, j'ai involontairement commis un péché en demandant un verre de lait. Le plus drôle, c'est que je ne buvais jamais de lait et que j'aurais préféré un cognac. Mais je croyais qu'aux États-Unis tout le monde buvait du lait. L'Amérique n'était-elle pas « un pays ruisselant de lait et de miel » ? C'est pourquoi j'ai demandé du lait. Pour toute réponse, mon mari m'a envoyé un bon coup de pied sous la table. « Ici, nous mangeons kasher, m'a-t-il expliqué.

— Elle devra apprendre les règles de la nourriture kasher », dit ma belle-sœur d'un ton méprisant.

Plus tard, je suis allée à la cuisine pour m'isoler un peu et là, j'ai surpris ma belle-sœur devant le réfrigérateur en train de grignoter un morceau de jambon. Soudain, je me suis sentie ragaillardie. « Je n'ai aucunement l'intention de manger kasher, lui ai-je dit. Et, si j'ai bien compris, vous ne respectez pas complètement les traditions non plus. »

Mon optimisme s'est quelque peu renforcé lorsque nous avons, Manny et moi, emménagé dans un appartement bien à nous quelques semaines plus tard. L'appartement était petit mais idéalement situé près du *Glen Cove Community Hospital* où nous étions tous deux internes par rotation. Dès que je me suis mise à travailler

— même si les horaires étaient épuisants et si le salaire ne pouvait suffire à nous nourrir jusqu'à la fin du mois — je me suis sentie nettement plus heureuse. C'était pour moi un extraordinaire réconfort que de pouvoir à nouveau porter une blouse blanche et m'occuper de nombreux patients.

Mes journées commençaient tôt. Je préparais d'abord le petit-déjeuner de Manny et puis nous partions travailler jusque tard le soir. Nous rentrions ensemble à la maison, et le peu d'énergie qui nous restait nous permettait à peine de nous traîner jusqu'au lit. Un week-end sur deux, Manny et moi étions de service pour surveiller à nous seuls les deux cent cinquante lits de l'hôpital. Nos points forts se complétaient parfaitement. Manny était un investigateur médical méticuleux et logique, excellent en pathologie et en histologie. Quant à moi, j'étais calme et intuitive, experte à prendre immédiatement la bonne décision dans la salle des urgences.

En dehors du travail, nous n'avions que très peu de temps à consacrer aux loisirs, et quand nous en disposions, nous n'avions pas les moyens de faire quoi que ce soit. Toutefois, il y avait des exceptions. Un jour, le patron de Manny nous a donné deux billets pour le ballet du Bolchoï, un beau cadeau qui nous a enthousiasmés. Nous avons mis nos vêtements les plus somptueux et pris le train pour Manhattan. Malheureusement, dès que les lumières se sont éteintes dans la salle, je me suis endormie pour ne me réveiller qu'après le dernier rappel.

La plupart de mes difficultés étaient liées au fait de devoir m'adapter à une nouvelle culture. Je me souviens d'un jeune homme qui avait été admis à la salle des urgences de l'hôpital en raison de graves troubles de l'audition. Il était attaché sur une civière, selon la procédure habituelle. Mais, alors qu'il attendait un oto-rhino-laryngologiste, il m'a demandé s'il pouvait se rendre au « *rest room* » (« toilettes » en américain). Sachant que le médecin O.R.L. pouvait arriver à tout moment, je n'étais pas disposée à le laisser disparaître dans la nature et faire perdre ainsi son temps au médecin. En outre, je n'avais jamais entendu ce terme de *rest room*[1] auparavant. Aussi, avant d'aller faire mes visites, je lui ai dit : « Vous ne pouvez pas trouver de meilleur endroit pour vous reposer que là où vous vous trouvez. »

Au cours de ma tournée suivante, j'ai vu qu'une infirmière était en train de détacher ses sangles pour qu'il puisse se rendre aux toilettes. Je suis devenue toute rouge lorsqu'elle m'a raconté le fin mot de l'histoire : « Docteur, sa vessie était sur le point d'éclater. »

Je me suis sentie encore plus humiliée le jour où j'ai participé à une intervention chirurgicale dans la salle d'opération. Durant la procédure de routine, le chirurgien draguait sans vergogne l'infirmière en m'ignorant quasiment alors que je lui tendais l'instrument dont il avait besoin. Soudain, le malade s'est mis à saigner. Le chirurgien, mettant précipitamment un terme à son flirt avec l'infirmière, hurla « *Shit !* », (« merde » en anglais). Là encore, ce mot m'était inconnu. J'ai cherché partout sur le plateau pour instruments et puis,

1. *Rest room* signifie littéralement « chambre de repos ». *(N.d.T.)*

prise de panique, j'ai dit en manière d'excuse : « Je ne sais pas où est le *shit.* »

Plus tard, Manny m'a expliqué la raison pour laquelle tout le monde avait éclaté de rire. Mais lui-même s'amusait tout autant que les autres de ce qu'il appelait mes « épisodes "peau de banane" ». Le pire de ces incidents s'est produit le soir où le patron de Manny et sa femme nous ont emmenés dîner dans un élégant restaurant. En guise de cocktail, j'ai commandé un lapin sauté et, quand le garçon est venu servir le plat de résistance, il m'a demandé si je voulais une autre boisson. Voulant faire un jeu de mots, mais ignorant la signification de mes paroles, j'ai dit : « Non merci. J'ai été suffisamment sautée comme cela. » La force du coup de pied de Manny sur mon tibia m'a fait comprendre que je n'avais été ni drôle ni fine.

Je savais que de telles erreurs étaient inévitables, qu'elles faisaient partie du processus d'adaptation aux États-Unis. Mais le plus dur fut de ne pas pouvoir fêter Noël avec ma famille. Si la bibliothécaire de l'hôpital, une femme d'origine scandinave, ne nous avait pas invités à dîner chez elle, je crois bien que je serais retournée vite fait en Suisse pour y passer Noël. Chez elle, il y avait un véritable arbre de Noël, illuminé par de vraies bougies semblables à celles que nous utilisions à la maison et, ainsi que je l'ai écrit à mes parents, « dans l'obscurité de la nuit, j'ai trouvé ma petite bougie ».

J'ai remercié le Seigneur pour cette soirée, mais je ne me sentais pas mieux intégrée à la vie américaine pour autant. Mes voisines de Long Island passaient leur temps à se raconter des ragots sur leurs psychanalystes par-dessus les clôtures de leurs jardins respectifs. Elles faisaient des comparaisons sur les questions les plus personnelles, comme si le mot « intimité » n'avait aucun sens pour elles. Si leurs commérages n'atteignaient pas les sommets du mauvais goût, j'étais par contre franchement choquée par ce dont j'ai été le témoin au service de pédiatrie. Des mères, vêtues comme des mannequins qui présentent une collection, arrivaient à l'hôpital avec des jouets hors de prix qui étaient supposés démontrer l'immense affection qu'elles portaient à leurs enfants malades. Si j'ai bien compris, plus le jouet était imposant, et plus elles aimaient leurs enfants. Dans ces conditions, on comprend qu'elles aient eu grand besoin de consulter des psychanalystes.

Un jour, au service de pédiatrie, j'ai vu un gosse trop gâté piquer une formidable crise en s'apercevant que sa mère avait oublié de lui apporter un cadeau. Au lieu de dire : « Bonjour maman, c'est gentil de venir me voir », il s'est mis à fulminer contre sa mère : « Où est mon cadeau ? » Il obligea ensuite sa mère prise de panique à filer en vitesse dans un magasin de jouets. J'étais littéralement consternée. Que pouvait-il bien se passer dans la tête de ces mères et de ces enfants américains ? N'avaient-ils donc aucune valeur ? Ces mères ne se rendaient-elles pas compte que la seule chose dont ces enfants malades avaient réellement besoin était un père ou une mère qui les prenne par la main et leur parle ouvertement et honnêtement des choses de la vie ?

Lorsqu'il s'est agi pour les internes de choisir une spécialité, Manny décida de faire son internat en pathologie à l'hôpital Montefiore dans le Bronx, tandis que moi, scandalisée par le comportement de ces enfants et leurs parents, j'ai choisi la pédiatrie pour pouvoir m'occuper de ce que j'ai appelé « la minorité pourrie ». La compétition pour les douze malheureuses places d'internat disponibles au célèbre service de pédiatrie du *Columbia Presbyterian Medical Center* était intense, surtout pour les étrangers. Mais le Dr Patrick O'Neil, le directeur médical large d'esprit qui m'a interviewée, n'avait jamais entendu personne lui présenter une motivation de cette nature pour s'engager dans la pédiatrie. « Je ne peux pas supporter ces gosses, lui ai-je dit. Pas plus que leurs mères d'ailleurs. »

Choqué et stupéfait, le Dr O'Neil faillit en tomber de sa chaise. Je vis dans son regard qu'il souhaitait davantage d'explications. « Si je pouvais travailler avec eux, alors je pourrais mieux les comprendre », lui ai-je expliqué, en ajoutant ceci : « Et, espérons-le, réussir enfin à les supporter. »

Malgré son caractère non conformiste, l'interview s'est bien passée. À la fin, le Dr O'Neil, souhaitant davantage qu'une réponse par oui ou par non, m'expliqua que le tableau de service, qui exigeait, un jour sur deux, vingt-quatre heures de service continu, était trop exténuant pour une femme enceinte. Ayant compris ce qu'il attendait de moi, je l'ai assuré que je n'envisageais pas du tout de fonder une famille pour le moment. Deux mois plus tard, je m'emparai fébrilement dans mon courrier d'une lettre du Columbia Presbyterian Medical Center. Puis j'ai serré très fort Manny qui devait commencer son internat cet été-là. J'étais admise — la première étrangère que ce prestigieux hôpital acceptait comme interne en pédiatrie.

Pour célébrer ces deux événements, nous avons, entre autres, acheté une Chevrolet Impala bleu turquoise, une folie qui faisait la fierté de Manny. C'était comme s'il voyait un avenir radieux dans la carrosserie rutilante. Comme une grande nouvelle ne va jamais seule, je me suis aperçue, après m'être réveillée à plusieurs reprises avec des nausées désagréables, que j'étais enceinte. J'ai toujours voulu être mère et j'étais donc aux anges. D'un autre côté, cette grossesse compromettait mon poste de pédiatre, auquel je tenais tant. Le Dr O'Neil ne m'avait-il pas clairement expliqué les règles de l'hôpital ? Pas d'internes enceintes. Oui, il avait été très clair.

Durant une brève période, j'ai caressé l'idée de n'en rien dire. Nous étions en juin et mon état ne se verrait pas avant trois ou quatre mois. D'ici là, j'aurais trois mois d'internat à mon actif. Je me suis dit qu'en constatant mon ardeur au travail le Dr O'Neil ferait peut-être une exception pour moi. Mais je ne pouvais pas mentir. Le Dr O'Neil parut réellement déçu de devoir m'exclure de ce poste, mais la règle ne pouvait souffrir d'aucune exception. Le mieux qu'il pût faire fut de me promettre de me réserver un poste pour l'année suivante.

C'était fort aimable de sa part, mais cela ne m'aidait en rien à résoudre les difficultés qui m'assaillaient à ce moment-là : je devais absolument travailler. L'internat de Manny à l'hôpital Montefiore ne lui rapporterait que 105 dollars par mois, ce qui ne pourrait en aucun cas couvrir nos dépenses personnelles, sans parler de celles du bébé. Je ne savais que faire. Il était vraiment tard pour trouver un emploi. Il y avait de fortes chances pour que tous les postes décents fussent d'ores et déjà occupés.

Et puis, un soir, Manny me dit que l'on venait de lui parler d'un poste vacant au *Manhattan State Hospital.* Cela ne m'enthousiasmait guère. Le Manhattan State Hospital était un établissement psychiatrique, une sorte de « dépotoir » où l'on parquait les malades les plus atteints et les plus rejetés. Il était dirigé par un psychiatre suisse à moitié fou qui avait pour habitude de chasser ses internes. Personne ne voulait travailler pour lui. Et, pour couronner le tout, je détestais la psychiatrie. Je l'avais placée au dernier rang de mes priorités.

Mais il fallait bien payer notre loyer et acheter de quoi manger. J'avais également besoin d'avoir une activité.

J'ai donc eu une entrevue avec le Dr D. Après avoir papoté dans notre langue maternelle comme de vieilles connaissances, je l'ai quitté avec la promesse d'une bourse de recherche et d'un salaire de 400 dollars par mois. Tout d'un coup, nous avons eu l'impression d'être riches. Nous avons loué un adorable appartement sur la quatre-vingt-seizième rue à Manhattan. À l'arrière, il y avait un pctit jardin. Durant tout un week-end, je l'ai aménagé pour y cultiver des fleurs et des légumes, en rapportant de Long Island des seaux remplis de terre. Le dimanche soir, je n'ai pas prêté attention à un léger saignement. Et puis, deux jours plus tard, j'ai perdu connaissance dans une salle d'opération. Lorsque je me suis réveillée, on m'apprit que je me trouvais à l'hôpital Glen Cove et que j'avais fait une fausse couche.

Pour tenter de me consoler, Manny avait rempli l'appartement de fleurs, mais ma seule véritable consolation était ma croyance en une puissance supérieure. Toute chose a sa raison d'être. Il n'y a pas de hasard. Notre logeuse, une véritable seconde mère, m'avait préparé pour le dîner un filet mignon, mon plat préféré. Paradoxalement, sa propre fille était sortie du même hôpital ce jour-là, après avoir donné naissance à une petite fille en parfaite santé, alors que moi, j'en étais sortie « les mains vides ». Plus tard cette nuit-là, j'ai entendu les cris du nouveau-né à travers les murs de l'appartement. Depuis lors, le chagrin ne m'a jamais quittée.

Mais de cette triste expérience, j'ai tiré un enseignement important : dans la vie, nous n'obtenons pas toujours ce que nous recherchons, mais Dieu nous donnera tout ce dont nous avons besoin.

15

LE MANHATTAN STATE HOSPITAL

Quelques semaines avant que Manny et moi n'entrions en fonction, j'ai reçu une lettre de mon père. Le contenu en était grave, quoique teinté d'ironie. Mon père avait souffert d'une embolie pulmonaire et, selon lui, il n'en avait plus pour longtemps à vivre. Il voulait que l'on vienne le voir une dernière fois. Il souhaitait également que son docteur favori, c'est-à-dire moi, le seul en qui il avait confiance, puisse l'examiner. Et pourtant, lui et moi nous nous étions tellement affrontés à propos de mon désir de devenir médecin !

Après ma fausse couche et le déménagement, Manny et moi étions exténués. Nous n'avions aucune envie d'aller en Suisse. Mais l'épisode de la dernière requête de Seppli m'avait appris à toujours prendre en compte les vœux d'un mourant. Lorsqu'un mourant désire s'exprimer, c'est toujours immédiatement, jamais demain ou un autre jour. Et c'est ainsi que Manny vendit sa nouvelle Impala pour payer nos billets d'avion. Trois jours plus tard, nous pénétrions dans la chambre d'hôpital de mon père. Mais au lieu du tableau de lit de mort auquel nous nous attendions, nous avons trouvé mon père hors de son lit, se portant apparemment à merveille. Le lendemain, nous le ramenions chez lui.

Mon père n'était pas du genre à dramatiser les choses. Manny, quant à lui, n'était pas du genre à laisser passer le fait qu'il avait vendu sa voiture pour rien. Il devait bien y avoir une raison à tout cela. Plus tard, j'ai réalisé que mon père, alors qu'il était hospitalisé, avait dû sentir la nécessité de reconstruire notre relation avant qu'il ne soit trop tard. Et c'est exactement ce qui se produisit. Pendant le reste de la semaine, mon père philosopha avec moi sur la vie comme il ne l'avait jamais fait jusque-là. Cela nous a plus que jamais rapprochés l'un de l'autre, et je pense que Manny a compris que c'était beaucoup plus important que n'importe quelle voiture.

Quand nous sommes rentrés à New York, j'ai commencé mon internat au Manhattan State Hospital, un endroit où l'on n'accordait pas un très grand prix à la vie humaine. C'était un jour de juillet 1959 — un de ces jours d'été torrides et poisseux. En entrant dans cet hôpital, j'ai tout de suite vu que j'avais eu raison de craindre le pire. C'était un complexe effrayant de bâtiments en brique qui abritait des centaines de malades mentaux très gravement atteints. Il s'agissait des cas aux pronostics les plus défavorables. Certains d'entre eux croupissaient là depuis plus de vingt ans.

Je n'arrivais pas à en croire mes yeux. L'établissement, bien au-delà de ses capacités, était surpeuplé de pauvres hères dont les visages contorsionnés, les gestes spasmodiques et les hurlements angoissés vous faisaient comprendre que vous aviez pénétré dans un véritable enfer. Plus tard, ce soir-là, j'ai décrit dans mon journal ce qui m'est apparu comme une « maison de fous cauchemardesque ». Toutefois, cela aurait pu être pire.

Mon service se trouvait dans un bâtiment à un étage dans lequel vivaient quarante femmes atteintes de schizophrénie chronique. On m'avait dit que leur cas était désespéré. Pour ce qui est des cas désespérés, je n'en ai vu qu'un : l'infirmière en chef. C'était une amie du patron et, partant, elle avait imposé ses propres lois, parmi lesquelles celle qui autorisait ses précieux chats à courir partout dans le service. Ils laissaient dans tous les coins une odeur putride, et comme les fenêtres étaient munies de barreaux et fermées, l'endroit puait horriblement. Je plaignais sincèrement mes collègues, le Dr Philippe Trochu, un interne, et Grace Miller, une assistante sociale noire. Tous deux étaient des personnes de qualité, pleines d'attention pour les malades.

Je ne parvenais pas à comprendre comment ils avaient pu tenir le coup ici, même si les conditions de vie des malades étaient bien plus épouvantables encore. On les frappait avec des bâtons, on les punissait en leur infligeant des traitements par électrochocs et, de temps à autre, on les plongeait jusqu'au cou dans des baignoires remplies d'eau chaude et on les y laissait jusqu'à vingt-quatre heures d'affilée. Bon nombre d'entre eux servaient de cobayes lors « d'expériences contrôlées » pour étudier les effets du LSD, de la psilocybine et de la mescaline. Si d'aventure ils protestaient — ce qu'ils faisaient tous — on leur infligeait alors des châtiments encore plus inhumains.

En tant que chercheur, j'ai été jetée en plein milieu de cette fosse aux serpents. Officiellement, mon travail consistait à enregistrer les effets de ces drogues hallucinogènes sur les patients, mais après avoir écouté certains d'entre eux me raconter les visions terrifiantes qu'avaient suscitées en eux ces drogues, je me suis solennellement promis de mettre un terme à ces pratiques et de changer le mode de fonctionnement de cet établissement.

Il ne serait pas très difficile de modifier le train-train quotidien de l'hôpital et des patients. La plupart d'entre eux restaient hébétés dans un coin de leur chambre, ou bien dans la salle de récréation, sans aucune occupation ni distraction. Le matin, ils faisaient la queue pour recevoir des médicaments qui les plongeaient dans un état de stupeur et provoquaient d'horribles effets secondaires. Plus tard dans la journée, le même processus recommençait. Je pouvais comprendre que l'on administrât des médicaments comme la Thorazine à des psychotiques, mais la plupart de ces gens étaient scandaleusement soumis à une surconsommation médicamenteuse tandis que le personnel se désintéressait totalement de leur sort. Ces malades avaient bien davantage besoin d'affection et de réconfort que de médicaments.

Aidée de mes collègues, j'ai modifié les pratiques destinées à pousser les patients à prendre soin d'eux-mêmes. S'ils voulaient un Coca-Cola ou des cigarettes, il fallait qu'ils gagnent l'argent nécessaire à l'achat de ces privilèges. Ils devaient se lever à l'heure, s'habiller eux-mêmes, se coiffer et se ranger dans la queue en temps voulu. Le vendredi soir, je leur remettais leur paye. Certains buvaient tout leur Coca et fumaient toutes leurs cigarettes le soir même. Mais nous avons malgré tout obtenu des résultats.

Quelles étaient mes connaissances dans le domaine de la psychiatrie ? Nulles. Mais j'avais une certaine expérience de la vie et j'étais sensible à la souffrance, à la solitude et à la peur qu'éprouvaient ces malades. S'ils s'adressaient à moi, je leur répondais. S'ils me faisaient part de leurs sentiments, je les écoutais et leur répondais. Ils le ressentaient, et subitement ils ne se sentaient plus aussi seuls ni aussi angoissés.

J'avais davantage de problèmes avec mon patron qu'avec les patients. Il s'opposait à la réduction de la quantité de médicaments administrés, alors qu'elle m'avait permis d'introduire des tâches humbles mais productives dans leur programme quotidien. Remplir des boîtes de crayons à mascara n'était certes pas grand-chose, mais cela permettait aux patients d'échapper à la catalepsie médicamenteuse qui les assommait du matin jusqu'au soir. Par la suite, j'ai même proposé des sorties éducatives aux malades les plus sages. Je leur ai appris à prendre le métro et à acheter des jetons de téléphone, et il m'est même arrivé, en certaines occasions, de les emmener faire des courses chez *Macy's*. Mes patients savaient que je m'intéressais à eux et c'est pourquoi ils allaient micux.

À la maison, je racontais à Manny tout ce que je faisais avec mes patients. Je lui ai parlé en particulier d'une jeune femme nommée Rachel. Elle souffrait de schizophrénie catatonique et on l'avait classée parmi les cas désespérés. Des années durant, elle avait passé chaque jour au même endroit du service. Personne ne pouvait se souvenir de la dernière fois où elle avait prononcé un mot, ou même émis un son. Quand j'ai voulu à tout prix la transférer dans mon service, les gens ont pensé que j'étais folle.

Mais dès qu'elle a été confiée à mes soins, je l'ai traitée comme les autres. Je l'ai encouragée à accomplir ses tâches et à se joindre au groupe lorsque nous célébrions Noël, Hanoukka ou son propre anniversaire. Après environ un an de soins, Rachel s'est enfin mise à parler. Cela s'est produit durant une séance de thérapie par l'art alors qu'elle dessinait. Elle a demandé à un médecin qui observait son travail : « Cela vous plaît-il ? »

Quelque temps plus tard, Rachel quitta l'hôpital, trouva un logement bien à elle et se mit à pratiquer la sérigraphie d'art.

Je me réjouissais de chaque succès, petit ou grand. Il y eut par exemple cet homme qui restait constamment face à un mur et qui décida un jour de se retourner pour regarder le groupe. Par la suite j'ai dû faire face à un choix difficile. En mai, j'ai été invitée à renouveler ma candidature au poste d'interne au service de pédiatrie du Columbia Presbyterian Medical Center. Il fallait que je me décide : poursuivre mon rêve, ou bien rester avec mes patients. C'était un choix impossible, mais plus tard cette même semaine, je me suis aperçue que j'étais à nouveau enceinte. Mon problème était résolu.

Vers la fin du mois de juin, cependant, j'ai fait une deuxième fausse couche. En découvrant que j'étais enceinte, je ne m'étais pas laissée aller à l'enthousiasme pour mieux gérer l'inévitable dépression qui suivrait un nouvel échec. Mon obstétricien m'a dit que je faisais partie de ces femmes qui perdent systématiquement leurs bébés. Je ne voulais pas le croire, car un de mes rêves les plus chers était de fonder une famille. Pour moi, ces fausses couches étaient un coup du destin.

J'ai donc passé une autre année au Manhattan State Hospital, où mon but était de faire sortir le plus grand nombre possible de malades. Je voulais que les patients les plus autonomes puissent accomplir quelques tâches élémentaires à l'extérieur de l'hôpital. Ils quittaient l'hôpital le matin et revenaient le soir. Ils avaient appris comment utiliser leur argent pour acheter des choses essentielles (autres que du Coca et des cigarettes). Mes supérieurs ont remarqué mes succès et m'ont demandé quelle théorie sous-tendait mon approche. Il n'y en avait aucune.

« Je fais ce qui me semble approprié lorsque j'ai appris à connaître les patients, ai-je expliqué. On ne peut pas les bourrer de médicaments jusqu'à ce qu'ils sombrent dans la torpeur et espérer en même temps qu'ils aillent mieux. Il faut les traiter comme des êtres humains.

« Mon approche de ces gens est différente de la vôtre, continuai-je. Je ne me dis pas : Ah, voilà le schizophrène de la chambre x. Je connais tous les malades par leur nom. Je connais leurs habitudes, et ils réagissent en conséquence. »

Nous avons obtenu notre plus grand succès grâce à l'opération « portes ouvertes » que Grace Miller, l'assistante sociale, et moi-même avons organisée. Des familles du voisinage furent conviées à visiter l'hôpital et à adopter des patients. Autrement dit, nous donnions à ces gens — qui ignoraient à peu près tout des relations humaines — la possibilité d'établir des liens affectifs avec d'autres personnes.

La réaction de certains malades fut merveilleuse. Ils ont pu par la suite acquérir un sens des responsabilités et donner un sens à leur vie. Certains ont même appris à se préparer pour de futures visites.

La plus prodigieuse de ces malades était une femme prénommée Alice. Après vingt ans passés à l'hôpital psychiatrique, elle devait bientôt retourner à la vie normale. Un jour, Alice stupéfia tout le monde en formulant une étrange requête. Elle voulait revoir ses enfants. Quels enfants ? Aucun d'entre nous ne savait à quoi elle faisait allusion.

Mais Grace Miller fit sa petite enquête et découvrit qu'Alice avait bel et bien deux enfants. Tous deux étaient très petits lorsque leur mère fut internée. À l'époque, on leur avait dit que leur mère était morte.

Ma collègue assistante sociale retrouva ces deux enfants, qui étaient maintenant des adultes, et leur parla du programme « d'adoption » de l'hôpital. Elle leur dit qu'il y avait « une vieille dame seule » qui avait besoin d'une famille de substitution. En mémoire de leur mère, ils acceptèrent. Ni l'un ni l'autre ne furent informés de la véritable identité de la vieille dame. Mais je n'oublierai jamais le sourire extraordinaire d'Alice lorsqu'elle se retrouva face à ses enfants dont elle pensait qu'ils l'avaient abandonnée. Finalement, quand Alice fut libérée, ses enfants l'accueillirent parmi eux... à nouveau.

À propos de famille, Manny et moi avons poursuivi nos efforts pour fonder la nôtre. À l'automne 1959, je suis à nouveau tombée enceinte. La naissance était prévue pour la mi-juin 1960. Durant neuf mois, Manny m'a traitée comme si j'étais un objet fragile. Mon intuition me disait que cette fois, ça allait marcher. Plutôt que de m'inquiéter d'une autre fausse couche, j'ai imaginé un petit garçon ou une petite fille. J'ai imaginé comment je le gâterais. Quand j'y pensais, je me rendais compte à quel point la vie était dure. Chaque jour, une nouvelle difficulté se présentait. Je me demandais comment toute personne sensée pouvait désirer mettre au monde un nouvel être. Mais, aussitôt après, je songeais aux merveilles qu'il y a dans ce monde et j'éclatais de rire. Pourquoi n'auriez-vous pas la même attitude ?

Manny et moi avons déménagé dans un appartement du Bronx. Il était plus grand que les deux autres appartements que nous avions eus. Environ une semaine avant la date prévue pour l'accouchement, ma mère est arrivée par avion pour m'aider à m'occuper du bébé. L'accouchement tardait à venir, mais cela arrangeait plutôt ma mère qui put ainsi passer davantage de temps à *Macy's* et dans d'autres grands magasins.

Trois semaines après la date prévue de l'accouchement, Manny et moi nous sommes mis à sillonner en voiture les rues pavées de Brooklyn. Nous recherchions *délibérément* les nids-de-poule pour rouler dessus. Ironie du sort, j'ai enfin eu mes premières contractions alors que nous étions bloqués sous un orage sur la voie rapide de Long Island. Conformément à notre plan, nous avons pris la direction de l'hôpital de Glen Cove. Après quinze heures de travail, je commençais à faire des progrès, mais les médecins ont décidé de m'accoucher au forceps. J'étais contre cette méthode, mais j'étais trop fatiguée pour m'intéresser à la question. Ma seule préoccupation était de tenir dans mes bras un bébé en bonne santé.

Je me souviens seulement de mes propres cris. Ensuite, un superbe bébé, en parfaite santé, s'est niché dans mes bras, les yeux grands ouverts sur ce monde nouveau qui s'offrait à son regard. C'était le plus beau bébé que j'aie jamais vu. Je l'ai examiné sous tous les angles. C'était un petit garçon. Mon fils. Il pesait presque quatre kilos. Il avait une touffe de cheveux noirs sur le crâne ainsi que de merveilleux sourcils longs et noirs. Manny l'a prénommé Kenneth. Ni ma mère, ni moi n'étions capables de prononcer correctement le « th » à la fin de son prénom, mais cela nous était parfaitement égal. Nous étions enchantées par sa venue au monde.

Manny et moi étions tombés d'accord pour laisser nos enfants libres de leur choix en matière de religion lorsqu'ils seraient en âge de le faire, mais il voulait absolument que Kenneth soit circoncis. « C'est pour ma famille », disait-il. Mais quand j'ai su qu'un rabbin avait été contacté, je me suis alors représenté la circoncision, puis la barmitzva, et j'ai décidé que c'en était trop pour moi.

Heureusement, mon inquiétude s'est apaisée lorsque le pédiatre de Kenneth m'a signalé un problème médical. Le bébé avait du mal à uriner; il souffrait d'un phimosis — une étroitesse du prépuce empêchant de découvrir le gland — qu'il fallait traiter immédiatement par une circoncision. Même si j'avais les jambes en coton, j'ai sauté de mon lit comme un diable de sa boîte pour pouvoir seconder le médecin durant l'opération.

Je ne voyais pas comment j'aurais pu être plus heureuse, malgré ma grande fatigue. J'étais souvent émerveillée par la façon dont ma mère s'était débrouillée avec quatre enfants — dont trois étaient arrivés en même temps. Mais, comme toutes les mères, elle disait qu'il n'y avait en cela rien que de très ordinaire. Elle ne comprenait pas pourquoi je tenais absolument à reprendre mon travail. À l'époque, très peu de femmes réussissaient à poursuivre une carrière professionnelle et à élever en même temps des enfants. Je suppose que je faisais partie de ces femmes qui n'ont jamais eu le choix. Ma famille était ce qu'il y avait de plus important pour moi, mais il fallait aussi que je réponde à ma vocation.

Après avoir passé un mois à la maison, je suis retournée au Manhattan State Hospital, où j'ai terminé ma deuxième année d'internat. J'ai réussi entre autres à mettre un terme aux châtiments sadiques et à faire sortir 94 pour cent de mes schizophrènes considérés comme « incurables », lesquels ont pu mener à l'extérieur de l'hôpital une existence active et autonome. Cependant, il me fallait faire encore une année d'internat pour obtenir ma spécialisation en psychiatrie. Cette spécialité ne m'enchantait guère, mais Manny et moi pensions qu'il était trop tard pour tout recommencer. J'ai sollicité un poste à l'hôpital Montefiore, un établissement plus sophistiqué, plus stimulant sur le plan intellectuel que le Manhattan State Hospital, et l'on m'a convoquée pour une entrevue. Les choses ne se sont pas bien passées. Le médecin qui m'interrogeait — aussi chaleureux qu'un poisson congelé — ne cherchait apparemment qu'à m'humilier. Ses questions révélèrent mon manque de connaissances (et mon absence d'intérêt) à propos du traitement des névrosés, des alcooliques, des individus atteints de troubles de la sexualité et d'autres malades non psychotiques. Cela lui permettait d'afficher l'étendue de son savoir. Mais ses connaissances étaient uniquement livresques.

Pour moi, il y avait une grande différence entre ce qu'il avait appris dans les livres et ce dont j'avais fait l'expérience au Manhattan State Hospital, et même si cela devait mettre en péril mon admission à Montefiore, je décidai de lui faire part de mon point de vue : « Les connaissances sont utiles, mais on ne peut aider quiconque avec son seul savoir. Si vous ne vous servez ni de votre tête, ni de votre cœur, ni de votre âme, alors vous ne pourrez jamais venir en aide à personne. »

Ce faisant, je n'avais peut-être répondu à aucune de ses questions, mais je dois dire que je me suis sentie nettement mieux.

16

VIVRE JUSQU'À LA MORT

Peu après mon admission à l'hôpital Montefiore, où l'on me confia la responsabilité de la psychopharmacologie clinique ainsi que la fonction de consultante pour d'autres services, y compris celui de neurologie, un neurologue m'a demandé d'examiner l'un de ses patients. Je me suis entretenue avec ce jeune homme d'une vingtaine d'années, qui souffrait soi-disant d'une paralysie et d'une dépression psychosomatiques, et j'ai pu déterminer qu'il était en fait dans la phase terminale d'une SLA, ou sclérose latérale amyotrophique, une maladie dégénérative incurable.

« Ce patient va bientôt mourir », ai-je écrit dans mon rapport.

Non seulement le neurologue n'était pas d'accord, mais encore il tourna mon diagnostic en dérision en affirmant que ce patient avait juste besoin de quelques tranquillisants pour sortir de son état psychique morbide.

Quoi qu'il en soit, quelques jours plus tard, ce malade mourut.

Mon sens de la franchise s'opposait à la façon dont la médecine était habituellement pratiquée dans les hôpitaux. C'est ainsi qu'après quelques mois de présence j'ai remarqué que bon nombre de médecins évitaient systématiquement d'évoquer quoi que ce soit qui ait un rapport avec la mort. Les mourants étaient la plupart du temps aussi malmenés que mes patients de l'hôpital psychiatrique. Ils étaient mis à l'écart et traités sans ménagement. On ne leur disait jamais la vérité. Si un cancéreux posait cette question : « Vais-je mourir ? », le docteur répondait généralement : « Oh, ne faites pas l'imbécile. » Moi, je ne pouvais pas me comporter ainsi.

Je ne crois pas que Montefiore — c'est vrai aussi pour de nombreux autres hôpitaux — ait vu souvent des médecins comme moi. Peu avaient l'expérience des missions humanitaires, telles que celles que j'avais effectuées dans des villages d'Europe ravagés par la guerre, et encore moins de ces médecins qui étaient mères de famille comme moi. En outre, mon travail avec des malades schizophrènes m'avait montré qu'il y avait un pouvoir thérapeutique autre que les médicaments et la science, et c'était cette approche différente que j'introduisais chaque jour à l'hôpital.

Au cours de mes consultations, je restais au chevet des malades, je leur tenais la main et conversais avec eux des heures durant. Je me suis rendu compte que tous les mourants désiraient ardemment qu'on leur manifeste de l'affection, qu'on les touche ou que l'on communique avec eux. Les mourants ne voulaient pas que les médecins gardent leurs distances avec eux. Ils réclamaient avec force la franchise. On pouvait même convaincre les malades dépressifs les plus suicidaires qu'ils avaient encore des raisons de vivre. « Parlez-moi de vos souffrances, avais-je l'habitude de leur demander. Cela m'aidera à venir en aide à d'autres personnes. »

Malheureusement, et c'est tragique, les cas les plus graves — ceux qui se trouvaient dans la phase terminale de leur maladie, les agonisants — étaient traités de la pire des manières. On les plaçait loin des postes d'infirmières. On les contraignait à rester allongés sous des éclairages éblouissants qu'ils ne pouvaient couper. Leurs proches n'étaient autorisés à venir les voir que durant les heures de visite. On les laissait mourir dans la solitude, comme si la mort pouvait être contagieuse.

Je refusais de cautionner de telles pratiques. Elles étaient pour moi inacceptables. C'est pourquoi je tenais compagnie à mes patients mourants aussi longtemps qu'il était nécessaire, et ils savaient qu'ils pouvaient compter sur moi.

Même si mes fonctions me mettaient en contact avec des malades de tous les services, je m'intéressais surtout aux cas considérés comme les pires — les mourants. C'étaient les meilleurs professeurs que j'aie jamais eus. Je voyais bien qu'ils luttaient pour accepter leur sort. Je les écoutais tandis qu'ils se répandaient en invectives contre Dieu. Je haussais les épaules en signe d'impuissance lorsqu'ils s'écriaient : « Pourquoi moi ? » Je les ai entendus faire la paix avec le Seigneur. J'ai remarqué que, si quelqu'un plein de compassion se tenait près d'eux, ils pouvaient alors, dans une certaine mesure, accepter leur sort. Ces personnes traversaient ce que je devais définir plus tard comme les différents stades de la phase terminale de la vie, même si ces réactions se retrouvent dans toutes les situations de l'existence qui provoquent un sentiment de perte.

En les écoutant, j'ai découvert que tous les mourants savent qu'ils vont mourir. Le problème ne se pose pas à travers ces questions : « Faut-il le lui dire ? » ou bien « A-t-il compris ? »

La seule question qu'il faille se poser est la suivante : « Suis-je capable de l'écouter ? »

À l'autre bout du monde, mon propre père cherchait désespérément quelqu'un qui puisse l'écouter. En septembre, ma mère m'a appelée pour nous informer que mon père se trouvait à l'hôpital, mourant. Elle m'assura que, cette fois-là, il ne s'agissait pas d'une fausse alerte. Manny ne pouvant pas s'absenter de son travail, j'ai pris le premier avion avec Kenneth le jour suivant.

À l'hôpital, j'ai tout de suite vu qu'il se mourait. Il faisait une septicémie, une infection mortelle consécutive à une opération au coude mal conduite. Mon père était attaché à des appareils qui aspiraient le pus de son abdomen. Il avait maigri et souffrait. Les médicaments n'avaient plus d'effets sur lui. Il ne désirait plus qu'une chose : rentrer chez lui. Personne ne l'écoutait. Son médecin a refusé sa sortie, toute comme l'administration de l'hôpital.

Mais mon père menaça de se suicider si on ne le laissait pas mourir en paix chez lui. Ma mère était si affolée qu'elle menaçait de le suivre dans la mort. J'étais au courant d'un secret de famille dont personne ne parlait jamais. Le père de mon père, qui s'était cassé la colonne vertébrale, était mort dans une maison de repos. Sa dernière volonté avait été d'être ramené chez lui. Mais mon père avait refusé, préférant écouter les conseils des médecins. Maintenant, il se trouvait à son tour dans la même situation.

Dans cet hôpital, tout le monde se fichait éperdument de ma qualité de médecin. On m'a dit que je pourrais le ramener à la maison si je leur signais un document les déchargeant de toute responsabilité.

« Il ne survivra probablement pas au déplacement », m'avertit son médecin.

J'ai regardé mon père dans son lit, totalement impuissant, souffrant le martyre et désirant rentrer chez lui. C'était à moi d'en décider. À ce moment-là, je me suis souvenue de la façon dont il m'avait sauvée, lors d'une randonnée, lorsque je suis tombée dans une crevasse. S'il ne m'avait pas appris à bien attacher ma corde de sécurité, je serais restée *ad vitam œternam* dans cet abîme. À présent, c'était à mon tour de le sauver.

J'ai signé le document.

Mon entêté de père, ayant obtenu ce qu'il voulait, voulut célébrer l'événement. Il demanda un verre de son vin favori, que j'avais introduit subrepticement dans sa chambre quelques jours plus tôt. Tandis que je l'aidais à boire son verre, j'ai remarqué que le vin, goutte après goutte, sortait par l'un des nombreux tubes reliés à son corps. J'ai alors compris qu'il était temps de le laisser partir.

Après que sa chambre eut été équipée de tout l'équipement nécessaire, nous avons ramené mon père à la maison. Je me suis assise à côté de lui dans l'ambulance, et j'ai remarqué à quel point son humeur s'améliorait au fur et à mesure que nous approchions de la maison. De temps à autre, il me pressait la main pour me faire savoir à quel point il appréciait mon geste. Lorsque les ambulanciers l'ont porté jusque dans sa chambre, j'ai vu à quel point son corps autrefois si puissant s'était ratatiné. Il fut cependant encore capable de rudoyer chacun d'entre nous jusqu'à ce que nous ayons pu enfin l'installer dans son cher lit. Il dit alors dans un murmure : « Enfin à la maison. »

Durant les deux jours qui suivirent, il sommeilla paisiblement. Lorsqu'il reprenait conscience, il contemplait des photos de ses montagnes bien-aimées ou ses trophées de skieur. Ma mère et moi restions constamment à son chevet pour le surveiller. Pour une raison quelconque, dont je ne me souviens plus, mon frère et mes sœurs n'avaient pu venir à la maison, mais ils prenaient régulièrement des nouvelles. Nous avions engagé une infirmière, même si je tenais à m'assurer moi-même de sa propreté et de son confort. Cela m'a rappelé à quel point le travail de l'infirmière est difficile.

À l'approche de sa fin, mon père refusa de manger. Cela lui était devenu trop pénible. Mais il voulut qu'on lui rapporte plusieurs bouteilles de vin de sa cave. Il était comme ça.

L'avant-dernière nuit, je me suis aperçue qu'il souffrait le martyre même durant son sommeil. À un moment critique, je lui ai fait une injection de morphine. Mais, le lendemain, au cours de l'après-midi, une chose extraordinaire s'est produite. Mon père est sorti de son sommeil perturbé et m'a demandé d'ouvrir la fenêtre afin de mieux entendre la cloche de l'église. Pendant un petit moment, nous avons écouté le carillon familier de la *Kreuzkirche*. Ensuite, mon père s'est mis à converser avec son propre père en s'excusant de l'avoir laissé mourir dans cette épouvantable maison de repos.

« Peut-être que ma souffrance actuelle est une

façon de payer ma dette », dit-il. Puis il lui fit la promesse de le rejoindre bientôt.

Au milieu de leur conversation, mon père s'est tourné vers moi pour me réclamer un verre d'eau. J'étais émerveillée de constater qu'il avait gardé tous ses esprits et qu'il était capable de passer à plusieurs reprises d'une réalité à une autre. Naturellement, je ne pouvais ni voir ni entendre mon grand-père. Apparemment, mon père s'efforçait de régler tout un tas de problèmes en suspens entre eux deux. Plus tard, ce soir-là, mon père s'affaiblit considérablement. Au matin, je me suis assurée du mieux que j'ai pu de son confort. Je l'ai embrassé sur son front brûlant, puis lui ai joint les mains, et je suis sortie à pas de loup pour aller prendre une tasse de café à la cuisine. Je me suis absentée deux minutes. Quand je suis revenue, mon père était mort.

Durant la demi-heure qui suivit, ma mère et moi sommes restées à son chevet pour lui dire adieu. Il avait été un grand homme, mais maintenant, il n'était plus là. Tout ce qui avait fait de mon père ce qu'il était — énergie, âme et intelligence — s'en était allé. Son âme avait quitté son corps pour prendre son envol. J'étais sûre que son propre père l'avait guidé tout droit vers le paradis, où, sans nul doute, il baignait désormais dans l'amour inconditionnel de Dieu. À cette époque, je ne connaissais rien de la vie après la mort, mais j'étais certaine que mon père avait enfin trouvé la paix.

Et ensuite ? J'ai signalé le décès aux services municipaux de la santé publique, qui non seulement se chargeraient du transport du corps, mais fourniraient aussi gratuitement le cercueil et le corbillard pour l'enterrement. De manière inexplicable, l'infirmière que j'avais engagée était partie dès qu'elle avait appris la mort de mon père, ce qui fait que j'ai dû m'occuper toute seule de la dépouille mortelle. Une de mes amies, le Dr Bridgette Willisau, est généreusement venue me prêter main-forte. Ensemble, nous avons nettoyé le corps en piteux état de mon père en le débarrassant du pus et des fèces qui le souillaient. Ensuite, nous l'avons soigneusement vêtu d'un beau costume. Nous avons accompli notre tâche dans un silence religieux, et je me suis dit, pleine de reconnaissance, que mon père avait eu la possibilité de voir Kenneth, et que mon fils avait pu connaître son grand-père, même brièvement. Quant à moi, je n'avais connu aucun de mes grands-parents.

Lorsque les deux agents de la santé publique sont arrivés avec un cercueil, mon père était habillé et reposait sur son lit dans une chambre propre et bien rangée. Après avoir placé avec précaution le corps de mon père dans le cercueil, l'un des deux hommes me prit à part et, discrètement, me demanda si je souhaitais que l'on mette quelques fleurs du jardin entre les mains de mon père. Comment pouvait-il savoir ? Comment avais-je pu oublier ? C'est mon père qui a fait naître en moi l'amour des fleurs, qui m'a ouvert les yeux sur la beauté de la nature. Je me suis précipitée en bas avec Kenneth dans les bras et j'ai choisi les chrysanthèmes les plus jolis que j'ai pu trouver. Puis nous sommes remontés pour les déposer entre les mains de mon père.

L'enterrement s'est déroulé trois jours plus tard. Dans la chapelle même où ses filles s'étaient mariées, les gens qui avaient travaillé avec mon père, les étudiants qui avaient suivi son enseignement et ses amis du Ski Club ont évoqué son souvenir. À part mon frère, toute la famille assistait à la cérémonie qui s'est achevée sur ses hymnes favoris. Notre chagrin fut long à disparaître, mais aucun d'entre nous n'éprouva le moindre regret. Plus tard, ce soir-là, j'ai écrit ceci dans mon journal : « Mon père a vécu pleinement jusqu'à sa mort. »

17

MA PREMIÈRE CONFÉRENCE

En 1962, après quatre années passées aux États-Unis, j'étais en grande partie américanisée. Je mâchais du chewing-gum, je mangeais des hamburgers et des céréales saupoudrées de sucre au petit-déjeuner, et je soutenais Kennedy contre Nixon. Dans la perspective de l'une de ses visites, j'ai voulu préparer ma mère à ces changements en lui écrivant ceci : « J'espère que cela ne te choquera pas trop, mais il faut que tu saches que je porte des pantalons aussi souvent que des jupes quand je sors. »

Cependant, j'étais toujours affectée d'une agitation intérieure que je ne pouvais m'expliquer, le sentiment profond que, malgré mon mariage et ma maternité, je ne m'étais pas encore vraiment installée dans la vie. Pas encore. J'ai essayé d'éclaircir ce phénomène à travers ces lignes dans mon journal : « Je ne sais toujours pas pourquoi je me trouve aux États-Unis, mais il doit y avoir une raison. Je sais qu'il y a un territoire inconnu ici et qu'un jour je le découvrirais. »

J'ignore complètement d'où me venait cette impression, mais cet été-là, tout comme je l'avais prévu, je suis allée dans l'Ouest. Manny et moi avions trouvé un poste à l'université du Colorado, la seule faculté de médecine du pays qui proposait des postes tant en neuropathologie qu'en psychiatrie. Nous avons effectué le trajet jusqu'à Denver dans la voiture décapotable flambant neuve de Manny. Ma mère nous accompagnait et m'aidait à prendre soin de Kenneth. Le paysage, immense, était absolument grandiose et sauvage. Cette région a vraiment exalté ma passion pour la Nature, notre Mère.

En arrivant à Denver, nous avons découvert que notre maison n'était pas encore tout à fait prête. Cela n'avait pas d'importance. Nous avons parqué la caravane dans une allée de garage et sommes partis faire un peu de tourisme. Nous avons rendu visite au frère de Manny à Los Angeles, et ensuite, à cause de ma mère, qui était novice en ce qui concerne la lecture des cartes routières et qui jurait que Mexico était « juste à côté », nous sommes allés jusqu'à Tijuana. Au retour, j'ai proposé que nous prenions la direction de la région des Quatre Coins, là où se trouvent les territoires situés à la jonction des États de l'Utah, du Colorado, du Nouveau-Mexique et de l'Arizona.

C'était une formidable idée qui nous a permis d'admirer les grands plateaux, les buttes et les rochers de Monument Valley. Cet endroit m'a semblé étrangement familier, en particulier lorsque j'ai aperçu une Indienne qui s'en allait au loin sur son cheval. Cette scène était pour moi si familière, comme si je l'avais déjà vue. Et puis, dans un frisson d'excitation, je me suis souvenue de mon rêve sur le bateau, la nuit qui a précédé notre arrivée en Amérique. Je ne l'ai dit ni à Manny ni à ma mère, mais ce soir-là, je me suis assise sur mon lit et j'ai laissé vagabonder mes pensées aussi loin que possible. Ensuite, pour n'en rien oublier, j'ai sorti mon journal et j'ai noté ceci :

> Je ne sais pas grand-chose sur la philosophie de la réincarnation. En général, quand je pense à la réincarnation, j'imagine des gens excentriques qui discourent sur leurs vies antérieures au milieu des fumées d'encens. Je n'ai pas été élevée dans ce genre de croyances. Je me sens surtout à l'aise dans les laboratoires. Mais je sais maintenant que le mental, le psychisme et l'esprit recèlent de grands mystères, qu'aucun microscope, qu'aucune réaction chimique ne peut expliciter. En temps voulu, j'en apprendrais davantage sur ce sujet. En temps voulu, je comprendrais ce mystère.

À Denver, ce fut le retour au réel. Je me suis mise à chercher un sens à ma vie. C'était particulièrement vrai en ce qui concerne l'hôpital. J'étais psychiatre, mais la psychiatrie traditionnelle n'était vraiment pas faite pour moi. J'ai essayé de travailler avec des enfants et des adultes perturbés. Mais ce qui me passionnait vraiment, c'était le genre de psychiatrie intuitive que j'avais pratiquée avec les schizophrènes au Manhattan State Hospital — un type d'interaction en face à face avec le patient que je jugeais nettement plus efficace que les médicaments et les thérapies de groupe. J'ai abordé ce sujet avec mes collègues de l'université, mais aucun d'entre eux ne m'a encouragée dans cette voie.

Qu'allais-je donc faire de ma vie ? J'ai demandé conseil à trois éminents psychiatres, des gens de grande réputation. Ils m'ont suggéré d'entreprendre une psychanalyse au célèbre Institut de psychanalyse de Chicago. C'était le conseil habituel mais, pour des raisons pratiques, il m'était difficile d'entreprendre une analyse à ce moment-là.

Quelque temps plus tard, j'ai assisté à une conférence donnée par le professeur Sydney Margolin, le très respecté directeur du nouveau laboratoire de psychophysiologie du service de psychiatrie. Debout sur l'estrade, il faisait forte impression. C'était un homme âgé, avec de longs cheveux gris, qui parlait avec un lourd accent australien. C'était un orateur fascinant, un grand « artiste ». Il m'a suffi de l'écouter quelques minutes pour savoir qu'il incarnait exactement ce que je recherchais.

Inutile de préciser que les conférences du professeur Margolin connaissaient un grand succès. J'ai assisté à plusieurs d'entre elles. On avait le sentiment qu'il se réalisait sur la tribune. Les sujets de ses conférences constituaient chaque fois une surprise. Et puis, un beau jour, je l'ai suivi jusqu'à son bureau et je me suis présentée. Il s'est montré amical et, en personne, il m'est apparu encore plus fascinant. Nous avons longuement parlé, en allemand et en anglais. Comme durant l'un de ses cours, nous avons abordé toutes sortes de sujets. Dans l'intervalle, j'ai pu évoquer devant lui mes difficultés personnelles et il m'a parlé de son intérêt pour les Ute, une tribu indienne.

Contrairement à ses collègues, il ne m'a pas conseillé d'aller à Chicago. Au contraire, il m'a encouragée à accepter un poste dans son laboratoire. J'ai dit oui.

Le professeur Margolin était un patron difficile,

exigeant, mais sa recherche sur les maladies psychosomatiques représentait à mes yeux le travail le plus enrichissant que j'aie effectué à Denver. Parfois, mon seul travail consistait à mettre en place le matériel électronique disparate que le professeur avait récupéré dans d'autres services. Mais cela ne me dérangeait pas. Le professeur était un non-conformiste. Par exemple, il y avait dans son équipe un électricien, un homme à tout faire et une secrétaire dévouée. Son laboratoire regorgeait de machines diverses — polygraphes, électro-encéphalographes et ainsi de suite. Le professeur Margolin voulait étudier la relation entre les pensées d'un patient, ses émotions et sa pathologie. Il utilisait aussi l'hypnose et croyait à la réincarnation.

Mon bonheur au travail rejaillissait sur ma vie de famille. De son côté, Manny était également fort satisfait du rôle important qu'il jouait en tant que maître de conférences au département de neuropathologie. Notre maison comblait tous mes rêves de mère de famille. À l'extérieur, j'ai aménagé un jardin de rocailles à la manière suisse où j'ai planté entre autres un épicéa, des fleurs des Alpes et mes premiers edelweiss américains. Le week-end, nous emmenions Kenneth au zoo, ou bien nous partions en randonnée à travers les Rocheuses. Quant à notre vie sociale, nous passions de nombreuses et délicieuses soirées en compagnie du professeur Margolin et de sa femme à écouter de la musique classique et à discuter de divers sujets, de Freud jusqu'aux théories sur les vies antérieures.

En gros, nous n'avions vraiment pas à nous plaindre de notre vie, si ce n'est un grave problème touchant notre intimité. En 1964, au cours de notre deuxième année à Denver, je suis tombée enceinte à deux reprises. Chaque fois, j'ai fait une fausse couche. La déception, plus que le sentiment de perte, m'affectait de plus en plus. Manny et moi désirions tous deux avoir un autre enfant. Je voulais deux enfants. J'avais mon garçon. Si Dieu le voulait, j'aurais aussi une fille. En tout cas, je ferais tout pour cela.

Le professeur Margolin voyageait fréquemment. Un jour, il m'a convoquée dans son bureau pour me dire qu'il partait en Europe dans deux semaines. Je croyais qu'il voulait simplement discuter des diverses villes et sites d'Europe, ainsi que nous le faisions souvent lorsque nous évoquions notre jeunesse de grands voyageurs. Mais, cette fois-ci, il ne s'agissait pas de cela. À sa façon typiquement imprévisible, le professeur m'avait choisie pour le remplacer dans ses cours magistraux à la faculté de médecine. Sur le moment je n'ai pas réagi, mais, tout à coup, je me suis mise à transpirer abondamment, dans un état de grande nervosité.

Même si c'était un grand honneur, à mes yeux, c'était aussi une impossibilité manifeste. Le professeur Margolin était un orateur captivant et énergique dont les cours magistraux ressortaient davantage d'une performance d'acteur, d'un one man show intellectuel. Ses conférences étaient les plus courues de la faculté. Dans ces conditions, comment pourrais-je le remplacer? Lorsqu'il s'agissait de prendre la parole devant des groupes, petits ou grands, je devenais terriblement timide et peu sûre de moi. « Vous avez deux semaines pour vous préparer, me dit-il d'une voix rassurante. Je ne suis pas de programme particulier. Vous pouvez consulter mes dossiers, si vous voulez. Choisissez le thème qui vous intéresse. »

Le réalisme succéda à la panique. J'ai passé la semaine suivante à la bibliothèque à fouiller dans d'innombrables livres pour essayer de trouver un sujet original. Je n'étais pas une fanatique de la psychiatrie orthodoxe. J'étais opposée à tous ces médicaments que l'on donnait aux malades pour les rendre « dociles ». J'avais également fait une croix sur tout ce qui était trop spécialisé — les sommes sur les différentes psychoses, par exemple. Après tout, la plupart des étudiants qui viendraient m'écouter s'intéressaient à d'autres domaines que la psychiatrie.

Mais il me fallait remplir deux heures de cours, et je voulais traiter un sujet qui réponde à mon intention de donner à des futurs médecins les connaissances indispensables en psychiatrie. Qu'est-ce qui pourrait intéresser un chirurgien orthopédiste ? Un urologue ? Mon expérience m'avait appris que la plupart des médecins étaient beaucoup trop désinvoltes dans leur approche des patients. Ils devaient absolument prendre en considération les émotions simples et terre à terre, les peurs et les défenses qui caractérisent les personnes qui entrent à l'hôpital. Il fallait qu'ils apprennent à traiter les patients comme des êtres humains semblables à eux-mêmes.

Mais alors, me disais-je en mon for intérieur, sur quel terrain pouvais-je rassembler tout le monde ? Malgré la littérature scientifique que j'avais absorbée, rien ne me venait à l'esprit.

Et puis, un jour, le bon sujet me vint subitement à l'esprit : la mort. Elle obsédait chaque patient, chaque médecin. La plupart la redoutaient. Tôt ou tard, chacun d'entre nous doit y faire face. Voilà quelque chose que les médecins et les patients avaient en commun, et c'était en outre probablement le plus grand mystère d'un point de vue médical. Le plus grand tabou, aussi.

La mort est ainsi devenue le thème central de mon cours. J'ai essayé de me documenter. Mais il n'y avait rien sur ce sujet à la bibliothèque, si ce n'est un traité psychanalytique théorique et abscons et quelques rares études sociologiques sur les rituels funéraires des bouddhistes, des juifs, des Indiens d'Amérique et d'autres communautés encore. J'envisageais une approche tout à fait autre. Ma thèse était cette idée simple selon laquelle les médecins se sentiraient plus à l'aise avec la mort s'ils la comprenaient mieux, s'ils s'efforçaient simplement d'exprimer ce qu'elle signifiait pour eux.

Bon, maintenant, c'était à moi de jouer. Le professeur Margolin divisait toujours ses cours magistraux en deux parties : la première heure consistait en un cours théorique, et durant la seconde il présentait les preuves tirées de l'expérience, qui venaient à l'appui de sa thèse. J'ai travaillé comme une folle pour préparer la première heure, pour m'apercevoir ensuite qu'il me fallait trouver quelque chose afin de remplir la seconde.

Avec quoi ?

J'ai parcouru l'hôpital dans tous les sens pendant plusieurs jours avec l'espoir que quelque chose me viendrait subitement à l'esprit. Un jour, alors que j'effectuais ma tournée, je me suis assise au chevet d'une fille de seize ans qui se mourait de leucémie. J'ai discuté avec elle, ainsi que nous l'avions fait à plusieurs reprises, à propos de sa situation. Soudain, j'ai pris conscience que Linda était très directe, très à l'aise et très concentrée quand elle parlait de son état. Le traitement impersonnel que lui délivrait son médecin lui avait enlevé tout espoir, et elle n'hésitait pas non plus à exprimer avec franchise sa colère envers sa famille, qui était incapable d'assumer sa fin prochaine. C'est ainsi que sa mère avait révélé un peu partout le triste sort de sa fille en demandant au public de lui envoyer des cartes d'anniversaire rédigées ainsi : « Joyeux anniversaire pour tes seize ans » en précisant que ce serait certainement le dernier pour Linda.

Le jour où nous avons discuté ensemble, un énorme sac rempli de cartes d'anniversaire lui avait été remis. Ces messages étaient pleins de bonnes intentions mais impersonnels, car rédigés par de parfaits inconnus. Et puis, durant notre conversation, Linda a brusquement écarté tout ce courrier de ses bras frêles. Alors, ses joues pâles rougirent de colère. Elle me dit qu'elle aurait préféré mille fois que sa famille lui rende visite, en signe d'affection et de compréhension. « Si seulement ils pouvaient penser à ce que je ressens ! fulminait-elle. Mais oui au fait, pourquoi moi ? Pourquoi Dieu veut-il que je meure ? »

Elle me fascinait, cette courageuse petite. Et j'ai eu le sentiment que les étudiants en médecine devaient l'écouter. « Dis-leur tout ce que tu n'as jamais pu dire à ta mère, lui ai-je vivement conseillé. Dis-leur ce que c'est que d'avoir seize ans et d'être mourante. Si tu ressens une grande colère, fais-la sortir. Exprime-toi comme tu l'entends. Parle seulement avec ton cœur et ton âme. »

Le jour du cours, je me tenais sur l'estrade du grand amphithéâtre et j'ai lu les notes que j'avais soigneusement dactylographiées. Peut-être était-ce dû à mon accent, mais l'accueil que me réserva mon auditoire ne ressemblait en rien à celui que le professeur Margolin recevait d'ordinaire. De manière impardonnable, les étudiants se comportaient très mal. Ils mâchaient du chewing-gum, discutaient entre eux et avaient une attitude fondamentalement irrespectueuse et grossière. En m'efforçant malgré tout de poursuivre mon propos, je me suis demandé si l'un quelconque de ces étudiants aurait été capable de donner un cours en français ou en allemand. J'ai aussi pensé aux facultés de médecine suisses où les professeurs inspirent le plus grand respect aux étudiants. Personne ne devrait se permettre de mâcher du chewing-gum ou de bavarder durant les cours. Mais je me trouvais à des milliers de kilomètres de mon pays natal.

Comme tous mes efforts étaient concentrés sur le bon déroulement de mon cours, je n'ai pas remarqué que la classe s'était quelque peu calmée, qu'elle se conduisait mieux à l'approche de la fin de la première heure. Au terme de celle-ci, je me sentais calme et j'attendais avec impatience de les surprendre dans la deuxième partie du cours avec un véritable mourant. Durant la pause, je suis allée chercher cette jeune fille téméraire de seize ans, qui s'était coiffée et habillée avec élégance, et j'ai poussé son fauteuil roulant jusqu'au centre de l'estrade. Alors qu'une heure auparavant je me trouvais au bord de la crise de nerfs, Linda, elle, avec ses yeux marron clair et sa mâchoire volontaire, était manifestement très calme, sereine et prête à s'exprimer.

À la fin de la pause, les étudiants ont regagné leurs places, silencieux et nerveux. J'ai alors présenté la jeune fille et expliqué qu'elle s'était généreusement proposée de répondre à leurs questions sur la situation réelle d'un malade en phase terminale. Il y eut alors ce léger bruissement que font les gens lorsqu'ils s'agitent nerveusement sur leurs fauteuils, suivi d'un silence si profond qu'il en devenait gênant. Manifestement, les étudiants se sentaient mal à l'aise. Lorsque j'ai demandé des volontaires, personne n'a levé la main. Finalement, j'ai choisi un petit nombre d'étudiants, les ai fait monter sur l'estrade et les ai invités à poser des questions à Linda. Les seules qu'ils ont pu trouver concernaient sa numération globulaire, le volume de son foie, ses réactions à la chimiothérapie et d'autres détails cliniques.

Lorsqu'il fut évident qu'ils ne poseraient aucune question sur ce qu'elle ressentait, j'ai décidé d'orienter l'interview dans le sens que j'avais prévu au départ. Mais je n'eus pas à le faire. Dans un accès passionné de colère, Linda perdit elle aussi patience face à de tels interrogateurs. Imperturbable, elle fixa ces étudiants de ses yeux noirs, se posa à elle-même les questions qu'elle avait toujours souhaité se voir poser par son médecin et l'équipe de spécialistes qui l'entourait, puis elle y répondit. Quelle impression cela fait-il de savoir que l'on va mourir dans quelques semaines alors que l'on a seize ans ? Quelle impression cela fait-il de ne pas pouvoir rêver au bal des élèves du lycée ? De ne pas pouvoir sortir avec un copain ? De ne pas pouvoir s'inquiéter de sa vie d'adulte, de sa future profession ou de son futur mari ? Comment faites-vous pour tenir chaque jour ? Pourquoi personne ne dit la vérité ?

Après environ une demi-heure, Linda, fatiguée, retourna se coucher, laissant les étudiants dans un silence marqué par la stupéfaction, une grande émotion et par une sorte de révérence. Manifestement, cette expérience les avait profondément marqués. Le cours était fini, mais personne ne s'est levé pour partir. Les étudiants voulaient s'exprimer, mais ne purent dire un mot avant que je n'engage la discussion. La plupart d'entre eux reconnurent que Linda les avait émus jusqu'aux larmes. Finalement, je leur ai fait prendre conscience que leurs réactions — même si apparemment elles avaient été provoquées par la situation de la jeune mourante — étaient dues en réalité au fait qu'ils prenaient conscience de leur propre condition de mortels, si éphémère. Pour la première fois, la plupart d'entre eux se trouvaient confrontés à des sentiments et à des peurs relatifs à la possibilité — à l'inéluctabilité — de leur propre mort. Ils ne pouvaient s'empêcher de s'imaginer à la place de Linda.

« Maintenant, vous réagissez comme des êtres humains et non comme des scientifiques », leur ai-je dit.

Silence.

« Maintenant que vous savez ce que ressentent

les mourants, peut-être serez-vous capables de les traiter avec compassion, avec la compassion dont vous-même souhaiteriez bénéficier. »

Épuisée par ce cours, j'ai siroté un café dans mon bureau et j'ai repensé à un accident survenu en 1943 à Zurich dans le laboratoire où je travaillais. J'étais en train de mélanger des produits chimiques lorsqu'une bouteille est tombée et s'est brusquement enflammée. Mon visage, mes mains et ma tête ont été gravement brûlés. J'ai alors passé deux semaines dans d'atroces souffrances à l'hôpital, incapable de parler ou de remuer les mains, tandis que, chaque jour, les médecins me torturaient en m'arrachant mes pansements en même temps que ma peau très sensible, puis en brûlant mes plaies avec du nitrate d'argent, pour ensuite remettre des pansements sur celles-ci. Ils m'avaient avertie que je ne retrouverais jamais une mobilité normale des doigts.

Cependant, un de mes amis, technicien de laboratoire, est venu me voir un soir à l'insu de mon médecin pour monter un engin avec poids progressifs destiné à améliorer graduellement la mobilité de mes doigts. C'était notre secret. Une semaine avant ma sortie, le médecin m'a rendu visite en compagnie d'un groupe d'étudiants en médecine pour qu'ils m'examinent. Au moment où il expliquait mon cas et la raison pour laquelle mes doigts étaient invalides, je me suis retenue de rire et j'ai brusquement levé la main, fléchi et plié mes doigts. Ils sont restés sans voix. « Comment est-ce possible ? » a demandé le médecin.

Je leur ai révélé mon secret, et je pense que tout le monde a ainsi appris quelque chose. Leur manière de penser en serait pour toujours changée.

Quelques heures auparavant, Linda, âgée seulement de seize ans, avait fait exactement la même chose devant un parterre d'étudiants en médecine. Elle leur avait appris — ainsi qu'à moi-même, d'ailleurs — ce qui avait de l'importance et de la valeur au terme d'une vie, et ce qui constituait une perte de temps et d'énergie. En vérité, l'écho des leçons de sa brève existence a résonné longtemps après sa mort.

Il y avait tant à apprendre sur la vie en écoutant les mourants.

18

LA VIE DE MÈRE

Lors de la demi-douzaine de cours que j'ai donnés — qui comprenaient des sujets autres que la mort — j'étais extrêmement motivée. Lorsque le professeur Margolin est rentré, j'ai eu l'impression que cette motivation était en train de disparaître. Je désirais tant la retrouver que j'ai demandé à faire une analyse à l'Institut de psychanalyse de Chicago, même si la perspective de passer des heures chaque jour allongée sur le divan d'un psychanalyste me révulsait profondément. Mais quand ma demande fut acceptée au début de 1963, j'ai compris qu'elle n'avait aucun sens. Et puis, j'ai eu la meilleure excuse pour renoncer à cette thérapie : j'étais enceinte.

Comme pour Kenneth, j'ai eu le pressentiment que je porterais ce bébé jusqu'à terme. Quoi qu'il en soit, je n'ai pris aucun risque. J'ai été jusqu'à subir une intervention chirurgicale mineure que mon obstétricien disait indispensable pour maintenir le bébé « dans le four », selon son expression. Pendant neuf mois, j'ai été en parfaite santé, tant sur le plan physique qu'émotionnel. Je n'avais aucun mal à maintenir l'équilibre entre ma vie professionnelle — je dirigeais un service réservé aux malades très gravement perturbés — et ma vie de famille. Kenneth, un bambin de trois ans joyeux et plein d'énergie, était tout excité à l'idée d'avoir un petit frère ou une petite sœur.

Le 5 décembre 1963, je perdais les eaux. Je venais juste de finir de donner un cours. Il était trop tôt pour commencer à avoir des contractions, mais je me suis assise à mon bureau et j'ai demandé à un étudiant de prévenir Manny. Étant donné qu'il travaillait dans le même immeuble, il est arrivé au bout de quelques minutes. Je me sentais parfaitement bien, mais il a insisté pour me ramener à la maison et appeler l'obstétricien. Celui-ci ne se montra pas particulièrement inquiet. Il me conseilla de me reposer et de venir le voir à son bureau lundi. « Restez au lit, contrôlez votre température et ne vous fatiguez pas », m'a-t-il dit.

C'était facile à dire pour un homme. S'il fallait que j'aille à l'hôpital le lundi, je devais faire quelques préparatifs. J'ai passé le week-end à congeler des repas pour Manny et Kenneth, et à ranger des vêtements dans ma valise. Le lundi matin, je me sentais toujours bien, mais ma paroi abdominale était devenue dure comme un roc au moment où je suis entrée en me dandinant comme un canard dans le bureau de l'obstétricien. Celui-ci parut très inquiet de cet état anormal. Il diagnostiqua une péritonite, une infection mortellement grave qui aurait pu être évitée si l'on m'avait examinée le jour où j'avais perdu les eaux.

On me transporta d'urgence jusqu'à l'hôpital catholique tout proche. Là, les nonnes ont préparé le travail, tandis que mon médecin m'informait que le bébé serait sans doute trop petit pour survivre. « En tout cas, il est certain qu'il ne supportera pas les analgésiques », ajouta-t-il. Au moment où il me disait cela, je souffrais déjà terriblement. Le simple fait de toucher mon ventre provoquait une douleur atroce, qui se manifestait par vagues, jusqu'à en devenir intolérable.

J'ai remarqué que les sœurs avaient disposé une table avec de l'eau bénite et tout le bric-à-brac nécessaire à un baptême. J'ai compris leur manège. Elles s'attendaient à ce que l'enfant décède. Au lieu de s'inquiéter de mon sort et de ma santé, elles voulaient s'assurer que tout était prêt pour baptiser le nouveau-né avant qu'il ne meure.

Pendant quarante-huit heures, j'ai été submergée par des vagues de souffrance chaque fois que je reprenais conscience. Manny est resté constamment à mon chevet, mais il ne pouvait rien faire pour m'aider à avancer dans le travail. À un moment donné, ma respiration a failli s'arrêter et, à plusieurs autres reprises, j'ai bien cru que j'allais mourir. Vers la fin, le médecin a tenté une péridurale pour soulager la douleur, mais ça n'a pas marché. Apparemment, les événements, en tout état de cause, devaient se dérouler de façon naturelle. Finalement, après deux jours de souffrances, j'ai entendu les pleurs d'un nouveau-né. Et puis, quelqu'un a dit : « C'est une fille ! »

Alors que tout le monde s'attendait à un enfant mort-né, Barbara était bien vivante et luttait pour le rester. Elle pesait un peu plus d'un kilo et demi. J'ai pu examiner brièvement son visage avant qu'une sœur ne me l'arrache pour la placer dans un incubateur. Plus tard, je ferais le rapprochement avec ma propre naissance : je ne pesais qu'un kilo et l'on ne donnait pas cher de mes chances de survie. Pour le moment, épuisée par ces interminables souffrances, j'avais juste assez d'énergie pour sourire à la naissance de cette petite fille que j'avais tant désirée, et j'ai alors sombré dans un sommeil profond, doux et paisible.

Après trois jours passés à l'hôpital, je suis rentrée à la maison. Malheureusement, on ne m'avait pas autorisée à emmener ma fille avec moi. Comme elle avait du mal à grossir, les médecins ont estimé qu'il était préférable qu'elle reste à l'hôpital jusqu'à ce qu'elle prenne des forces. Les pédiatres n'avaient pas du tout apprécié que je prétende pouvoir mieux m'occuper de mon bébé chez moi. Quoi qu'il en soit, après sept jours, j'ai revêtu ma blouse blanche et suis allée chercher Barbara moi-même à l'hôpital.

Maintenant, il ne manquait pas un détail au tableau. J'avais une maison, un mari et mes deux magnifiques enfants, Kenneth et Barbara. J'avais bien sûr beaucoup plus de tâches à accomplir à la maison. Mais je me souviens qu'un soir, à la cuisine, j'ai vu Kenneth bercer sa petite sœur sur ses genoux. Manny était dans son fauteuil, en train de lire. Mon petit monde semblait parfaitement en ordre.

Ce n'était qu'une illusion. Manny, l'unique neuropathologiste à Denver, éprouvait un sentiment croissant de frustration. Son travail ne le satisfaisait pas et il désirait ardemment davantage de stimulation intellectuelle. Je comprenais ce désir et je lui ai dit de chercher un autre poste. Je le suivrais là où il trouverait la meilleure opportunité pour nous deux. Au printemps 1965, j'ai emmené les enfants en vacances en Suisse, et lorsque nous sommes revenus, Manny avait trouvé deux postes pour nous deux, d'une part à Albuquerque, au Nouveau-Mexique, et d'autre part à Chicago. Le choix ne fut pas difficile à faire.

Au début de l'été, nous nous sommes installés à Chicago. Plus précisément, nous avons trouvé une maison moderne d'un étage à Marynook, une banlieue bourgeoise où ne régnait pas la ségrégation raciale. Manny avait accepté une proposition intéressante de la faculté du *Northwestern University Medical Center,* tandis que je rejoignais le service de psychiatrie du *Billings Hospital,* qui était associé avec l'université de Chicago. En outre, j'ai pris des dispositions pour entreprendre une analyse à l'Institut de psychanalyse de Chicago.

La psychanalyse ne m'intéressait que très modérément. Je n'y pensais même plus jusqu'à ce qu'un jour le téléphone sonne alors que j'étais en train de vider mes cartons de déménagement. La voix au bout du fil était celle d'un homme plutôt autoritaire, voire arrogant. Comme premier contact, c'était vraiment à vous dégoûter ! Mon interlocuteur m'informa que ma première séance avec un analyste soigneusement sélectionné par l'Institut avait été fixée au lundi suivant.

Je lui ai expliqué que nous venions tout juste de déménager, que nous n'avions pas encore de baby-sitter et que ce rendez-vous n'était pas très commode pour moi. Mais mes excuses ne l'intéressaient pas du tout.

À partir de là, les choses n'ont fait qu'empirer. À ma première séance, on m'a fait attendre quarante-cinq minutes. Lorsque mon analyste m'a fait entrer dans son cabinet, je me suis assise et j'ai attendu ses instructions, mais il ne disait rien. Le temps s'écoulait dans un silence tendu et éprouvant. L'analyste se contentait de me regarder d'un air furieux. J'avais l'impression de subir une séance de torture. Finalement, il m'a adressé la parole : « Vous comptez rester là longtemps sans rien dire ? »

J'ai préféré prendre cela comme une invitation à m'exprimer, et j'ai fait un effort pour évoquer mon enfance et la difficulté qu'avait représentée pour moi le fait d'être une triplée. Mais après quelques minutes, il m'a arrêtée. Il m'a dit qu'il ne comprenait rien à ce que je disais et en conclut que mon problème n'était pas difficile à déterminer. J'avais un défaut d'élocution. « Je ne sais pas pourquoi l'Institut vous a considérée comme apte à entreprendre une analyse didactique, m'a-t-il déclaré. Vous n'êtes même pas capable de vous exprimer. »

La coupe était pleine. Je suis sortie précipitamment et j'ai claqué violemment la porte derrière moi. Plus tard, ce soir-là, il m'a rappelée à la maison et m'a priée de retourner le voir pour une autre séance, ne serait-ce que pour mettre un terme à notre aversion mutuelle. Pour je ne sais quelle raison insensée, j'ai accepté. Mais la deuxième séance a duré encore moins longtemps que la première. J'en ai conclu que nous n'avions aucune sympathie l'un pour l'autre et que perdre son temps à chercher à en connaître les raisons n'avait strictement aucun sens.

Toutefois, je n'ai pas renoncé à faire une analyse. Je me suis finalement décidé à en entreprendre une avec le Dr Helmut Baum, qui m'avait été recommandé. Elle a duré trente-neuf mois. En fin de compte, j'ai réalisé que la psychanalyse avait son utilité. J'ai découvert certains aspects inconnus de ma personnalité — par exemple, la raison pour laquelle j'étais si têtue et si indépendante.

Je n'en suis pas pour autant devenue une fanatique de la psychiatrie classique. Ainsi, les percées pharmaceutiques de mon service annoncées à grand renfort de publicité m'ont laissée indifférente. Selon moi, on n'accordait pas assez d'importance au milieu familial et socioculturel des patients. En revanche, on accordait trop d'importance à la publication d'articles scientifiques et au prestige qui en résultait. J'avais l'impression que la psychiatrie traditionnelle s'intéressait davantage aux débats théoriques qu'au traitement des malades et de leurs problèmes.

C'est sans aucun doute pour cela que mon activité préférée était mon travail avec les étudiants en médecine. Ils aimaient discuter des idées nouvelles et des projets de recherche. Ils dévoraient les études de cas. Ils avaient hâte de passer à la pratique. Ils avaient aussi besoin de maternage. Bientôt, mon bureau devint un pôle d'attraction pour ces étudiants, qui répandirent la nouvelle : il y avait un endroit sur le campus où l'on pouvait exposer ses problèmes et ses opinions à une personne patiente et compréhensive. Je croyais bien que l'on m'avait posé toutes les questions possibles et imaginables. Mais un jour, on m'en a soumis une qui m'a fait prendre conscience que je n'étais pas à Chicago par hasard.

19

LES DERNIERS INSTANTS DE LA VIE

Ma vie était un numéro de jongleur qui aurait effrayé Freud et Jung. Outre le fait que je devais affronter les dangers de la circulation dans le centre de Chicago, trouver une femme de ménage et faire les courses, me battre avec Manny pour obtenir le droit d'avoir mon propre compte en banque, je devais également préparer mes cours et remplir mon rôle de consultant en psychiatrie pour les autres services. Par moments, j'avais le sentiment que je n'avais absolument pas la possibilité d'accepter d'autres responsabilités.

Pourtant, un jour de l'automne 1965, on a frappé à la porte de mon bureau. Quatre hommes du Séminaire théologique de Chicago se sont présentés et m'ont dit qu'ils recherchaient un article dans lequel la mort serait considérée comme la crise ultime que les individus aient à affronter. D'une manière ou d'une autre, ils avaient obtenu une transcription de mon premier cours magistral à Denver, mais quelqu'un leur avait dit que j'avais également rédigé un article, qu'ils n'avaient pu retrouver. Et c'était pour cela qu'ils étaient venus me voir en personne.

Quand je leur ai dit que cet article n'existait pas, ils furent très déçus. Je leur ai alors proposé de s'asseoir pour discuter un peu. Pour moi, il n'était guère surprenant que des séminaristes s'intéressent à la mort et aux derniers instants de la vie. Ils avaient autant de bonnes raisons de s'y intéresser que n'importe quel médecin. Ils étaient eux aussi confrontés à des mourants. La lecture de la Bible ne pouvait leur donner toutes les réponses aux questions qu'ils se posaient certainement sur la mort et les derniers instants de la vie.

Au cours de notre conversation, les séminaristes reconnurent leur impuissance et leur confusion lorsqu'il fallait donner une réponse aux questions que les gens leur posaient sur la mort. Aucun d'entre eux n'avait eu l'occasion de parler avec un mourant ou de voir un cadavre. Ils voulaient savoir si j'avais une quelconque idée de la manière dont ils pourraient connaître de telles expériences. Ils m'ont même proposé de m'accompagner lors de l'une de mes visites à un mourant. À ce moment-là, je ne savais pas qu'ils donnaient l'impulsion première à mon travail sur la mort et les derniers instants de la vie.

Durant la semaine qui suivit, j'ai pensé au fait que mon rôle de consultant en psychiatrie me mettait en contact avec des patients des services d'oncologie, de médecine interne et de gynécologie. Certains malades souffraient de maladies incurables; d'autres restaient seuls dans leur coin en proie à l'angoisse dans l'attente d'un traitement radiothérapique ou chimiothérapique, ou tout simplement d'un examen radiographique. Mais tous étaient angoissés, plongés dans la confusion et la solitude, et cherchaient désespérément quelqu'un à qui se confier. J'ai tenu ce rôle tout naturellement.

Il me suffisait de leur poser une question pour être immanquablement submergée par un flot de paroles.

C'est ainsi que, lors de mes visites dans les différents services, je me suis mise à chercher des mourants qui accepteraient de s'exprimer devant les séminaristes. J'ai demandé à plusieurs autres médecins s'ils avaient des mourants dans leurs services, mais ils ont eu des réactions indignées. Le médecin qui dirigeait le service où se trouvait le plus grand nombre de malades en phase terminale m'a non seulement interdit de parler à ses patients, mais il a en outre durement critiqué mes tentatives « d'exploiter les malades ». D'autre part, peu de médecins étaient prêts à reconnaître que certains de leurs malades se mouraient, aussi ma demande a dû leur paraître quelque peu radicale. J'aurais probablement dû me montrer plus diplomate.

Finalement, un médecin a attiré mon attention sur un vieillard qui se trouvait dans son service. L'homme se mourait d'un emphysème. Ce médecin m'a dit quelque chose du genre : « Essayez celui-là. De toute façon, vous ne pourrez plus lui faire de mal. » Je me suis immédiatement rendue à son chevet dans sa chambre. Manifestement très affaibli, il était relié à un appareil respiratoire. Mais son attitude fut exemplaire. J'ai voulu savoir s'il accepterait de répondre aux questions de quatre étudiants sur ce qu'il ressentait à ce moment-là de sa vie. J'ai eu le sentiment qu'il comprenait ma démarche. Toutefois, il m'a demandé de les faire venir tout de suite. « Non, ai-je répondu. Je vous les amènerai demain. »

Ma première erreur fut de ne pas l'avoir écouté. Il avait essayé de me faire comprendre qu'il lui restait peu de temps. Je ne l'ai pas écouté.

Le lendemain, je suis entrée dans sa chambre en compagnie des quatre étudiants, mais il s'était beaucoup affaibli, à tel point qu'il ne put prononcer que quelques mots. Cependant, il m'a reconnue et m'a fait comprendre qu'il nous avait vus en pressant sa main contre la mienne. Une larme coula sur sa joue. « Merci pour vos efforts », murmura-t-il. Après être restée à son chevet un petit moment, j'ai reconduit les étudiants dans mon bureau. Nous venions à peine d'arriver quand j'ai reçu un message m'apprenant que le vieil homme était mort.

J'ai eu vraiment honte d'avoir placé mes petites préoccupations avant les siennes, autrement plus urgentes. Le vieil homme était mort sans avoir pu partager avec un autre être humain ce que, la veille, il avait tant désiré exprimer. Finalement, j'ai trouvé un autre malade disposé à discuter avec mes séminaristes. Mais cette première leçon avait été rude, et je ne devais jamais l'oublier.

Il est possible que le plus grand obstacle que nous rencontrions dans nos efforts pour comprendre la mort est qu'il est impossible pour l'inconscient d'imaginer que notre vie puisse avoir une fin. La seule chose qu'il puisse comprendre est une interruption brutale et effrayante de la vie, une tuerie tragique, un meurtre ou l'une de ces affreuses maladies qui affectent l'humanité — tout cela évoquant une souffrance atroce. Pour un médecin, la mort a une autre signification. Elle signifie l'échec. J'ai été frappée de constater à quel point tout le personnel hospitalier évitait d'aborder le sujet de la mort.

Dans cet hôpital moderne, la mort constituait un événement triste, impersonnel et marqué par la solitude. Les patients en phase terminale étaient transférés dans des chambres à l'écart. Dans la salle des urgences, les malades gisaient dans un isolement total tandis que les membres de leurs familles et les médecins se demandaient s'il fallait ou non leur dire la vérité sur leur état. Selon moi, une seule question méritait d'être posée : « Comment lui dire la vérité ? » Si l'on m'avait interrogée sur la situation idéale pour un mourant, j'aurais décrit les derniers jours de ce fermier qui, quand j'étais petite, était mort paisiblement chez lui au milieu des siens. La vérité est toujours ce qu'il y a de mieux.

Les grandes avancées de la médecine ont convaincu les gens que la vie pouvait se dérouler sans souffrances. Étant donné que la mort était toujours associée à la douleur, les gens préféraient l'éviter. Les adultes n'y faisaient que rarement allusion. Les enfants étaient envoyés dans d'autres pièces lorsque l'issue fatale était proche. Mais les faits sont têtus. La mort fait partie de la vie. Elle représente même l'aspect le plus important de l'existence. Les médecins qui savaient si bien prolonger la vie n'avaient pas compris que la mort en faisait partie intégrante, que si l'on n'avait pas eu une bonne vie, y compris dans ses derniers instants, on ne pouvait avoir une belle mort.

La nécessité d'explorer ces questions sur un plan théorique et scientifique était impérieuse, et il était inévitable que la responsabilité de cette démarche retombât sur mes épaules. Tout comme ceux de mon mentor le professeur Margolin, mes cours magistraux sur la schizophrénie et d'autres maladies mentales étaient considérés, à la faculté de médecine, à la fois comme non conformistes et accessibles à tous. Mon expérience avec les quatre séminaristes fut débattue par les étudiants les plus audacieux et les plus curieux. Peu avant Noël, une demi-douzaine d'étudiants issus des facultés de médecine et de théologie m'ont demandé si je pouvais organiser une autre rencontre avec un mourant.

J'ai dit que je ferais mon possible et, six mois plus tard, au milieu de l'année 1967, j'animais un séminaire chaque vendredi. Pas un seul professeur de l'hôpital n'est venu assister à mes séminaires, ce qui montre bien dans quelle estime ils les tenaient. Peu importe, mes séminaires avaient un immense succès auprès des étudiants en médecine et en théologie, ainsi qu'auprès d'un nombre surprenant d'infirmières, de prêtres, de rabbins et d'assistantes sociales. Comme la salle était trop petite pour accueillir tout ce monde, j'ai déplacé le lieu du séminaire dans une grande salle de conférences. En outre, je pris la décision d'interroger le mourant dans une pièce plus petite, équipée d'une glace sans tain et d'un système de sonorisation, afin qu'il y ait au moins un semblant d'intimité.

Chaque lundi, je partais en quête d'un nouveau malade. Ce n'était jamais facile, étant donné que la plupart des médecins me considéraient comme un esprit malsain et voyaient mes séminaires comme une forme d'exploitation de la détresse des mourants. Mes collègues les plus diplomates me disaient en général que leurs patients n'étaient malheureusement pas de bons candidats. La plupart des médecins se contentaient de m'interdire tout contact avec leurs malades gravement atteints. C'est ainsi qu'un après-midi, le téléphone a sonné alors que je recevais un groupe de prêtres et d'infirmières dans mon bureau. Au bout du fil, un médecin hors de lui m'a apostrophée en ces termes : « Comment osez-vous évoquer les derniers instants de la vie devant Mme K., alors qu'elle ne sait même pas à quel point elle est malade et qu'elle pourrait rentrer une dernière fois chez elle ? »

C'était bien là le problème. Les médecins qui boycottaient mon travail et mes séminaires avaient généralement des patients qui, malheureusement, avaient du mal à assumer leurs maladies. Et comme ces médecins étaient pratiquement incapables d'assumer leurs propres angoisses à ce sujet, les malades n'avaient aucune possibilité d'évoquer leurs graves tourments.

Mon but était de percer la carapace de refus et de rejet de la mort derrière laquelle s'abritaient les médecins et qui empêchait les patients d'exprimer leurs inquiétudes les plus profondes. Je me souviens de mes vaines recherches d'un patient « adéquat » à interviewer. Les uns après les autres, les médecins m'ont informée qu'il n'y avait aucun mourant dans leurs services. Par la suite, j'ai aperçu dans le couloir un vieil homme qui était en train de lire un article intitulé : « Les vieux soldats ne meurent jamais. » Apparemment, sa santé n'était pas bonne et je lui ai demandé si le fait de lire un article sur un tel sujet ne l'inquiétait pas. Il m'a alors regardée d'un air dédaigneux comme si j'étais l'un de ces docteurs qui préfèrent ne pas voir la réalité en face. Mais, finalement, il s'est révélé l'un de mes meilleurs sujets.

À la réflexion, je pense que le fait d'être une femme a amplifié la résistance à laquelle je me suis heurtée. Ayant subi quatre fausses couches et donné naissance à deux enfants en bonne santé, j'acceptais la mort comme un aspect naturel du cycle de la vie. Je n'avais pas d'autre choix. La mort est inéluctable. Elle constitue un risque que l'on assume lorsque l'on enfante, tout comme elle représente un risque que l'on accepte du seul fait que l'on est en vie. Mais la majeure partie des médecins étaient des hommes et, à l'exception d'une petite minorité, ils considéraient la mort comme une sorte d'échec.

Aux premiers temps de ce qui deviendrait plus tard la thanatologie — ou l'étude de la mort — mon plus grand maître fut une femme de ménage noire. Je ne me souviens plus de son nom, mais je la rencontrais régulièrement dans les couloirs, de jour comme de nuit, selon nos périodes de travail respectives. Ce qui a attiré mon attention sur elle, c'est l'effet qu'elle produisait sur bon nombre de malades gravement atteints. Chaque fois qu'elle quittait leurs chambres, j'ai remarqué qu'ils changeaient nettement d'attitude.

J'ai voulu connaître son secret. Folle de curiosité, j'ai littéralement espionné cette femme qui n'avait jamais achevé ses études secondaires mais n'en détenait pas moins un grand secret.

Et puis, un jour, je l'ai croisée dans un couloir. Soudain, je me suis sermonnée pour me résoudre à faire ce que j'avais toujours demandé à mes étudiants : « Pour l'amour du ciel, si vous avez une question à poser, posez-la ! » Rassemblant tout mon courage, je me suis dirigée tout droit sur cette femme de ménage — une approche un peu agressive qui, j'en suis sûre, l'a choquée — et, sans la moindre délicatesse, je lui ai dit de but en blanc : « Qu'est-ce que vous fabriquez avec mes mourants ? »

Naturellement, elle s'est mise sur la défensive. « Je ne fais que nettoyer leurs chambres, m'a-t-elle dit poliment. — Mais je ne vous parle pas de ça », lui ai-je dit. Mais elle était déjà partie, sans vouloir m'écouter.

Au cours des deux semaines qui suivirent, nous nous sommes observées avec méfiance. C'était presque un jeu. Finalement, un après-midi, elle m'a abordée dans le couloir et m'a entraînée dans une petite pièce derrière l'infirmerie. Le spectacle en valait la peine : une femme, maître de conférences, vêtue de blanc, emmenée de force par cette humble femme de ménage noire. Lorsque nous nous sommes retrouvées complètement seules, là où personne ne pouvait nous entendre, elle a mis son âme à nu en me racontant l'histoire tragique de sa vie, une histoire qui dépassait ma compréhension.

Elle avait grandi dans la pauvreté et la misère dans le *South Side* de Chicago. Elle habitait dans un immeuble où il n'y avait ni chauffage ni eau chaude et où les enfants souffraient constamment de malnutrition et de maladies diverses. Comme la plupart des pauvres, elle n'avait aucun moyen de défense contre la maladie ou la faim. Les enfants remplissaient leurs ventres vides avec de la bouillie d'avoine bon marché et n'avaient pas accès aux soins médicaux. Un jour, son petit garçon de trois ans est tombé très malade à cause d'une pneumonie. Elle l'a emmené à la salle des urgences de l'hôpital municipal, mais on refusa de l'y admettre parce qu'elle leur devait dix dollars. Désespérée, elle se rendit à pied jusqu'au *Cook County Hospital,* un établissement qui avait l'obligation d'accepter les personnes indigentes.

Là, malheureusement, il y avait une multitude de nécessiteux comme elle, des gens qui avaient dramatiquement besoin de soins médicaux. On lui dit d'attendre. Mais, après trois heures d'attente, son petit garçon se mit à respirer avec peine, puis à suffoquer jusqu'à ce qu'il meure dans ses bras.

Bien qu'il fût impossible d'être insensible à cette tragédie, c'est surtout la manière dont cette femme racontait son histoire qui m'a frappée. Elle était bien sûr profondément triste, mais son attitude était dépourvue de toute négativité, amertume ou ressentiment. Au contraire, elle affichait une tranquillité presque effrayante. Cela m'a semblé si étrange et j'étais si naïve à l'époque que j'ai failli lui demander : « Pourquoi me racontez-vous tout cela ? Qu'est-ce que cela a à voir avec mes patients mourants ? » Mais elle m'a regardée avec ses yeux noirs, pleins de douceur et de compréhension, et m'a répondu comme si elle avait lu dans mes pensées. « Voyez-vous, la mort n'est pas une inconnue pour moi. C'est une vieille, une très vieille connaissance. »

Maintenant, je me trouvais dans la situation d'un élève face à son professeur. « Elle ne me fait plus peur maintenant, continua-t-elle de son ton calme et direct. Parfois, lorsque j'entre dans la chambre de ces patients, je m'aperçois qu'ils sont paralysés de peur et qu'ils n'ont personne à qui parler. Alors, je vais à leur chevet. Parfois il m'arrive de leur prendre la main et de leur dire de ne pas s'inquiéter, que ce n'est pas si terrible. » Puis elle se tut.

Peu de temps après, j'ai fait de cette femme de ménage ma première assistante. Elle m'a apporté le soutien que personne d'autre n'a voulu me donner. Ce seul fait a représenté pour moi une grande leçon que je me suis efforcée par la suite de transmettre. Il n'est nul besoin d'avoir un gourou pour évoluer. On peut tirer un enseignement de n'importe qui : enfants, malades en phase terminale, femmes de ménage... Toutes les théories et toute la science du monde ne pourront jamais aider autant quelqu'un qu'un être humain qui ne craint pas d'ouvrir son cœur à son semblable.

Je tiens à remercier les rares médecins compréhensifs qui m'ont permis d'aborder leurs patients mourants. Ces visites préliminaires se déroulaient selon un schéma simple et immuable. Portant ma blouse blanche, sur laquelle mon nom et mon titre — « Consultant en psychiatrie » — étaient inscrits, je leur ai demandé s'ils accepteraient de répondre à mes questions sur leur maladie, leur hospitalisation, etc., devant mes étudiants. Je n'utilisais jamais les mots « mort » et « mourant » tant qu'ils ne les prononçaient pas eux-mêmes. Seuls leurs noms, âges et diagnostics m'importaient. D'ordinaire, le patient donnait son accord au bout de quelques minutes. En fait, je n'arrive pas à me souvenir d'un seul refus.

L'auditorium était généralement comble trente minutes avant l'heure de la conférence. Quelques minutes avant le cours, j'accompagnais moi-même le patient qui était allongé sur une civière ou assis dans un fauteuil roulant dans la salle d'interview. Avant de commencer, je m'isolais quelques instants pour dire une sorte de prière où je demandais que le patient ne subisse aucun préjudice et que mes questions lui permettent de transmettre ce qu'il avait besoin de communiquer aux autres. C'était un peu comme la prière des Alcooliques Anonymes :

Mon Dieu, donnez-moi la Sérénité
d'accepter les choses que je ne puis changer,
le Courage de changer les choses que je peux,
et la Sagesse d'en connaître la différence.

Dès que les malades commençaient à s'exprimer — certains d'entre eux pouvaient à peine chuchoter ce qu'ils avaient à dire —, il était difficile de les arrêter, tellement ils avaient été contraints de refouler le flot d'émotions qui les agitaient. Ils ne perdaient pas leur temps en propos insignifiants. La plupart d'entre eux disaient qu'ils avaient compris la gravité de leur état, non pas de la bouche de leurs médecins, mais du fait d'un changement d'attitude des membres de leurs familles et de leurs amis. Soudain, ceux-ci devenaient distants et déloyaux, privant ainsi ces malades de la seule chose dont ils avaient désespérément besoin : la vérité. La plupart d'entre eux avaient le sentiment que leurs infirmières faisaient preuve de plus de compassion que leurs médecins. « Maintenant, vous avez l'occasion unique de demander des explications à ces médecins », leur disais-je.

J'ai toujours dit que les mourants étaient mes meilleurs maîtres, mais il fallait du courage pour les écouter. Ils exprimaient sans détour leur mécontentement à propos des soins médicaux — non pas les soins physiques, mais le manque de compassion et de compréhension. Des médecins chevronnés accusaient le coup lorsque les malades les décrivaient comme des personnes insensibles, anxieuses et incompétentes. Je me souviens d'une femme qui s'était littéralement écriée : « Mes médecins ne s'intéressent qu'à la taille de mon foie. Au point où j'en suis, que m'importe la taille de mon foie ? J'ai quatre enfants à la maison qui ont besoin de moi. C'est ça qui me tue. Et personne ne me parlera de ce problème ! »

À la fin de ces interviews, les patients se sentaient soulagés. Bon nombre de ceux qui avaient perdu tout espoir et qui se sentaient inutiles se délectaient de leur nouveau rôle d'enseignants. Même s'ils se mouraient, ils avaient pris conscience qu'ils pouvaient encore avoir un but dans leur vie, qu'ils auraient une raison de vivre jusqu'à leur dernier soupir. Ils évoluaient encore, tout comme les personnes qui les écoutaient.

Après chaque interview, je reconduisais les patients dans leurs chambres, puis je retournais à la salle de conférences pour engager avec l'auditoire une discussion animée et dotée d'une forte charge émotionnelle. En dehors de l'analyse des réponses du patient, nous examinions nos propres réactions. Certaines confessions étaient stupéfiantes de franchise. « Je ne me souviens pas d'avoir vu une personne décédée », dit une femme médecin à propos de sa peur de la mort, qui l'avait conduite à éviter tout contact avec celle-ci. « Je ne sais quoi dire », admit un prêtre, commentant ainsi son incapacité de répondre aux questions des malades en se référant à la seule Bible. « Alors je ne dis rien. »

Lors de ces discussions, des médecins, des prêtres et des assistantes sociales étaient confrontés à leur impuissance et à leurs mécanismes de défense. Ils analysaient leurs peurs et les surmontaient. En écoutant ces mourants, chacun d'entre nous comprenait ses erreurs passées et ce qu'il pourrait améliorer dans le futur.

Quand je raccompagnais un mourant après une séance dans la salle de conférences, sa vie me faisait toujours penser à « l'une de ces millions de lumières dans un ciel immense qui brillent l'espace d'un instant pour finalement disparaître à jamais dans la nuit infinie ». Les leçons que chacun de ces mourants nous a enseignées se résument à ce même message :

Vis sans éprouver de regrets vis-à-vis du passé et en ayant la certitude que tu n'as pas perdu ton temps.

Vis de telle manière que tu n'aies pas à regretter ce que tu as fait.

Vis pleinement et honnêtement ta vie.

Vis !

20

LE CŒUR ET L'ÂME

Dans ma recherche constante de nouveaux patients aptes à participer à mes séminaires du vendredi, j'en suis venue à adopter une sorte de rituel consistant à roder le soir dans les couloirs de l'hôpital avant de rentrer chez moi. Rares parmi mes collègues étaient ceux qui voulaient m'aider. À la maison, Manny était souvent contraint d'écouter mes imprécations marquées par la déception jusqu'à ce qu'il perde patience. Il avait son propre travail. J'avais souvent le sentiment d'être la personne la plus seule de tout l'hôpital, si seule qu'un soir je suis allée voir l'aumônier à son bureau.

Sans m'en rendre compte, je venais d'avoir une idée formidable. L'aumônier de l'hôpital, le révérend Renford Gaines, se trouvait à son bureau. C'était un bel et grand Noir d'une trentaine d'années. Ses mouvements, comme ses paroles, étaient lents et réfléchis. Je connaissais bien le révérend Gaines parce qu'il venait à mes séminaires. Il y assistait régulièrement et figurait parmi ceux de mes étudiants qui s'y intéressaient le plus. Dans ces conditions, il n'est pas surprenant que ce qu'il apprenait durant mes séminaires l'aidât à conseiller les mourants et leurs familles.

Ce soir-là, le révérend Gaines et moi nous trouvions sur la même longueur d'onde. Nous pensions tous deux que ce travail sur la mort nous avait révélé que les véritables questions que se posent les mourants concernent avant tout la vie, et non la mort. Ces malades recherchaient surtout l'honnêteté, la paix de l'âme et souhaitaient clore au mieux le dernier chapitre de leur histoire. Cela montrait bien que la façon dont on meurt dépend de la manière dont on a vécu. Cette découverte impliquait l'univers concret comme l'univers philosophique, le psychologique comme le spirituel — en d'autres termes, les deux univers dont nous nous occupions tous deux.

Au cours des quelques semaines qui suivirent, nous avons discuté, lui et moi, pendant des heures, ce qui généralement m'empêchait de rentrer à temps à la maison pour préparer le dîner. C'étaient des conversations extrêmement enrichissantes, tant pour lui que pour moi. Pour quelqu'un comme moi qui avais été éduquée dans les lumières de la science, le monde spirituel du révérend Gaines constituait une nourriture de l'esprit que je dévorais avec gourmandise. D'ordinaire, j'évitais d'aborder les questions spirituelles dans mes séminaires et mes conversations avec les patients, car j'étais avant tout psychiatre. Mais l'intérêt que manifestait le révérend Gaines pour mes travaux m'a offert une opportunité unique. Grâce à sa formation, il m'a permis d'étendre le champ de mon travail pour y inclure la religion.

Durant l'une de nos conversations, j'ai demandé à mon nouvel ami de travailler avec moi. Grâce à Dieu, il a accepté. Depuis lors, le révérend Gaines m'a accompagnée pendant mes visites aux malades en phase terminale et m'a prêté son concours durant mes séminaires. Du point de vue du style, nous nous complétions parfaitement. Je cherchais à savoir ce qui se passait dans la tête du patient, tandis que le révérend Gaines s'occupait de son âme. Notre duo de questionneurs faisait penser à une partie de ping-pong acharnée. Les séminaires n'en sont devenus que plus riches et plus sérieux.

C'était d'ailleurs l'avis de bon nombre de gens, parmi lesquels, et c'était l'essentiel, les patients eux-mêmes. Seul un malade sur deux cents refusa d'aborder les problèmes consécutifs à sa maladie. Peut-être vous interrogez-vous sur ce qui les motivait à ce point ? Eh bien, examinons le cas du premier patient que le révérend Gaines et moi-même avons présenté. Mme G., une femme d'un certain âge, était atteinte d'un cancer depuis des mois et, durant son hospitalisation, elle a tout fait pour que les membres de sa famille et les infirmières souffrent tout autant qu'elle. Mais, après plusieurs semaines d'entretiens, le révérend Gaines a réussi à apaiser sa colère et à reconstruire sa vie relationnelle de telle sorte qu'elle s'est remise à parler de manière authentique avec ses proches et à apprécier leur compagnie. Elle les aimait à nouveau et ils le lui rendaient bien.

Au moment de notre séminaire, Mme G. était certes une coquille fragile du point de vue physique, mais c'était également un être complètement transformé. « Je n'ai jamais vécu de manière aussi intense de toute ma vie d'adulte », reconnut-elle.

La reconnaissance la plus inattendue de notre travail s'est présentée au début de l'année 1969.

Les triplées en 1928. De gauche à droite : Elisabeth, Eva et Erika.
(Coll. de l'auteur, photo J. Gaberell.)

De gauche à droite, Erika, Ernst, Eva, Elisabeth.
(Coll. de l'auteur.)

La famille Kübler, vers 1942. De gauche à droite : Elisabeth, sa mère, Eva, Ernst, son père et Erika. *(Coll. de l'auteur, photo Wilhelm Pleyer.)*

Emma et Ernst Kübler, 1951.
(Coll. de l'auteur, photo Holliger-Rippstein.)

De gauche à droite : Manny, Elisabeth et le professeur Amsler. *(Coll. de l'auteur.)*

Elisabeth et Manny skiant à Innsbruck, Autriche, 1954.
(Coll. de l'auteur.)

Elisabeth et Manny, lors d'un séjour en Suisse, 1955.
(Coll. de l'auteur.)

Elisabeth avec sa première trousse de médecin.
(Coll. de l'auteur.)

Le docteur Kübler, lors d'une de ses premières visites à domicile.
(Coll. de l'auteur.)

Elisabeth et Manny, le jour de leur mariage, 1958.
(Coll. de l'auteur.)

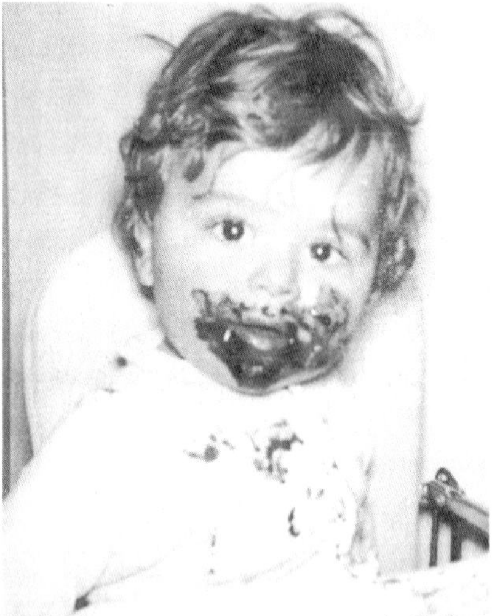

Kenneth Ross après sa première tablette de chocolat, 1961.
(Coll. de l'auteur.)

Elisabeth et Louise, une participante à un stage « Vie, mort et Transition », vers 1977. *(Photo Mal Warshaw, tirée du livre* To Live until We Say Goodbye, *d'Elisabeth Kübler-Ross et Mal Warshaw, publié par Fireside, © 1978.)*

Elisabeth et Mère Teresa, dans les années 70. *(Coll. de l'auteur.)*

Elisabeth jardinant à Flossmoor, en 1973. *(© Ken Ross.)*

Elisabeth à Assouan, Egypte, 1980. *(©Ken Ross.)*

L'entrée de la ferme, Healing Waters.
(© Ken Ross.)

Elisabeth (au centre) et ses amis chantant lors de la cérémonie d'inauguration du centre d'Healing Waters, en Virginie. *(© Ken Ross.)*

Elisabeth dans sa ferme de Virginie, 1991.
(© Ken Ross.)

La famille Kübler-Ross, vers 1988. De gauche à droite : Kenneth, Manny, Barbara, Elisabeth. *(© Ken Ross.)*

Barbara et Manny, 1991. *(© Ken Ross.)*

J'animais mes séminaires depuis plus de trois ans, quand une délégation du Séminaire luthérien de Chicago, nos voisins, a demandé à être reçue. Je m'attendais à un débat houleux. Au lieu de cela, ils m'ont invitée à rejoindre leur faculté. Évidemment, j'ai tout fait pour me sortir de ce pétrin en leur fournissant toutes sortes d'excuses, parmi lesquelles mon horreur de la religion. Mais ils ont insisté. « Nous ne vous demandons pas d'enseigner la théologie, m'ont-ils expliqué. Nous faisons cela très bien nous-mêmes. Mais nous pensons que vous pouvez nous montrer ce qu'est un véritable sacerdoce dans la pratique. »

Il était difficile de les contredire, car je pensais moi aussi qu'il serait bon pour eux de recevoir un enseignement laïque sur l'accompagnement des mourants. Mis à part le révérend Gaines et les étudiants en théologie, mes expériences avec les religieux avaient été lamentables. Depuis des années, la plupart des malades qui avaient souhaité à parler aux aumôniers de l'hôpital avaient été déçus. « Tout ce qu'ils savent faire, c'est nous lire des passages de leur Bible », m'ont dit ces patients à de multiples reprises. Au lieu de poser les vraies questions, l'aumônier, qui ne savait pas trop quelle conduite adopter, proférait quelque citation bien commode, puis sortait rapidement de la chambre.

Tout cela causait plus de mal que de bien. Je peux en fournir la preuve en vous racontant les mésaventures d'une fillette de douze ans prénommée Liz que j'ai rencontrée plusieurs années après ma rencontre avec ces luthériens. Se mourant d'un cancer, Liz fut ramenée chez elle, où j'aidais sa mère, son père et ses trois frères et sœurs à résoudre les divers problèmes qu'entraînait la lente détérioration de son état. Au bout d'un certain temps, cette petite fille, qui n'avait plus que la peau sur les os et une énorme tumeur qui gonflait son ventre, comprit la gravité de son état mais n'en refusait pas moins de mourir. « Comment se fait-il que tu ne puisses pas mourir ? lui ai-je demandé.

— Parce que je ne peux pas aller au paradis, dit-elle, les larmes aux yeux. Les prêtres et les sœurs m'ont dit que personne ne peut aller au ciel s'il n'aime pas Dieu plus que n'importe qui d'autre sur terre. » Elle se mit à pleurer de plus belle. Puis, elle s'est rapprochée de moi. « Docteur Ross, j'aime mon papa et ma maman plus que n'importe qui d'autre sur cette terre. »

Au bord des larmes moi-même, je lui ai dit de manière symbolique que Dieu la mettait ainsi à l'épreuve. Un peu comme lorsque ses professeurs confiaient les problèmes les plus ardus aux meilleurs élèves. Elle a compris et m'a dit : « C'est bien la tâche la plus difficile que Dieu puisse donner à un enfant. »

Cela l'a aidée, et quelques jours plus tard Liz put finalement accepter de quitter ce monde. Mais voilà bien le genre d'histoires qui m'ont fait prendre en horreur la religion.

Mais revenons à mes luthériens. Finalement, ils ont réussi à me persuader d'accepter ce poste d'enseignant. Ma première conférence, qui eut lieu seulement deux semaines après cette rencontre, s'est déroulée devant un auditorium plein à craquer. Personne ne m'a posé de questions sur mes sentiments vis-à-vis de la religion, pas même lorsque j'ai contesté leur notion du péché. « Mis à part le fait qu'il favorise la culpabilité et la peur, qu'y a-t-il de bon dans le concept de péché ? Son seul mérite est de remplir les salles d'attente des psychiatres ! » ai-je ajouté en riant pour leur faire comprendre qu'en disant cela je me faisais aussi l'avocat du diable.

Lors des cours suivants, j'ai essayé de les amener à vérifier la solidité de leur engagement en tant que pasteurs. S'ils pensaient qu'il était difficile d'expliquer les raisons pour lesquelles le monde avait besoin de plusieurs confessions religieuses, souvent opposées entre elles — alors qu'elles s'efforcent toutes d'enseigner la même sagesse fondamentale —, ils se préparaient un futur particulièrement rude.

J'ai connu un tel succès que les responsables du séminaire m'ont demandé si j'accepterais de sélectionner les étudiants les plus prometteurs et d'éliminer ceux qui manifestement n'étaient pas à la hauteur. C'était une idée intéressante. Environ un tiers des étudiants avec qui je me suis entretenue ont fini par quitter le séminaire. La plupart sont devenus des travailleurs sociaux ou ont poursuivi leurs études dans un domaine connexe. Dans l'ensemble, l'expérience consistant à enseigner aux étudiants et à les interroger était fascinante. Mais j'ai arrêté après un semestre. Même si j'étais un bourreau de travail, mon emploi du temps était vraiment trop surchargé.

Une de mes conférences avait été particulièrement intéressante. Le fait qu'un mourant puisse apprendre énormément de choses aux étudiants ne me surprenait jamais. Je savais par ailleurs que les étudiants apprenaient beaucoup de choses par eux-mêmes. Le fait d'être la seule à recueillir des louanges me mettait souvent mal à l'aise. En fait, mon plus grand cauchemar était de me retrouver seule sur l'estrade — ne serait-ce que dix minutes — sans patient. Cette seule pensée me paniquait. Qu'allais-je bien pouvoir leur dire ?

Et puis, un jour, mon cauchemar s'est réalisé. Dix minutes avant le début d'un séminaire, le patient que je devais interviewer mourut de manière inattendue. Étant donné que quatre-vingts personnes attendaient dans l'auditorium — certains venaient d'assez loin —, je ne voulais pas annuler le séminaire. D'un autre côté, il m'était impossible de trouver un autre patient. Paralysée dans le couloir, d'où je pouvais entendre le bourdonnement des conversations à l'intérieur de l'auditorium, je n'avais aucune idée de ce que je pourrais faire sans un patient — celui que je présentais toujours comme le seul véritable enseignant.

Mais lorsque je suis montée sur l'estrade, je me suis laissé guider par l'inspiration et ce cours devait se révéler tout à fait exceptionnel. Étant donné que la majorité des gens présents dans la salle travaillaient à l'hôpital ou à la faculté de médecine ou bien avaient une relation quelconque avec ces institutions, j'ai voulu savoir quel était le plus gros problème qu'ils rencontraient dans leur travail quotidien. Au lieu de discuter avec un patient, nous évoquerions leurs difficultés. « Parlez-moi des difficultés majeures auxquelles vous vous heurtez », leur ai-je demandé.

Au début, la salle est restée parfaitement silencieuse, mais après quelques instants de flottement, plusieurs mains se sont levées. À ma grande surprise, les deux premières personnes qui se sont exprimées ont raconté qu'un certain médecin — en fait un chef de service qui s'occupait exclusivement de cancéreux très gravement atteints — représentait un vrai problème. Il était brillant, expliquèrent-ils, mais dès que l'on osait insinuer que l'un de ses patients ne réagissait peut-être pas au traitement, il répliquait sèchement et méchamment. D'autres personnes dans l'auditoire, qui connaissaient ce médecin, manifestèrent leur assentiment d'un signe de tête.

Même si je n'ai rien dit, j'ai immédiatement reconnu ce médecin, en raison des nombreuses prises de bec que j'avais eues avec lui. Je ne pouvais supporter son attitude brusque, son arrogance et sa malhonnêteté. À deux reprises, dans mes fonctions de chef du service interdisciplinaire de médecine psychosomatique, on m'a demandé d'examiner ses patients en phase terminale. Il avait dit à l'un que son cancer était guéri, et à l'autre qu'elle irait beaucoup mieux dans quelque temps. En réalité, les radiographies des deux malades ont montré de grandes métastases inopérables.

Manifestement, ce médecin avait grand besoin de consulter un psychiatre. Il avait un sérieux problème avec la mort et les mourants, mais je ne pouvais le dire à ses patients. Je ne pouvais pas leur venir en aide en critiquant quelqu'un d'autre, surtout quelqu'un en qui ils avaient confiance.

Mais un séminaire est quelque chose de différent. Nous avons imaginé que le Dr M. était le patient et avons évoqué les problèmes que nous avions avec lui. Ensuite, nous avons cherché à savoir ce que ces problèmes nous apprenaient sur nous-mêmes. Presque toutes les personnes présentes reconnurent avoir eu des préjugés contre des collègues — médecins ou infirmières — qui avaient des problèmes. Ils les jugeaient selon d'autres critères que ceux qu'ils retenaient pour des patients normaux. J'étais d'accord et j'ai utilisé mes propres sentiments envers le Dr M. comme exemple. « On ne peut aider quelqu'un si on n'éprouve pas au moins une certaine affection pour lui », dis-je.

Mais ensuite, j'ai posé cette question : « Y a-t-il dans cette salle une personne qui aime cet homme ? »

Au milieu d'une foule qui la regardait de manière hostile en ricanant, une jeune femme a levé la main, lentement et avec hésitation. « Êtes-vous malade ? » lui ai-je demandé, mi-ironique, mi-stupéfaite. Un gros rire traversa alors la salle. Alors, cette infirmière se leva et, dans une attitude empreinte de noblesse, dit calmement : « Vous ne connaissez pas cet homme. Vous ne connaissez pas sa véritable personnalité. » Le silence se fit dans la salle. De sa voix frêle, elle nous raconta dans le détail comment le Dr M. commençait ses visites tard le soir, des heures après que les autres médecins étaient rentrés chez eux.

« Il commence sa tournée par la chambre la plus éloignée du poste d'infirmières et revient progressivement vers l'endroit où je me trouve habituellement, expliqua-t-elle. Il pénètre dans la première chambre bien droit, apparemment confiant et maître de lui. Mais chaque fois qu'il sort d'une chambre, son dos se voûte un peu plus. Son allure ressemble de plus en plus à celle d'un vieil homme. » L'infirmière rejoua ce drame nocturne, forçant ainsi chacun à se représenter la scène. « Au moment où il quitte la chambre du dernier malade, ce médecin a l'air accablé. On peut se rendre compte que son travail ne lui apporte ni joie, ni espoir, ni satisfaction. »

Si le simple fait d'être témoin soir après soir de cette situation dramatique avait tant affecté cette infirmière, vous pouvez imaginer à quel point ce médecin pouvait être désespéré ! Lorsque l'infirmière révéla qu'elle avait depuis longtemps le grand désir de réconforter le docteur en posant la main sur son épaule comme l'aurait fait un ami, et de lui dire qu'elle savait combien son travail était dur et peu gratifiant, toute la salle se mit à pleurer. Mais le système de castes de l'hôpital interdisait ce genre d'attitude humaine. « Je ne suis qu'une infirmière », dit-elle.

Pourtant, ce type de compassion et de compréhension amicale était précisément ce dont ce médecin avait besoin, et comme cette jeune infirmière était la seule personne dans la salle qui éprouvait de l'affection pour lui, il lui revenait de lui venir en aide. Je lui ai dit qu'elle devait se forcer à faire ce geste. « N'y pensez pas, lui ai-je dit. Contentez-vous de faire ce que votre cœur vous commande de faire. » Puis, j'ai ajouté : « Si vous lui venez en aide, vous aiderez par la même occasion des milliers et des milliers de personnes. »

Après une semaine de vacances, alors que j'étais en train de rattraper le temps perdu au bureau, la porte s'est brusquement ouverte et une jeune femme est entrée en trombe dans la pièce. C'était l'infirmière de ce fameux séminaire. « Je l'ai fait ! me dit-elle. Je l'ai fait ! »

Le vendredi précédent, elle avait observé le Dr M. pendant sa tournée, laquelle, comme à l'accoutumée, l'avait profondément accablé. Ce drame se répéta le samedi, mais deux événements rendirent sa tournée encore plus triste. Deux de ses patients moururent ce jour-là. Le dimanche, elle le vit sortir de la dernière chambre, voûté et déprimé. Se forçant à agir, elle s'approcha de lui et fit un immense effort pour oser le toucher. Mais, avant même de le prendre par le bras, elle ne put s'empêcher de s'exclamer : « Mon Dieu, comme ce doit être dur ! »

Alors, tout d'un coup, le Dr M. lui saisit le bras et la tira dans son bureau. Derrière la porte close, il exprima devant elle toute la douleur, tout le chagrin et toute l'angoisse qui l'accablaient. Il lui raconta qu'il avait dû faire toutes sortes de sacrifices pour franchir avec succès les différentes étapes de ses études à la faculté de médecine, que ses amis avaient déjà des postes et des revenus alors qu'il commençait son internat, et qu'il avait toujours rêvé de bien soigner ses patients alors que les collègues de sa génération fondaient une famille et se faisaient construire des résidences secondaires. Jusqu'ici il avait surtout consacré son temps à apprendre sa spécialisation, au détriment de sa vie privée. Maintenant, finalement, il était directeur de son service. Son poste lui permettait réellement d'améliorer la situation de ses patients.

« Mais ils meurent tous, dit-il en sanglotant. L'un après l'autre. Ils meurent tous dans mes bras. »

Après avoir écouté cette histoire lors du séminaire suivant sur « La Mort et les Derniers Instants de la vie », tout le monde comprit l'extraordinaire pouvoir thérapeutique que tout être possède en lui, simplement en agissant selon son cœur. Dans l'année qui suivit, le Dr M. commença une série de consultations psychiatriques avec moi. Trois ans plus tard, il s'engageait dans une psychothérapie en bonne et due forme. Sa vie s'était améliorée de manière spectaculaire. Au lieu d'être condamné à vivre dans un état dépressif permanent, le Dr M. avait redécouvert les merveilleuses qualités de compassion et de compréhension qui l'avaient poussé à devenir médecin. Si seulement il savait combien de gens j'ai pu aider simplement en leur racontant son histoire !...

21

MA MÈRE

Cela aurait dû être parfait, l'image même du bonheur. En 1969, nous nous sommes installés dans une magnifique maison à Flossmoor, une banlieue très chic. Mon nouveau jardin était si vaste que Manny et les enfants m'ont offert un mini-tracteur pour mon anniversaire. Manny adorait son nouveau bureau et il avait installé une chaîne stéréo haut de gamme avec des haut-parleurs un peu partout afin que je puisse écouter de la musique country pendant que je traînassais dans la cuisine de mes rêves. On a inscrit les enfants dans une école privée exceptionnelle.

Mais tout cela me semblait trop beau pour être vrai. C'était comme un rêve, mais je savais qu'il faudrait bien me réveiller. Et puis, un matin, je me suis effectivement réveillée en comprenant l'origine de mon anxiété. Nous nous trouvions ici sur une terre d'abondance où nous ne manquions de rien, le seul problème étant que je n'avais pas transmis à mes enfants ce qui avait le plus compté dans ma propre enfance. Je voulais qu'ils sachent ce que c'était que de se lever tôt le matin, de partir en randonnée dans les collines et les montagnes, d'admirer les fleurs, les herbages, les grillons et les papillons. Je voulais qu'ils ramassent des fleurs sauvages et des pierres pittoresques durant la journée et que le soir, ils laissent les étoiles remplir leurs têtes de rêves.

Je ne me suis pas mise à réfléchir indéfiniment à ce problème. Ce n'était pas mon genre. Prenant le taureau par les cornes, je suis allée chercher Kenneth et Barbara à la sortie de l'école la semaine suivante et nous avons tous trois pris l'avion pour rentrer en Suisse. Nous avions rendez-vous avec ma mère à Zermatt, un charmant village alpin où les voitures étaient interdites et où la vie n'avait guère changé depuis un siècle. C'est exactement ce que je recherchais. Le temps était magnifique. J'ai emmené les enfants en randonnée. Ils ont gravi des montagnes, couru le long de torrents et découvert des animaux. Ils ont pu cueillir des fleurs et ramasser des pierres pour les rapporter à la maison. Leurs visages étaient bien bronzés. Ce fut une expérience inoubliable.

Mais, ce séjour fut surtout marqué par un incident étrange. Le dernier soir, ma mère et moi avions mis les enfants au lit. Tandis que ma mère s'attardait auprès d'eux pour les embrasser le plus longtemps possible, je suis allée sur le balcon. Je me balançais sur une vieille chaise fabriquée à la main lorsque la porte coulissante de la chambre s'est ouverte et que ma mère est venue me rejoindre pour profiter de la fraîcheur du soir.

Nous étions toutes deux émerveillées au spectacle de la lune. Elle semblait flotter au-dessus du Matterhorn. Ma mère s'est assise à mon côté. Durant un long moment, nous sommes restées silencieuses, perdues dans nos pensées respectives. Cette semaine s'était encore mieux passée que je ne l'avais imaginé. On n'aurait pas pu être plus heureux. Je pensais à tous les citadins du monde qui ne faisaient jamais l'effort de contempler un ciel aussi remarquable. Ils supportaient leurs vies en s'abrutissant de télévision et d'alcool. Ma mère, tout comme moi, semblait heureuse, aussi bien de ce moment exceptionnel que de sa vie en général.

Je ne sais pas pendant combien de temps nous sommes demeurées comme cela assises en silence, à profiter de ce moment passé ensemble, mais c'est ma mère qui, la première, a rompu le charme. Elle aurait pu dire une multitude de choses à ce moment-là, tout excepté ce qu'elle m'a dit : « Élisabeth, nous ne sommes pas éternels. » On ne dit jamais rien par hasard. Je ne savais pas du tout pourquoi ma mère, à ce moment précis et dans ce décor de rêve, avait prononcé de telles paroles. Peut-être était-ce dû à l'immensité des cieux. Ou bien s'était-elle sentie en confiance et proche de moi après une semaine passée en ma compagnie.

Il se peut aussi, comme je le pense maintenant, qu'elle ait eu une prémonition.

Quoi qu'il en fût, elle poursuivit sur le même registre : « Tu es le seul médecin de la famille et, en cas d'urgence, je veux pouvoir compter sur toi. »

De quelle urgence parlait-elle ? Malgré son âge — soixante-dix ans — ma mère nous avait suivis dans nos randonnées sans jamais se plaindre, sans le moindre problème. Sa santé était parfaite.

Je ne savais quoi dire. J'ai eu envie de lui crier quelque chose. Mais, en réalité, elle ne me laissait aucun choix. Elle continua dans ce registre morbide en me disant : « Si je deviens un jour comme un légume, je veux que tu mettes fin à mon existence. » Je l'écoutais, de plus en plus contrariée, et je lui ai dit quelque chose de ce genre : « Arrête de parler comme ça », mais elle réitéra son propos. Pour une raison ou pour une autre, elle était en train de gâcher cette merveilleuse soirée et peut-être même nos vacances. « Arrête de dire des bêtises, lui ai-je dit d'un ton suppliant. Une telle chose n'arrivera jamais. »

Apparemment, ma mère se moquait pas mal de ce que je pouvais penser, et il est vrai que je ne pouvais en aucun cas lui assurer qu'elle ne finirait jamais dans un état végétatif. Toute cette conversation m'horripilait. Je me suis penchée vers elle et je lui ai dit que j'étais contre le suicide et que je n'aiderais jamais quiconque à mettre fin à ses jours, et surtout pas ma mère, cet être plein d'amour qui m'avait mise au monde et maintenue en vie. « S'il arrive quelque chose, je me comporterai avec toi exactement comme avec tous mes patients, ai-je dit. Je t'aiderai à vivre jusqu'à ton dernier soupir. »

Finalement, nous avons abrégé cette conversation dérangeante. Il n'y avait rien à rajouter. Je me suis levée de ma chaise et j'ai serré ma mère dans mes bras. Nous avions toutes deux les larmes aux yeux. Il était tard et grand temps de se coucher. Le lendemain, nous devions nous rendre à Zurich. Je ne voulais penser qu'aux bons moments, et pas au futur.

Au matin, tout était rentré dans l'ordre. Ma mère avait retrouvé sa personnalité habituelle et nous avons beaucoup apprécié le voyage en train jusqu'à Zurich. Nous avons retrouvé Manny, puis nous sommes allés dans un hôtel luxueux, qui lui convenait bien mieux que notre chalet. Cela m'était égal, étant donné que j'avais fait le plein d'air vivifiant des montagnes et que j'avais ramassé autant de fleurs sauvages que je le souhaitais. Après une semaine supplémentaire passée en Suisse, nous sommes rentrés en avion à Chicago. Je me sentais totalement régénérée, mais je n'arrivais pas à oublier la discussion que j'avais eue avec ma mère. J'essayais de ne pas y prêter attention, mais elle assombrissait ma conscience comme un nuage noir.

Et puis, trois jours plus tard, Eva m'a appelée à la maison pour m'annoncer que le postier avait trouvé notre mère gisant sur le sol de la salle de bains. Elle avait eu une grave attaque d'apoplexie.

J'ai pris le premier avion pour la Suisse et me suis rendue directement dans sa chambre d'hôpital. Incapable de parler ou de se mouvoir, elle me fixait de ses yeux remplis de douleur et d'effroi qui tentaient désespérément de me parler. Je savais bien ce qu'elle me demandait, et je la comprenais. Mais je savais aussi — comme je l'avais toujours su — que je ne pouvais en aucun cas exaucer son vœu. Je ne pourrais jamais être l'instrument de sa mort.

Les quelques jours qui suivirent furent particulièrement difficiles. Je restais à son chevet en poursuivant un monologue avec elle. Étant donné que son corps était paralysé, elle me répondait avec ses yeux. Un clignement de paupières pour dire « oui ». Deux clignements pour dire « non ». Par moments, elle était capable de me serrer la main avec sa main gauche. Vers la fin de la semaine, elle subit plusieurs autres attaques beaucoup moins graves. Elle perdit le contrôle de sa vessie. Maintenant, la médecine la considérait bel et bien comme un légume. « Te sens-tu bien ? » Un clignement de paupières. « Veux-tu rester ici ? » Deux clignements.

« Je t'aime. »

Elle me pressa la main.

Elle se trouvait exactement dans la situation qu'elle redoutait la semaine précédente, lors de nos vacances. Elle m'avait même prévenue : « Si je deviens un jour comme un légume, je veux que tu mettes fin à mon existence. » Sa supplique sur le balcon résonnait dans ma mémoire. Avait-elle eu la prémonition de cette attaque ? Au tréfonds de son être, connaissait-elle son destin ?

Je me suis demandé comment je pourrais l'aider à mieux supporter le temps qu'il lui restait à vivre.

Il y avait tellement de questions et si peu de réponses.

S'il y avait un Dieu, me suis-je dit, il était alors temps qu'il intervienne pour la remercier de s'être consacrée avec tant d'amour à sa famille, d'avoir élevé ses enfants pour en faire des adultes respectables et productifs. Ce soir-là, j'ai eu de longues conversations avec lui. Un après-midi, j'ai même été jusqu'à entrer dans une église pour m'adresser directement à la croix. « Seigneur, où êtes-vous ? ai-je demandé avec amertume. Pouvez-vous même m'entendre ? Existez-vous vraiment ? Ma mère était une femme droite, dévouée et qui travaillait durement. Qu'allez-vous faire pour elle maintenant qu'elle a réellement besoin de vous ? » Mais il n'y eut pas de réponses. Pas de signes.

Rien que le silence.

En observant ma mère dépérir, accablée d'impuissance et de tourments, j'ai failli hurler pour réclamer une quelconque intervention céleste. Au tréfonds de mon être, j'ai ordonné au Seigneur de faire quelque chose, et de le faire rapidement. Mais, si tant est qu'il m'ait entendue, il ne semblait pas très pressé. Je l'ai insulté en suisse allemand et en anglais. Il n'a toujours pas réagi.

Après de longues discussions avec les médecins de l'hôpital et avec des spécialistes extérieurs, nous sommes parvenus à la conclusion qu'il n'y avait que deux possibilités. Ou bien ma mère pourrait rester dans ce centre hospitalier universitaire — où l'on tenterait tous les traitements possibles et imaginables, même si les chances d'une amélioration de son état étaient infimes — ou bien il serait possible de la transférer dans une maison de repos moins chère où elle pourrait bénéficier de soins médicaux de bonne qualité, mais où aucune tentative artificielle ne serait faite pour prolonger sa vie. Autrement dit, pas de respirateur, pas d'équipements sophistiqués.

Mes sœurs et moi avons eu une longue conversation marquée par l'émotion. Nous savions toutes trois quel aurait été le choix de notre mère. Manny, qui considérait ma mère comme sa seconde maman, nous fit connaître son opinion d'expert au téléphone. Grâce à Dieu, Eva avait d'ores et déjà repéré une excellente maison de repos gérée par des sœurs protestantes à Riehen, près de Bâle, là où elle et son mari avaient fait construire leur nouvelle maison. À cette époque-là, il n'existait pas encore de centres de soins palliatifs pour malades incurables, mais les sœurs consacraient leurs vies à s'occuper de ces patients si particuliers. Grâce à nos relations, ma mère fut admise dans cet établissement.

Pour passer le plus de temps possible avec elle (je devais bientôt reprendre mon travail à l'hôpital), j'ai décidé de l'accompagner dans l'ambulance qui la conduisait de Zurich à Riehen. Pour nous donner courage à toutes deux, j'ai emporté une bouteille de *Eiercognac* — du lait de poule épicé mélangé avec du cognac. D'autre part, j'ai établi la liste, assez courte, des biens les plus chers au cœur de ma mère, ainsi qu'une liste des membres de sa famille et des gens qui ont compté dans sa vie, surtout ceux qui l'ont aidée durant des années après la mort de mon père. Celle-là était nettement plus longue.

Durant le trajet, nous avons attribué ses biens aux personnes à qui ils correspondaient le mieux. Il nous a fallu beaucoup de temps pour effectuer ce tri, en particulier en ce qui concerne un chapeau et un col de vison que nous lui avions envoyés de New York. Quoi qu'il en soit, chaque fois que je réussissais à attribuer de manière appropriée un objet à une personne, nous célébrions l'événement en buvant une gorgée de *Eiercognac.* L'ambulancier semblait s'en inquiéter, mais je l'ai rassuré : « Pas de problèmes, je suis médecin. »

Ce petit jeu a permis à ma mère de trouver une certaine paix de l'esprit et même de s'amuser avec moi jusqu'à ce que nous arrivions à la maison de repos. La chambre de ma mère donnait sur un jardin. Elle serait bien ici. Durant la journée, elle pourrait entendre de sa chambre les oiseaux qui chantaient dans les arbres. Le soir, elle pourrait contempler le ciel. Avant de lui dire au revoir, j'ai placé un mouchoir parfumé dans sa main gauche, celle qui fonctionnait encore un peu. Elle tenait très souvent un mouchoir semblable à la main. J'ai constaté qu'elle était détendue et satisfaite dans cet endroit où elle savait que l'on prendrait le plus grand soin de son bien-être.

Pour une raison que j'ignore, Dieu a voulu que ma mère continue de vivre ainsi pendant quatre années encore. Pourtant, vu son état, ses chances de survie étaient quasi nulles. Mes sœurs firent en sorte qu'elle soit le plus à son aise possible et jamais seule. J'allais fréquemment lui rendre visite. Je n'arrivais pas à sortir de mon esprit cette soirée fatidique à Zermatt. Je l'entendais encore me supplier de mettre fin à ses jours au cas où elle finirait comme un légume. Elle avait manifestement eu une prémonition, car elle se trouvait maintenant exactement dans la situation qu'elle redoutait le plus. C'était tragique.

Pourtant, j'étais persuadée que ce n'était pas la fin. Ma mère éprouvait de l'amour et en donnait toujours. À sa manière bien à elle, elle continuait d'évoluer en apprenant toutes les leçons qui lui étaient nécessaires. C'est quelque chose que tout le monde devrait savoir. La vie s'achève lorsque l'on a appris tout ce que l'on est supposé apprendre. Dans ces conditions, toute idée de mettre un terme à sa vie, comme elle me l'avait demandé, était encore plus inconcevable qu'auparavant.

Je voulais savoir pourquoi la vie de ma mère devait s'achever ainsi. Je voulais à tout prix connaître la leçon que Dieu essayait d'apprendre à cette femme si gentille.

Je me suis même demandé si ce n'était pas elle qui cherchait à nous enseigner quelque chose d'important.

Quoi qu'il en soit, tant qu'elle continuerait à survivre sans systèmes artificiels d'assistance à la vie, il n'y avait rien à faire, si ce n'est l'aimer.

22

LE SENS DE LA VIE

Pour trouver des patients mourants, il a bien fallu que je cherche en dehors de l'hôpital. Mon travail avec les mourants mettait très mal à l'aise bon nombre de mes collègues. Peu de gens à l'hôpital étaient prêts à parler de la mort. Il était même difficile de trouver quelqu'un qui admette que des malades mouraient dans cet hôpital. La mort n'était tout simplement pas quelque chose dont les médecins parlaient. Aussi, quand ma recherche hebdomadaire de patients mourants devint à peu près impossible, j'ai commencé à rendre visite à des cancéreux dans des quartiers environnants comme Homewood ou Flossmoor.

Je leur proposais un marché mutuellement avantageux. En échange d'une thérapie dispensée à leur chevet, ces patients acceptaient d'être interviewés durant mes séminaires. Cette approche a suscité encore plus de controverses à l'hôpital, où l'on considérait d'ores et déjà mon travail comme une forme d'exploitation de la souffrance humaine. Cette opposition n'a fait que s'amplifier. Lorsque les patients et leurs familles déclarèrent publiquement combien ils appréciaient mon travail, les autres médecins trouvèrent là une autre raison de m'en vouloir. Dans tous les cas, j'étais condamnée.

Mais ma réaction fut celle d'un vainqueur. Pleinement heureuse dans mon travail et dans ma vie de mère de famille, je menais également des activités bénévoles au sein de plusieurs organisations. Une fois par mois, je sélectionnais des candidats pour le *Peace Corps*. Ceux-ci devaient probablement éprouver des sentiments mitigés à mon égard, étant donné que j'avais tendance à choisir les plus audacieux plutôt que les partisans du juste milieu qui avaient la préférence de mes compagnons. Je passais également une demi-journée chaque semaine au *Lighthouse for the Blind,* une association d'aide aux aveugles de Chicago, où je m'occupais des parents et des enfants. Là, j'ai eu le sentiment que ces gens m'apportaient bien plus que je ne pouvais leur apporter.

Les gens que j'ai rencontrés dans cette institution, qu'il s'agisse d'adultes ou d'enfants, devaient tous se débrouiller avec les mauvaises cartes que le destin leur avait distribuées. Je m'efforçais de comprendre comment ils faisaient pour assumer leurs graves problèmes. Leurs vies connaissaient des hauts et des bas prononcés selon les périodes de courage ou de détresse, de dépression ou d'accomplissement. Je me demandais constamment ce que je pouvais faire, moi, qui étais douée de vue, pour les aider. Mon travail consistait surtout à les écouter, mais je tenais également le rôle de meneuse de ban en les encourageant à « voir » qu'il leur était possible de vivre une existence pleine, heureuse et utile. La vie est un défi, pas une tragédie.

C'était parfois trop leur demander. J'ai vu beaucoup trop de bébés nés aveugles ou atteints d'hydrocéphalie, condamnés à une vie de végétal après avoir été placés dans des institutions pour le reste de leur vie. Quel gâchis ! Leurs parents eux-mêmes étaient en quelque sorte condamnés, car ils ne trouvaient ni aide, ni soutien. J'ai remarqué que bon nombre de parents d'enfants aveugles avaient les mêmes réactions que mes patients mourants. La réalité était souvent difficile à accepter. Mais que pouvaient-ils faire d'autre ?

Je me souviens d'une mère qui, après neuf mois d'une grossesse sans histoire, s'attendait tout naturellement à donner naissance à un enfant normal et en bonne santé. Cependant, dans la salle d'accouchement, un incident s'est produit et sa fille est née aveugle. Cette femme a réagi comme si un deuil avait frappé sa famille, ce qui était une réaction normale. Mais après qu'on l'eut aidée à surmonter ce traumatisme, elle reprit espoir quant à l'avenir de sa fille Heidi en pensant qu'elle pourrait poursuivre des études et apprendre un métier. C'était une attitude saine et merveilleuse.

Malheureusement, elle subit l'influence de certains professionnels de la santé qui lui dirent que ses rêves étaient chimériques. Ils l'encouragèrent à placer le bébé dans une institution. La famille était au désespoir. Mais, grâce à Dieu, avant de prendre sa décision, elle alla chercher de l'aide au *Lighthouse for the Blind,* où je fis sa connaissance.

Évidemment, je ne pouvais faire de miracles et rendre la vue à sa fille, mais je l'ai écoutée du mieux que j'ai pu quand elle m'a parlé de ses problèmes. Et lorsqu'elle m'a demandé mon opinion, j'ai dit à cette mère qui désirait tant sauver sa fille que Dieu ne laissait jamais venir au monde un enfant sans le doter d'un don particulier. « Oubliez toutes vos espérances, lui dis-je. Tout ce que vous avez à faire, c'est d'aimer et d'élever votre enfant comme si elle était un don de Dieu.

— Et après ? demanda-t-elle.

— En temps voulu, Dieu vous révélera son don particulier », ai-je répondu.

Je serais bien incapable de dire d'où me venaient ces paroles, mais j'y croyais, et cette femme m'a quittée avec un regain d'espoir.

De nombreuses années plus tard, j'étais en train de lire un journal lorsque mon attention a été attirée par un article sur Heidi, la petite fille du *Lighthouse*. Maintenant adulte, Heidi était devenue une pianiste pleine de promesses qui jouait en public pour la première fois. Le critique du journal ne tarissait pas d'éloges sur son talent. J'ai tout de suite repris contact avec sa mère, qui me révéla avec fierté comment elle s'était battue pour élever sa fille. À un moment donné, Heidi se révéla subitement douée pour la musique. Ce talent s'est épanoui, comme une fleur, et sa mère en attribua le mérite à mes paroles d'encouragement.

« Il aurait été tellement facile de l'enfermer dans une institution, dit-elle. C'est ce que la plupart des gens me conseillaient de faire. »

Naturellement, je partageais ce genre de récompenses avec ma famille dans l'espoir que mes enfants apprennent à ne jamais rien considérer comme acquis. La vie n'offre aucune garantie, excepté la certitude que chacun d'entre nous devra se battre. C'est ainsi que l'on apprend. Certains doivent lutter dès l'instant de leur naissance. Ce sont des personnes exceptionnelles, à qui l'on se doit d'offrir toute sa compassion et tout son soutien, car elles nous remettent en mémoire que l'amour est l'unique raison d'être de la vie.

Croyez-le ou non, mais certaines personnes étaient persuadées que je savais de quoi je parlais. L'une d'elles était Clément Alexander, un des directeurs de publication de la maison d'édition Macmillan à New York. Je ne sais comment, mais un court article que j'avais écrit à propos de mes séminaires sur la mort et les derniers instants de la vie avait atterri sur son bureau. Après l'avoir lu, il avait décidé de prendre l'avion pour Chicago afin de me demander si je voulais écrire un livre sur mon travail avec les mourants. Je n'arrivais pas à le croire, même lorsqu'il m'a tendu le contrat pour que je le signe — un contrat qui m'offrait 7 000 dollars en échange de 50 000 mots.

Bon, j'ai accepté, à la seule condition que l'on m'accorde au moins trois mois pour écrire ce livre. Cela ne posait aucun problème pour Macmillan. Cependant, plus tard, je me suis demandé comment j'allais bien pouvoir faire pour élever deux enfants, m'occuper de mon mari, travailler à plein temps à l'hôpital et remplir une foule d'autres obligations, et, pour couronner le tout, écrire un livre. J'ai remarqué que le contrat avait d'ores et déjà donné un titre à cet ouvrage, *Les Derniers Instants de la vie.* Ce titre me plaisait. J'ai appelé Manny pour lui apprendre la bonne nouvelle. Ensuite, j'ai essayé de me mettre dans la peau d'un auteur, mais je n'arrivais toujours pas à y croire.

Mais après tout pourquoi pas ? J'avais d'innombrables observations médicales bien rangées dans ma tête. Il m'a fallu veiller tard le soir à mon bureau pendant trois semaines, alors que Kenneth et Barbara dormaient, avant que je réussisse à imaginer ce que devrait être ce livre. Et brusquement, j'ai vu très clairement comment tous mes patients mourants — en fait, toute personne ayant subi une forme quelconque de perte — traversaient des étapes semblables. Le premier stade était celui du choc émotionnel et du refus, de la rage et de la colère. Puis venait le temps du deuil et du chagrin. Plus tard, ils tentaient de marchander avec Dieu. Ensuite, ils sombraient dans la dépression : « Pourquoi moi ? » Et finalement, ils se repliaient sur eux-mêmes durant un certain temps, se coupant des autres jusqu'à ce que, si tout allait bien, ils atteignent le stade de la paix et de l'acceptation (et non de la résignation, qui se manifeste lorsque l'on n'a pas pu ou voulu partager sa peine et sa colère avec autrui).

En réalité, ces stades m'étaient apparus le plus clairement lors de mes contacts avec les parents de l'institution *Lighthouse.* Dans leur esprit, la naissance d'un enfant aveugle s'apparentait à un deuil, au deuil de l'enfant normal et en bonne santé qu'ils espéraient avoir. Ils ont alors traversé les différents stades du choc émotionnel et de la colère, du refus et de la dépression et ont pu enfin, après avoir suivi une thérapie, parvenir à accepter l'inéluctable.

Les gens qui avaient perdu ou étaient sur le point de perdre des parents très proches traversaient ces mêmes cinq étapes, en commençant par le refus (ou dénégation) et le choc émotionnel. « Ce n'est pas possible, ma femme ne peut pas mourir. Elle est si jeune. Comment pourrait-elle me quitter ? » Ou bien, ils s'écrient : « Non, pas moi, je ne veux pas mourir. » Le refus de voir la réalité en face est une défense, une façon normale et saine d'affronter des mauvaises nouvelles, inattendues, soudaines et terrifiantes. Ce mécanisme de défense permet d'envisager la fin possible de sa vie sans vouloir se sentir impliqué dans l'immédiat, et ensuite de reprendre le cours normal de son existence.

Lorsque ce refus du réel n'est plus possible, il est remplacé par la colère. Plutôt que de se demander : « Pourquoi moi ? » le patient se demande : « Pourquoi pas lui ? » Ce stade est particulièrement difficile pour les familles, les médecins, les infirmières, les amis, etc. La colère de ces patients s'éparpille dans toutes les directions et frappe n'importe qui. Ils s'en prennent à Dieu, à leur famille, à toute personne en bonne santé. Ils peuvent aussi bien s'écrier : « Je suis bien vivant, que cela vous plaise ou non ! » Il ne faut pas considérer cette colère comme une attaque personnelle.

Lorsque ces patients pouvaient exprimer leur colère sans culpabilité ni honte, ils passaient souvent par un stade de marchandage : « Je t'en supplie, Seigneur, laisse ma femme vivre assez longtemps pour qu'elle puisse voir notre enfant entrer au jardin d'enfants. » Puis, s'enhardissant, ils formulaient la demande suivante : « Pourquoi ne pas attendre jusqu'à ce que la petite ait fini ses études secondaires. Elle sera alors assez âgée pour assumer la mort de sa mère. » Et ainsi de suite. Je me suis vite aperçue que les gens ne tenaient jamais les promesses qu'ils avaient faites à Dieu. Ils marchandaient littéralement, en plaçant la barre plus haut chaque fois.

Mais le temps consacré au marchandage fait l'affaire des soignants. Le malade, même s'il est en colère, ne l'est plus au point de refuser tout conseil. Il n'est plus déprimé au point de ne plus pouvoir communiquer. Il peut encore tirer quelques salves, mais elles n'atteignent plus personne. J'avais l'habitude de dire aux soignants que c'était le moment idéal pour aider les patients à régler toutes sortes de problèmes en suspens. Je leur disais d'aller les voir dans leurs chambres, de réveiller de vieilles blessures, de jeter de l'huile sur le feu, de les laisser extérioriser leur colère, pour s'en débarrasser, afin qu'ensuite les vieilles rancœurs se transforment en amour et en compréhension.

À un moment donné, les patients traversent une profonde dépression en raison des formidables changements qui se produisent. C'est tout naturel. Qui pourrait y échapper ? Ils ne peuvent plus nier la réalité de leur maladie, que ce soit en raison d'une prise de conscience ou de graves limitations physiques. Par la suite, ils peuvent également rencontrer de sérieuses difficultés financières. Il y a aussi ces graves changements au niveau de l'apparence qui affectent profondément le moral. Ainsi, par exemple, une femme craignait que la perte d'un sein ne lui fasse perdre de sa féminité. Lorsqu'on aborde ouvertement et de manière directe de telles inquiétudes, les patients réagissent souvent merveilleusement bien.

Le type de dépression le plus sévère se manifeste lorsqu'un patient réalise qu'il va tout perdre — les choses et les êtres qu'il aime. C'est une sorte de dépression silencieuse. Dans cet état, il n'y a même pas une lueur au bout du tunnel. Aucun mot ne pourra apaiser un être qui renonce à son passé et qui tente de pénétrer un insondable futur. La meilleure façon de leur venir en aide consiste à laisser les patients exprimer leur chagrin, à dire une prière, à les toucher avec tendresse ou tout simplement à rester à leur chevet.

Si un patient a eu la possibilité d'exprimer sa colère et son chagrin, de pleurer, de régler des problèmes en suspens, d'exprimer clairement ses peurs, de passer par tous les stades cités ci-dessus, il pourra atteindre la dernière phase, celle de l'acceptation. Il n'en trouvera pas le bonheur pour autant, mais il ne connaîtra plus ces périodes de dépression ou ces crises de colère. C'est un temps de résignation et de méditation silencieuses, d'attente paisible. Le combat antérieur a disparu pour laisser place à un grand besoin de sommeil, qu'un patient, dans *Les Derniers Instants de la vie,* a décrit comme « le dernier repos avant le grand voyage ».

Au bout de deux mois, le livre était achevé. J'avais réalisé exactement le genre d'ouvrage que j'aurais aimé trouver dans une librairie lorsque j'ai commencé à me documenter pour mon premier cours. J'ai envoyé par la poste la version définitive. Même si j'ignorais complètement si *Les Derniers Instants de la vie* connaîtraient le succès, j'étais absolument sûre que son contenu revêtait une extrême importance. J'espérais que les gens n'interpréteraient pas son message de travers. Mes patients mourants ne guérissaient jamais au sens physique du terme, mais ils connaissaient tous une nette amélioration sur le plan émotionnel et spirituel. En fait, leur état psychique était bien meilleur que la plupart des gens en bonne santé.

Plus tard, quelqu'un m'a demandé ce que tous ces mourants m'avaient appris sur la mort. J'ai tout d'abord pensé leur donner une explication purement clinique, mais j'ai vite réalisé que, ce faisant, je me serais présentée sous un faux jour. Ce que mes patients mourants m'ont enseigné va bien au-delà de la simple description des derniers instants de la vie. Ils ont évoqué devant moi tout ce qu'ils auraient pu faire, tout ce qu'ils auraient dû faire, avant qu'il ne soit trop tard, avant qu'ils ne soient trop malades ou trop faibles, avant qu'ils ne perdent leur conjoint. Ils revenaient sur leur passé et me faisaient part de tout ce qu'ils considéraient comme essentiel, non pas à propos de la mort, mais en ce qui concerne la vie.

23

LA CÉLÉBRITÉ

La journée s'était mal passée au travail. Un de mes internes, avec quelque réticence, m'avait demandé si j'avais un peu de temps pour le conseiller à propos d'une question délicate. Pensant qu'il s'agissait d'un problème concernant sa vie affective, j'ai accepté. Mais ensuite il me dit qu'on venait de lui proposer un poste dans mon propre service avec un salaire de départ de 15 000 dollars. Il voulait savoir s'il devait accepter cette proposition.

Étant donné que j'étais son supérieur, je me suis efforcée de cacher ma stupéfaction et ma colère. Mon propre salaire était inférieur de 3 000 dollars à cette somme. Ce n'était pas la première fois que j'étais confrontée à la discrimination dont les femmes sont victimes, mais cela n'a en rien diminué mon sentiment de dégoût.

Puis, j'ai vu le révérend Gaines. Il me dit qu'il avait l'intention de chercher un nouveau poste. Fatigué de la politique suivie par l'hôpital, il voulait s'occuper de sa propre paroisse, un endroit où il s'efforcerait d'introduire de véritables changements au sein de sa communauté. L'idée de devoir me passer du soutien quotidien de mon seul véritable allié à l'hôpital me plongea dans la dépression.

Je suis rentrée à la maison pour me réfugier dans ma cuisine, loin du monde. Mais même cela fut impossible. J'ai reçu un coup de fil d'un journaliste du magazine *Life*. Il m'a demandé si je voulais écrire un article à propos de mon séminaire sur les derniers instants de la vie. J'ai respiré profondément, ce qui constitue un bon exercice quand on ne sait pas quoi dire. Bien qu'ignorant tout de la publicité, j'étais lasse de me battre seule. J'ai dit oui, car j'avais le sentiment que, si mon travail était davantage connu, cela pourrait transformer l'existence d'un nombre incalculable de personnes.

Après avoir pris rendez-vous avec le journaliste, je me suis mise en quête d'un patient pour le séminaire. Ce fut plus difficile que d'habitude, car le révérend Gaines était en voyage. Son patron, ayant entendu parler de l'article de *Life,* pensait de manière présomptueuse pouvoir se substituer à lui, mais il ne me fut d'aucun secours pour trouver un patient mourant.

Et puis, un jour lugubre, alors que je suivais le couloir 1-3 du service où demeuraient la plupart des cancéreux, j'ai jeté un coup d'œil par une porte entrebâillée. À ce moment-là, j'avais la tête ailleurs. Je ne pensais même plus à trouver un patient, mais je fus frappée par la beauté inhabituelle de la jeune fille de cette chambre. Je suis sûre que je n'étais pas la première à m'arrêter pour l'admirer.

Quand elle m'a fixée des yeux, je me suis décidée à entrer. Elle s'appelait Eva et avait vingt et un ans. C'était une magnifique fille aux cheveux noirs, si belle qu'elle aurait pu devenir actrice si elle ne se mourait pas d'une leucémie. Mais elle pétait toujours le feu. Elle était ouverte, drôle, rêveuse et chaleureuse. Elle avait aussi un fiancé. « Vous voyez », fit-elle en me montrant sa bague de fiançailles. Elle aurait dû avoir toute la vie devant elle.

Mais elle était totalement lucide sur son état. Elle voulait faire don de son corps à une faculté de médecine, et non être enterrée. Elle en voulait à son fiancé de ne pas accepter sa maladie. « Il nous fait perdre notre temps, dit-elle. Après tout, il ne m'en reste plus beaucoup. » J'ai réalisé, presque avec joie, qu'Eva voulait vivre pleinement sa vie, vivre des expériences nouvelles, dont l'une était d'assister à l'un de mes séminaires. Elle en avait entendu parler et m'a demandé si elle pouvait y participer. C'était la première fois qu'un mourant abordait cette question avant que je ne lui en parle.

« Ne ferais-je pas l'affaire avec ma leucémie ? » a-t-elle questionné.

Il n'y avait aucun doute là-dessus, mais je voulais tout d'abord la prévenir à propos du reportage du magazine *Life*.

« C'est parfait ! s'est-elle exclamée. Je veux le faire. »

Je lui ai conseillé d'en parler avec ses parents.

« Ce n'est pas nécessaire, dit-elle. J'ai vingt et un ans. Je peux prendre moi-même mes décisions. »

Elle le pouvait sans le moindre doute et, à la fin de la semaine, je l'ai poussée dans son fauteuil roulant jusqu'à ma salle de cours. Nous n'étions plus alors que deux femmes qui s'inquiétaient de l'apparence de leur coiffure devant les caméras. Lorsque nous nous sommes retrouvées face aux étudiants, mon intuition à propos d'Eva s'est révélée fondée. Elle était un sujet extraordinaire.

D'une part, Eva avait à peu près le même âge que les étudiants, ce qui faisait ressortir l'argument selon lequel la mort ne concerne pas uniquement les personnes âgées. D'autre part, son allure était époustouflante. Vêtue d'un corsage blanc et d'un pantalon en tweed, on aurait pu croire qu'elle se rendait à un cocktail. Mais elle était mourante, et sa franchise quant à cette réalité incontournable était ce qu'il y avait de plus stupéfiant chez elle. « Je sais que je n'ai qu'une chance sur un million de m'en sortir, admit-elle. Mais aujourd'hui, je veux par-dessus tout vous parler de cette chance unique. »

Aussi, au lieu d'évoquer sa maladie, Eva raconta ce que serait sa vie si elle survivait. Elle aborda toutes sortes de sujets : les études, le mariage et les enfants, sa famille et Dieu. « Lorsque j'étais petite, je croyais en Dieu, dit-elle. Mais maintenant, je ne sais plus. » Eva dit ensuite qu'elle voulait un chiot et qu'elle souhaitait rentrer chez elle une dernière fois. Elle affichait ses émotions à l'état brut sans la moindre hésitation. Mais ni elle ni moi ne pensions au journaliste ou au photographe qui enregistraient la scène derrière la glace sans tain. De toute façon, nous savions que nous faisions du bon travail.

L'article de *Life* fut publié le 21 novembre 1969. Mon téléphone commença à sonner avant même que j'aie pu voir le magazine. Mais je m'inquiétais surtout de la réaction d'Eva. Ce soir-là, j'ai reçu chez moi plusieurs exemplaires du magazine. Tôt, le lendemain matin, je me suis précipitée pour montrer l'article à Eva avant que ce magazine n'arrive au kiosque à journaux de l'hôpital et ne fasse d'elle soudainement une célébrité. Grâce à Dieu, Eva a aimé l'article, bien que, comme n'importe quelle femme normale et en bonne santé, elle ait hoché la tête d'un air désapprobateur en découvrant les photos. « Zut alors ! Ils ne m'ont pas arrangée ! » s'est-elle écriée.

L'hôpital ne partageait pas notre joie. Le premier médecin que j'ai croisé dans le couloir m'a demandé d'un air méprisant si j'étais à la recherche d'un autre patient pour soigner ma publicité. Un des directeurs m'a reproché d'avoir rendu l'hôpital célèbre pour ses mourants. « Nous nous efforçons de guérir les gens, et c'est cela qui doit faire notre réputation », dit-il. Pour la plupart des gens de l'hôpital, l'article de *Life* constituait la preuve que j'exploitais mes patients. Ils n'avaient rien compris. Une semaine plus tard, l'hôpital prit des mesures pour entraver le bon déroulement de mes séminaires en ordonnant aux médecins de ne pas coopérer avec moi. Les conséquences de cette décision furent catastrophiques. Le vendredi suivant, il n'y avait pratiquement personne dans la salle.

Même si je me suis sentie humiliée, je savais qu'ils ne pourraient rien contre ce qui avait été mis en route par la presse. Maintenant, on parlait de moi dans l'un des magazines les plus importants et les plus respectés du pays. Les lettres s'entassaient dans la salle du courrier de l'hôpital. Le standard était submergé d'appels de gens qui voulaient savoir comment entrer en contact avec moi. Je me suis prêtée à pas mal d'interviews et j'ai même accepté de m'exprimer dans d'autres universités.

L'attention s'est encore davantage focalisée sur

moi lorsque mon livre, *Les Derniers Instants de la vie,* est sorti en librairie. Il est rapidement devenu un best-seller mondial et pratiquement tous les hôpitaux et toutes les maisons de repos du pays le reconnurent comme une œuvre importante. Même des gens ordinaires se mirent à discuter des cinq stades. Je ne m'attendais pas du tout au succès phénoménal du livre ni à la célébrité qui s'offrait à moi. Paradoxalement, le seul endroit où cet ouvrage ne fut pas immédiatement apprécié était le service de psychiatrie de mon propre hôpital — le signe manifeste que je ne ferais pas de vieux os dans cet établissement.

Entre-temps, ma principale préoccupation restait mes patients — mes véritables maîtres. C'était particulièrement vrai en ce qui concerne Eva, la jeune femme avec qui j'avais partagé la vedette dans l'article de *Life.* Je fus particulièrement inquiète lorsque je ne l'ai pas trouvée dans sa chambre le jour de la Saint-Sylvestre. J'ai poussé un soupir de soulagement quand quelqu'un m'a dit qu'elle était rentrée chez elle et qu'elle avait enfin trouvé le jeune chien qu'elle désirait tant. Mais j'appris également que par la suite elle avait été admise à l'unité de soins intensifs. Je me suis précipitée là-bas et j'ai vu ses parents dans la salle d'attente.

Ils avaient ce regard triste et impuissant que j'avais si souvent remarqué chez les proches des mourants assis dans les salles d'attente, empêchés qu'ils étaient de leur tenir compagnie par de stupides règlements sur les heures de visites. Les parents d'Eva n'étaient autorisés à la voir que cinq minutes durant les heures de visites. J'étais scandalisée. C'était peut-être la dernière fois qu'ils auraient l'occasion de rester au chevet de leur fille pour se soutenir et se témoigner mutuellement de l'affection. Que se passerait-il si elle mourait pendant qu'ils attendaient derrière sa porte ?

En tant que médecin, je fus autorisée à pénétrer dans la chambre d'Eva. Lorsque je suis entrée, je l'ai trouvée nue sur son lit. La coupole d'éclairage, sur laquelle elle n'avait aucun contrôle, était allumée en permanence et projetait sur elle une lumière éblouissante à laquelle elle ne pouvait absolument pas se soustraire. J'ai compris que c'était la dernière fois que je la voyais en vie. Eva le savait aussi. Incapable de parler, elle a serré ma main comme pour me dire bonjour et a désigné de son autre main le plafond. Elle voulait que l'on éteigne la lumière.

Son confort et sa dignité étaient tout ce qui m'importait. J'ai éteint la lumière et ai ensuite prié une infirmière de placer une couverture sur le corps d'Eva. De manière incroyable, l'infirmière hésita. Elle avait le sentiment que je lui faisais perdre son temps. Elle m'a demandé pourquoi elle devait faire cela. Pourquoi couvrir cette fille ? J'étais hors de moi et je l'ai fait moi-même.

À ma grande tristesse, Eva mourut le lendemain, le 1er janvier 1970. Je n'aurais pas pu sauver sa vie, mais les conditions de sa mort à l'hôpital, dans une solitude glaciale, étaient pour moi intolérables. Tout mon travail avait pour but de changer ce genre de situation, afin que plus personne ne meure comme Eva, seule, avec sa famille qui attendait dans le couloir. Je rêvais qu'un jour les besoins de l'être humain passeraient avant tout.

24

Mme SCHWARTZ

Tout avait changé avec les avancées miraculeuses de la médecine. Les médecins prolongeaient la vie grâce aux greffes du cœur et du rein et aux nouveaux médicaments, très efficaces. Des appareils nouveaux permettaient de faire tôt le diagnostic des maladies. Des malades dont les affections auraient été incurables un an plus tôt, se voyaient offrir une seconde chance de survivre. C'était enthousiasmant. Quoi qu'il en soit, des problèmes demeuraient. On avait fait croire aux gens que la médecine pourrait guérir n'importe quelle maladie. Des problèmes imprévus — éthiques, moraux, juridiques et financiers — se présentèrent. C'est ainsi que j'ai vu des médecins prendre leurs décisions en consultant, non pas leurs collègues, mais des compagnies d'assurances.

« Les choses ne feront qu'empirer », ai-je dit au révérend Gaines. Mais il n'était nul besoin d'être un génie pour faire cette prédiction. La catastrophe était imminente. L'hôpital était confronté à plusieurs actions judiciaires. Ce phénomène avait pris une dimension totalement inconnue jusque-là. Mais la médecine changeait. Les principes éthiques n'étaient apparemment plus les mêmes. « Les choses ne sont plus comme avant », dit le révérend

Gaines. J'avais une opinion différente : « Le vrai problème est que nous n'avons pas une véritable définition de la mort. »

Depuis la préhistoire, personne n'avait pu proposer une définition exacte de la mort. Je me demandais ce qu'il advenait de mes merveilleux patients, des gens comme Eva qui, si présents un jour, quittaient ce monde le lendemain. Bientôt, le révérend Gaines et moi-même avons interrogé des groupes — constitués d'étudiants en médecine et en théologie, de médecins, de rabbins et de prêtres — sur le mystère de l'après-vie. « S'ils ne sont plus là, où sont-ils donc ? » J'essayais de définir la mort.

J'étais prête à accepter toutes les possibilités, même certaines des notions idiotes que mes enfants proposaient lors du dîner. Je ne leur cachais rien de mon travail, ce qui était une bonne chose pour nous tous. En regardant Kenneth et Barbara, je suis parvenue à la conclusion que la naissance et la mort étaient des expériences similaires — chacune étant un départ pour un nouveau voyage. Plus tard, j'ai fini par penser que la mort était la plus agréable des deux, car elle est beaucoup plus paisible. Notre monde n'est-il pas la proie des nazis, du sida, du cancer et autres monstruosités ?

J'avais remarqué à quel point les malades, même les plus en colère, se détendaient peu avant de mourir. D'autres semblaient vivre, à l'approche de leur mort, des expériences tout à fait réelles avec des proches décédés, en discutant avec des gens que je ne pouvais voir. Dans presque tous les cas, la mort était précédée par une sérénité singulière.

Et ensuite ? C'est à cette question que je voulais répondre.

La seule chose que je pouvais faire, c'était de tirer des conclusions de mes observations. Mais quand mes patients mouraient, je ne pouvais rien en conclure, si ce n'est qu'ils avaient quitté ce monde. Un jour je pouvais parler à quelqu'un, le toucher, et le lendemain matin il avait disparu. Son corps était bien là, mais c'était comme si je touchais un morceau de bois. Quelque chose manquait. Quelque chose de physique. La vie elle-même.

« Mais sous quelle forme la vie s'en va ? » Cette question m'obsédait en permanence. « Et où donc va-t-elle, si tant est qu'elle aille quelque part ? Quel genre d'expériences les gens font-ils au moment où ils meurent ? »

À un moment donné, j'ai repensé à mon voyage à Maidanek vingt-cinq ans plus tôt. Là-bas, j'avais visité le camp, les baraques où hommes, femmes et enfants avaient passé leurs dernières nuits avant de mourir dans les chambres à gaz. Je me souvenais de m'être sentie fascinée à la vue des papillons dessinés sur les murs. « Pourquoi ? m'étais-je demandé. Pourquoi des papillons ? »

Maintenant, dans un éclair d'inspiration, j'avais trouvé la réponse. Ces prisonniers étaient comme mes patients mourants et avaient pris conscience de ce qui les attendait. Ils savaient que bientôt ils deviendraient des papillons. Une fois morts, ils auraient quitté ce lieu infernal. Ils ne seraient plus torturés. Ils ne seraient plus séparés de leurs familles, ni envoyés à la chambre à gaz. Cette vie d'épouvante s'achèverait. Ils quitteraient bientôt leur corps de la même manière qu'un papillon quitte son cocon. Et j'ai compris que c'était cela le message qu'ils voulaient transmettre aux futures générations.

Ce symbole du papillon allait devenir aussi celui que j'utiliserais durant le reste de ma carrière pour expliquer le processus de la mort et des derniers instants de la vie. Mais cette découverte ne me suffisait pas. Un jour, j'ai tenu les propos suivants au révérend Gaines : « Vous les religieux, vous dites toujours : "Demandez, et l'on vous donnera." O.K., maintenant j'ai une demande à formuler. Aidez-moi dans mes recherches sur la mort. » Il n'avait pas de réponses toutes prêtes, mais nous pensions tous deux qu'une bonne question suscite généralement une bonne réponse.

Une semaine plus tard, une infirmière m'a parlé d'une femme qui, selon elle, pourrait faire une bonne candidate pour mes interviews. Mme Schwartz était passée par l'unité de soins intensifs à plus d'une douzaine de reprises. Chaque fois, on pensait qu'elle allait mourir. Et chaque fois, cette femme extraordinairement coriace et déterminée avait survécu. Les infirmières la considéraient avec un mélange de respect et de crainte. « Je crois qu'elle est un peu étrange, me dit l'infirmière. Elle me fait peur. »

Je n'ai rien trouvé d'inquiétant chez Mme Schwartz lorsque je l'ai interrogée dans le cadre du séminaire sur la mort. Elle nous raconta que son mari, schizophrène, s'en prenait à leur plus jeune enfant, un garçon de dix-sept ans, chaque fois qu'il faisait un épisode psychotique. Elle craignait que, si elle mourait avant que son fils ne devienne un adulte, la vie de ce dernier ne fût mise en danger. Comme son mari était le seul tuteur légal de leur enfant, il y avait de quoi être inquiet en pensant à ce qu'il ferait le jour où il perdrait tout contrôle sur lui-même. « C'est pour cela que je ne peux pas mourir », expliqua-t-elle.

Ses craintes étant tout à fait fondées, j'ai fait venir un avocat de l'assistance juridique, qui réussit à transférer la garde de l'enfant à un parent plus équilibré et plus digne de confiance. Soulagée, Mme Schwartz quitta une fois encore l'hôpital, heureuse à la perspective de vivre dans la paix de l'esprit le temps qu'il lui restait à vivre. Je ne m'attendais pas à la revoir.

Un peu moins d'un an plus tard, cependant, elle est venue me voir dans mon bureau. Elle voulait absolument participer à nouveau à mon séminaire. J'ai refusé. Ma politique consistait à ne jamais reprendre un cas déjà traité. Je voulais que les étudiants puissent s'adresser à des inconnus complets sur tous les sujets, même les plus tabous. « Mais c'est pour cela que je dois leur parler », dit-elle. Après une pause, elle a ajouté : « Et à vous aussi. »

Une semaine plus tard, j'ai introduit à contrecœur Mme Schwartz sur la scène face aux étudiants. Au début, elle a raconté la même histoire que j'avais entendue la première fois. Heureusement, la plupart des étudiants ne la connaissaient pas. En colère contre moi-même pour l'avoir laissée revenir au séminaire, je l'ai brutalement interrompue pour lui dire : « Mais qu'y avait-il donc de si urgent pour que vous reveniez participer à mon séminaire ? » C'était l'incitation dont elle avait besoin. En arrivant enfin aux faits, Mme Schwartz nous fit le récit de ce qui se révéla être la première expérience du seuil de la mort dont nous entendions parler, même si nous ne l'appelions pas ainsi.

Le phénomène s'était produit dans l'Indiana. Ayant perdu connaissance à la suite d'une hémorragie interne, Mme Schwartz fut transportée d'urgence dans un hôpital et placée dans une chambre individuelle. Son état fut déclaré « critique » et trop sérieux pour que l'on puisse la ramener à Chicago. Elle eut la sensation que sa mort était proche, mais elle se demandait s'il fallait oui ou non qu'elle appelle une infirmière. Elle se demandait si elle avait vraiment envie de continuer ces allers et retours incessants entre les hôpitaux et son domicile. Maintenant que son fils était en sécurité, peut-être était-il temps de mourir.

Elle évoquait sa situation de manière très franche. Une partie d'elle-même souhaitait quitter ce monde, tandis qu'une autre voulait survivre jusqu'à ce que son fils devienne un adulte.

Alors qu'elle s'interrogeait sur la conduite à tenir, une infirmière est entrée dans sa chambre, l'a regardée et est sortie précipitamment sans mot dire. Selon Mme Schwartz, c'est à ce moment précis qu'elle se vit glisser hors de son corps physique et flotter au-dessus du lit à la hauteur du plafond. Ensuite, l'équipe de réanimation est entrée en trombe dans la pièce et s'est acharnée à la sauver.

Durant tout ce temps, Mme Schwartz observait la scène d'en haut. Elle en a noté tous les détails. Elle a entendu ce que chaque personne a dit. Elle lisait même dans leurs pensées. Détail remarquable, le fait de se trouver hors de son corps ne provoquait chez elle ni douleur, ni peur, ni angoisse. Elle éprouvait seulement une immense curiosité et était stupéfaite qu'ils ne puissent l'entendre. Elle leur répétait constamment de mettre un terme à ces « grandes manœuvres » et leur assurait qu'elle allait très bien. « Mais ils ne m'entendaient pas », dit-elle.

Elle est finalement redescendue pour pousser du bras l'un des internes mais, à sa grande stupéfaction, son bras reprit sa place dans son corps physique. À ce moment-là, aussi déçue que les médecins, mais pour d'autres raisons, Mme Schwartz remit son sort entre leurs mains. « Ensuite, j'ai perdu conscience », expliqua-t-elle. Après quarante-cinq minutes, Mme Schwartz reprit connaissance quelques instants pour remarquer que les médecins plaçaient une couverture sur elle en la déclarant morte, tandis qu'un interne anxieux et défait s'efforçait de plaisanter pour détendre l'atmosphère. Trois heures et demie plus tard, une infirmière est entrée dans la chambre pour enlever le corps et s'est aperçue que Mme Schwartz était vivante.

Son extraordinaire histoire captiva chacun des auditeurs. Les gens se tournaient vers leurs voisins pour discuter de la vraisemblance de ce récit. Après tout, la plupart des personnes présentes étaient des scientifiques. Ils se demandaient si elle n'était pas folle. Mme Schwartz se posait la même question. Lorsque j'ai voulu savoir pourquoi elle avait souhaité nous raconter son expérience, elle m'a répondu par une autre question : « Suis-je devenue psychotique à mon tour ? »

Non, certainement pas. Je connaissais alors suffisamment bien Mme Schwartz pour savoir qu'elle était tout à fait saine d'esprit et qu'elle disait la vérité. Pourtant, Mme Schwartz n'en était pas si sûre et avait besoin d'être rassurée. Avant de s'en aller, elle m'a à nouveau demandé : « Croyez-vous que je sois psychotique ? » Elle semblait accablée, tandis que moi, j'avais hâte de mettre un terme à la séance. C'est pourquoi je lui ai répondu d'un ton solennel : « Moi, le docteur Élisabeth Kübler-Ross, certifie que vous n'êtes pas psychotique et que vous ne l'avez jamais été. »

Rassérénée, Mme Schwartz s'appuya contre son oreiller et se détendit. Juste à ce moment, j'ai compris qu'elle était tout sauf folle. Cette femme-là avait encore toute sa tête.

Au cours de la discussion qui suivit, les étudiants voulurent savoir pourquoi j'avais fait semblant de croire Mme Schwartz au lieu d'admettre qu'elle avait eu une hallucination. Chose étonnante, je crois bien qu'il n'y avait pas une seule personne dans la salle pour penser que l'expérience vécue par Mme Schwartz était réelle, qu'au moment de sa mort l'être humain conserve une conscience, qu'il peut toujours observer les événements, avoir des pensées, ne pas ressentir de douleurs et que cela n'avait rien à voir avec une quelconque pathologie mentale.

« Alors de quoi s'agit-il ? » s'enquit un étudiant.

Je n'avais pas de réponse toute prête, ce qui agaça mes étudiants, mais j'ai essayé de leur expliquer qu'il y avait encore beaucoup de choses que l'on ne pouvait comprendre, ce qui ne les empêchait pas d'être bien réelles. « Si je soufflais dans un sifflet à ultrasons maintenant, aucun d'entre vous ne l'entendrait, dis-je. Mais les chiens, eux, l'entendraient. Cela signifie-t-il pour autant que les ultrasons n'existent pas ? » Était-il possible que Mme Schwartz ait été sur une longueur d'onde différente de la nôtre ? « Comment a-t-elle pu répéter la plaisanterie de l'un des médecins ? Pouvez-vous l'expliquer ? » Devions-nous rejeter son témoignage pour la seule raison que nous n'avions pas vécu la même expérience qu'elle ?

À l'avenir, il faudrait apporter des réponses profondes à ces phénomènes. Mais, pour le moment, j'ai conclu la séance en expliquant que Mme Schwartz avait un motif sérieux pour venir au séminaire. Comme les étudiants ne devinaient pas lequel, j'expliquai qu'il s'agissait simplement d'un souci de mère de famille. En outre, Mme Schwartz savait que le séminaire était enregistré et, bien sûr, qu'il y avait quatre-vingts témoins dans la salle. « Si son expérience hors du corps avait été qualifiée de psychotique, alors les décisions de justice quant à la garde de son fils auraient pu être annulées, dis-je. Son mari aurait pu récupérer la garde de leur enfant et détruire ainsi sa tranquillité d'esprit. Était-elle folle ? Absolument pas. »

L'expérience vécue par Mme Schwartz m'a hantée pendant des semaines, car je me doutais bien que ce qui lui était arrivé ne pouvait pas être une expérience unique. Si une personne « décédée » était capable de se souvenir de quelque chose d'aussi extraordinaire qu'une équipe médicale en train d'essayer de la ranimer après avoir constaté l'arrêt de ses fonctions vitales, alors d'autres pourraient probablement faire de même. Brusquement, le révérend Gaines et moi-même nous sommes transformés en détectives. Notre but était d'interroger une vingtaine d'individus qui avaient pu être ranimés après leur mort apparente. Si mon intuition était fondée, nous serions bientôt en mesure d'ouvrir un chapitre entièrement nouveau de la condition humaine, de découvrir un sens totalement inédit à la vie.

25

L'APRÈS-VIE

Dans notre travail d'enquêteurs, le révérend Gaines et moi-même avions décidé de travailler séparément. Non, ce n'était pas à cause d'un conflit quelconque. Simplement, nous ne voulions pas comparer nos résultats tant que nous n'aurions pas étudié chacun vingt cas. Chacun de notre côté, nous passions les couloirs de l'hôpital au peigne fin. Nous avons aussi utilisé des sources extérieures. Nous avons enquêté et suivi diverses pistes pour trouver des patients qui répondent à nos critères. Il suffisait de demander aux patients de nous raconter ce qui leur était arrivé et ce qu'ils avaient ressenti et les mots fusaient aussitôt, car leur plus grand désir était de parler de leurs expériences à une oreille attentive.

Quand le révérend Gaines et moi-même avons finalement comparé nos notes, notre étonnement et notre enthousiasme devant le matériel rassemblé furent indescriptibles. « Oui, j'ai vu mon père aussi nettement que je vous vois », me confia l'un des patients. Une autre personne remercia le révérend Gaines d'être venu l'interroger. « Je suis si heureux de pouvoir parler de cette expérience avec quelqu'un d'esprit ouvert. Jusqu'ici, tous ceux à qui j'ai raconté mon histoire m'ont traité comme si j'étais un fou. Pourtant, mon expérience était si belle, si paisible. » Autre cas, une femme qui était devenue aveugle à la suite d'un accident a déclaré qu'elle avait retrouvé la vue. Mais, dès qu'elle est revenue dans notre monde, elle l'a perdue à nouveau.

Tout cela se passait longtemps avant que quiconque évoquât par écrit une expérience du seuil de la mort ou la vie après la mort, aussi savions-nous que nos découvertes se heurteraient à un scepticisme général et que nous serions tournés en ridicule. Mais, en ce qui me concerne, un seul cas a suffi à me convaincre : une fillette de douze ans m'a révélé qu'elle avait caché son expérience de la mort à sa mère. C'était, m'a-t-elle dit, une expérience si agréable qu'elle ne voulait pas revenir. « Je ne veux pas dire à maman qu'il existe une maison plus agréable que la nôtre », dit-elle.

Finalement, elle raconta son aventure dans tous ses détails à son père, notamment comment son frère l'avait tendrement prise dans ses bras. Son père fut stupéfait. Jusqu'à ce qu'il finisse par le reconnaître, sa fille n'avait jamais su qu'elle avait bel et bien eu un frère. Il était mort quelques mois avant sa naissance.

Alors que le révérend Gaines et moi-même nous demandions ce que nous devions faire de nos découvertes, nos vies prenaient de plus en plus des directions différentes. Lui et moi cherchions une situation en dehors de l'hôpital pour échapper à l'atmosphère étouffante qui y régnait. Le révérend partit le premier. Au début de 1970, on lui confia la responsabilité d'une église à Urbana. C'est à cette époque qu'il prit le nom africain de Mwalimu Imara. J'avais toujours espéré m'en aller la première, mais, en attendant de partir à mon tour, il fallait bien que je continue les séminaires.

Maintenant, tout serait plus difficile sans ce partenaire unique en son genre. Son vieux supérieur, le pasteur N., le remplaça. Mais le courant passait si peu entre nous, qu'un étudiant a cru par erreur que le pasteur N. était le médecin et moi le conseiller spirituel. C'était lamentable.

J'avais de plus en plus envie de renoncer. Finalement, quand le vendredi est arrivé, j'ai décidé que ce serait le dernier séminaire de ma carrière sur la mort et les derniers instants de la vie. J'ai toujours eu un caractère extrême. Après le séminaire, je suis allée voir le pasteur N. pour lui faire part de ma décision. Nous nous trouvions à côté de l'ascenseur. Nous réexaminions minutieusement le séminaire qui venait juste de s'achever et discutions de quelque autre affaire. Lorsqu'il appuya sur le bouton pour appeler l'ascenseur, je me suis dit que c'était le moment ou jamais, qu'il fallait que je démissionne avant qu'il ne rentre dans l'ascenseur. Trop tard. L'ascenseur est arrivé et les portes se sont ouvertes.

Je venais à peine de commencer à parler lorsqu'une femme est subitement apparue entre l'ascenseur et le dos du pasteur N. Je suis restée bouche bée. Cette femme flottait en l'air, presque transparente, et elle me souriait comme si nous nous connaissions. « Mon Dieu, mais qui est-ce ? » ai-je demandé d'un ton bizarre. Le pasteur N. n'avait aucune idée de ce qui se passait. À en juger par la manière dont il me regardait, il devait penser que j'avais perdu la raison. « Je crois que je connais cette femme, ai-je dit. Elle me fixe des yeux.

— Quoi ? s'enquit-il en regardant autour de lui sans rien voir. Mais de quoi parlez-vous ?

— Elle attend que vous entriez dans l'ascenseur pour avancer », dis-je.

Le pasteur N. ne pensait apparemment qu'à une chose — s'enfuir. Il sauta dans cet ascenseur comme s'il s'était agi d'une bouée de sauvetage. Dès qu'il fut parti, cette femme (cette apparition, cette vision ?) s'est dirigée tout droit vers moi. « Docteur Ross, il fallait que je revienne, m'a-t-elle dit. Verriez-vous un inconvénient à ce que nous allions jusqu'à votre bureau ? J'ai seulement besoin de quelques minutes. »

Il n'y avait que quelques dizaines de mètres à parcourir jusqu'à mon bureau. Mais ce fut le trajet à pied le plus étrange et le plus fascinant que j'aie jamais effectué. Était-ce un épisode psychotique ? Les jours précédents avaient été passablement stressants, mais certainement pas au point de voir des fantômes, surtout un fantôme qui s'arrêtait devant mon bureau, ouvrait la porte et me faisait entrer la première, comme si c'était moi le visiteur. Mais à peine avait-elle fermé la porte derrière elle que je l'ai reconnue.

« Madame Schwartz ! »

Mais qu'étais-je en train de dire ? Mme Schwartz était morte et enterrée depuis dix mois. Quoi qu'il en soit, elle était bien là dans mon bureau, debout à côté de moi. Elle avait l'air tout aussi charmante et tout aussi préoccupée qu'autrefois. Quant à moi, pensant que j'allais m'évanouir, je me suis assise. « Docteur Ross, il me fallait revenir pour deux raisons, m'a-t-elle dit distinctement. Tout d'abord, je voulais vous remercier, vous et le révérend Gaines, pour tout ce que vous avez fait pour moi. » J'ai alors touché mon stylo, mes documents et ma tasse de café pour vérifier qu'ils étaient bien réels. Oui, ils étaient aussi réels que le son de sa voix. « Cela dit, je suis surtout venue pour vous demander de ne pas abandonner votre travail sur la mort et les derniers instants de la vie... pas encore. »

Mme Schwartz se dirigea vers moi en arborant un sourire éclatant. J'eus ainsi quelques instants pour réfléchir. Que se passait-il vraiment ? Comment savait-elle que je voulais arrêter mes séminaires ? « M'entendez-vous ? Votre travail ne fait que commencer, dit-elle. Nous vous aiderons. » Même si j'avais du mal à croire à la réalité de ces événements, je n'ai pu m'empêcher de lui répondre. « Oui, je vous entends. » Subitement, j'ai réalisé que Mme Schwartz connaissait mes pensées et savait ce que j'allais dire. Je me suis dit qu'il fallait que j'aie la preuve de la réalité de sa présence. Je lui ai donné un stylo et une feuille de papier et l'ai invitée à rédiger une courte note à l'attention du révérend Gaines. Elle a gribouillé rapidement un remerciement. « Êtes-vous satisfaite maintenant ? » m'a-t-elle demandé.

À vrai dire, je n'en savais rien. Quelques instants plus tard, Mme Schwartz disparaissait. Je l'ai cherchée partout, en vain. Puis, je suis revenue en courant jusqu'à mon bureau pour examiner son mot, toucher le papier, analyser l'écriture, etc. Mais, au bout d'un moment, j'ai laissé tomber. Pourquoi douter ? Pourquoi se poser sans cesse des questions ?

Comme je l'ai appris par la suite, si l'on n'est pas prêt à vivre des expériences mystiques, on n'y croira jamais. Mais si l'on se montre ouvert, alors non seulement elles se réaliseront, non seulement on y croira, mais on n'aura aucun doute même si l'on se retrouve face à quelque chose d'invraisemblable.

Tout d'un coup, la dernière chose au monde que je souhaitais faire était de changer de travail. Même si je devais effectivement quitter l'hôpital quelques mois plus tard, je suis rentrée chez moi ce soir-là regonflée à bloc et pleine d'enthousiasme pour l'avenir. J'avais compris que Mme Schwartz m'avait empêchée de faire une terrible erreur. J'ai envoyé son mot à Mwalimu, l'ex-révérend Gaines. À ma connaissance, il est toujours en sa possession. Pendant très longtemps, il fut la seule personne au courant de ma rencontre avec Mme Schwartz. Manny se serait moqué de moi comme les autres médecins. Mais Mwalimu était différent.

Nous évoluions sur un autre plan. Jusqu'ici, nous nous étions efforcés de définir la mort, mais maintenant, nous cherchions à aller au-delà, dans l'après-vie. Malgré sa lourde tâche dans sa nouvelle église, nous avons fait un marché. Nous nous engagions tous deux à poursuivre les interviews avec les patients et à rassembler des données sur la vie après la mort. J'avais du pain sur la planche. Après tout, j'avais donné ma promesse à Mme Schwartz.

Troisième partie

LE BISON

26

JEFFY

Au milieu de l'année 1970, Manny fut victime d'une légère crise cardiaque. Alors qu'il était à l'hôpital, j'ai pensé que lui rendre visite en compagnie de Kenneth et de Barbara ne poserait pas de problème. Après tout, Manny travaillait comme consultant dans cet hôpital, où l'on se faisait gloire d'offrir au personnel des séminaires fondés sur mon livre. Il y avait des raisons d'espérer de réelles avancées en ce qui concerne le traitement des patients et l'accueil de leurs familles. Mais la première fois que j'ai emmené les gosses voir leur père, un gardien nous a arrêtés à l'extérieur de l'unité de soins intensifs. « Les enfants ne sont pas admis », dit-il.

On nous refusait l'entrée ? Pas de problème, j'allais arranger cela. En arrivant à l'hôpital, j'avais remarqué un chantier sur le parking. Nous sommes sortis de l'enceinte de l'hôpital, j'ai allumé ma lampe de poche, puis j'ai guidé les enfants le long d'un passage qui conduisait à un endroit situé sous la fenêtre de Manny. De là, nous lui avons fait de grands signes de la main. Au moins les enfants ont-ils pu constater *de visu* que leur père allait bien.

Des mesures aussi radicales étaient manifestement inutiles. Les enfants traversent les mêmes stades du deuil que les adultes. Si on ne les soutient pas, ils resteront bloqués et seront affectés de graves problèmes qui auraient pu être facilement évités. À l'hôpital de Chicago, j'avais remarqué un petit garçon qui passait son temps à prendre l'ascenseur pour monter et descendre. Au début, j'ai cru qu'il s'était perdu, mais ensuite j'ai réalisé qu'il se cachait. Finalement, il s'est aperçu que je l'observais et a réagi en jetant des bouts de papier par terre. Lorsqu'il est parti, j'ai ramassé ces bouts de papier et ai reconstitué la page qu'il avait déchirée en petits morceaux. Voilà ce qu'il avait écrit : « Merci d'avoir tué mon père. » Si on l'avait autorisé à rendre quelques visites à son père, cela l'aurait sans doute préparé à surmonter ce deuil.

Mais ce n'était pas mon genre de me taire. Un mois avant de quitter mon hôpital, un de mes patients mourants m'a demandé pourquoi je ne m'étais jamais occupé d'enfants mourants. « Vous avez raison bien sûr ! » me suis-je exclamée. Même si je consacrais tout mon temps libre à Kenneth et à Barbara — des enfants intelligents et charmants — j'avais toujours évité de travailler avec des enfants mourants. C'était paradoxal, étant donné qu'au début je voulais être pédiatre.

La raison de cette répugnance m'est apparue clairement dès que j'y ai réfléchi. Chaque fois que je me suis trouvée face à un enfant en phase terminale, je voyais à sa place Kenneth ou Barbara, et la pensée de perdre l'un d'eux était pour moi inconcevable. Pourtant, j'ai réussi à surmonter ce blocage en acceptant un poste à l'hôpital pédiatrique La Rabida. Là-bas, j'ai dû m'occuper d'enfants souffrant de maladies chroniques incurables. C'est le travail le plus enrichissant qu'il m'ait été donné d'accomplir. J'ai rapidement regretté de ne pas avoir travaillé avec eux dès le départ.

Les enfants sont de meilleurs maîtres que les adultes. Contrairement à ceux-ci, ils n'ont pas accumulé des couches de traumatismes. Ils n'ont pas derrière eux une vie entière de relations loupées ou d'impasses professionnelles ou autres. En outre, ils ne se sentent pas obligés, comme les adultes, de prétendre que tout va pour le mieux. Ils connaissent d'instinct la gravité de leur maladie ou leur fin prochaine, et ils ne cachent pas ce qu'ils pensent de leur situation.

Tom, un petit garçon atteint d'une maladie chronique, est un bon exemple du genre d'enfants dont j'avais à m'occuper dans cet hôpital. Il n'avait jamais pu assumer le fait d'être condamné à rester à l'hôpital en raison de ses problèmes rénaux. Personne ne l'écoutait. En conséquence, il était constamment en colère. Il ne communiquait pas avec les autres. Il énervait les infirmières. Plutôt que de rester à son chevet, nous sommes allés nous promener au bord d'un lac tout proche. Debout sur la rive, il lançait violemment des pierres dans l'eau. Bientôt, il se mit en colère à cause de ses reins et de tous les autres problèmes qui l'empêchaient de mener une vie normale de petit garçon.

Toutefois, après une vingtaine de minutes, son attitude changea complètement. L'astuce que j'ai utilisée a été de lui donner la possibilité d'exprimer ses sentiments refoulés.

Je savais également bien écouter. Je me souviens d'une fille de douze ans qui était hospitalisée pour un lupus érythémateux. Elle venait d'une famille très religieuse et son plus grand rêve était de passer Noël avec eux à la maison. Je compris la signification profonde de sa demande, et pas seulement parce que Noël revêtait une grande importance pour moi aussi. Mais son médecin refusa de la laisser quitter l'hôpital car il craignait que même un léger refroidissement ne lui soit fatal. « Et si nous faisions tout pour qu'elle n'attrape pas froid ? » ai-je demandé.

Quand j'ai vu qu'il ne changerait pas d'avis, le musicothérapeute et moi-même avons enveloppé la fillette dans un sac de couchage et l'avons emmenée en cachette chez elle en passant par une fenêtre. Une fois chez elle, elle a chanté des chants de Noël toute la soirée. Il a bien fallu qu'elle retourne à l'hôpital le lendemain matin, mais je n'avais vu une enfant aussi heureuse. Plusieurs semaines plus tard, après son décès, son médecin si strict reconnut qu'il était heureux que le vœu le plus cher de cette enfant ait été exaucé.

Une autre fois, j'ai aidé les membres du personnel soignant à gérer leurs sentiments de culpabilité consécutifs à la mort d'une adolescente. Le fait d'être gravement malade, au point d'être obligée de rester au lit, ne l'avait pas empêchée de s'enticher follement d'un ergothérapeute. Elle avait un caractère merveilleux. Lorsque le personnel organisa une fête pour Halloween, on l'autorisa exceptionnellement à y assister dans un fauteuil roulant. C'était une boum d'enfer, la sono était tonitruante et, dans un élan de spontanéité, elle s'est levée de son fauteuil roulant pour danser avec l'homme de ses rêves. Et puis, subitement, après s'être avancée de quelques pas, elle s'est écroulée, morte.

Inutile de préciser que la fête s'est immédiatement arrêtée. Tout le monde se sentait terriblement coupable. Lorsque j'ai discuté avec le personnel soignant, lors d'une séance de groupe, je leur ai demandé ce qui était le plus important pour cette fille — vivre quelques mois de plus ou danser avec l'homme qu'elle aimait au cours d'une formidable fête ? « Son seul regret aurait été de ne pas avoir pu danser plus longtemps avec lui », dis-je.

N'en est-il pas ainsi dans la vie en général ? Mais au moins a-t-elle pu danser !

Accepter le fait que les enfants meurent n'est jamais facile, mais je me suis rendu compte que les enfants mourants, bien plus que les adultes, vous disent exactement ce dont ils ont besoin pour trouver la paix. La plus grande difficulté est d'être capable de les écouter. Le meilleur exemple que je puisse vous proposer concerne Jeffy, un petit garçon de neuf ans qui a dû lutter contre une leucémie durant la majeure partie de sa vie. J'ai raconté cette histoire un nombre incalculable de fois au fil des années, mais elle a aidé tant de gens et Jeffy fait tellement partie de ma vie que je vais la répéter une fois encore en puisant dans mon livre, *Death is of vital importance*[1].

> Jeffy passait son temps entre sa maison et l'hôpital. La dernière fois que je l'ai vu, il était à l'hôpital, extrêmement malade. Quelque chose au système nerveux. On aurait dit un petit bonhomme ivre. Sa peau était très pâle, presque décolorée. Il pouvait à

1. *La mort est une question vitale*, éd. Albin Michel, 1996.

peine se tenir debout. À cause de la chimiothérapie, il avait perdu ses cheveux plusieurs fois. Il ne pouvait plus supporter la vue des seringues. En fait, tout lui semblait douloureux.

Ce garçon, j'en étais consciente, n'avait tout au plus que quelques semaines à vivre. Ce jour-là, un nouveau médecin, très jeune, était en train de faire sa tournée. Au moment où je suis entrée dans la chambre, je l'ai entendu dire aux parents de Jeffy : « Nous allons essayer une autre chimiothérapie. »

J'ai alors questionné les parents et le médecin. Avaient-ils demandé à Jeffy s'il voulait, *lui,* suivre une autre série de traitements ? Comme ses parents l'aimaient inconditionnellement, ils m'ont permis de lui poser cette question en leur présence. Et Jeffy m'a donné, dans son langage d'enfant, la plus belle réponse qui soit. Il a répondu tout simplement : « Je ne comprends pas pourquoi vous autres les adultes, vous rendez les enfants malades pour qu'ils aillent mieux. »

Alors, nous en avons discuté. Jeffy venait tout simplement d'exprimer ses quinze secondes de colère naturelle. Cet enfant possédait une autorité intérieure et un respect de lui-même suffisants pour avoir le courage de dire : « Non, merci. » De même, ses parents étaient capables d'entendre, de respecter et d'accepter de telles paroles.

Quand j'ai voulu dire au revoir à Jeffy, il a répondu : « Non, je veux être sûr qu'on me ramène à la maison aujourd'hui. » Quand un enfant vous déclare, avec un tel sentiment d'urgence : « Ramenez-moi à la maison *aujourd'hui* », il n'est pas question de tergiverser. En conséquence, j'ai demandé à ses parents s'ils voulaient bien s'en charger. Et ces parents-là avaient en eux assez d'amour et de courage pour le faire. Et de nouveau, à ce moment-là, j'ai voulu le quitter. Mais Jeffy, avec cette simplicité, cette incroyable sincérité propre aux enfants, m'a dit : « Je veux que *tu* viennes à la maison avec moi. »

J'ai regardé ma montre, ce qui, en langage non verbal, signifiait : « Tu sais, je n'ai pas vraiment le temps de raccompagner chez eux tous les enfants dont je m'occupe. » Et sans que je prononce un seul mot, il a compris instantanément et a cherché à me rassurer : « Ne t'inquiète pas, cela ne prendra que dix minutes. »

Je l'ai raccompagné chez lui, en sachant que, dans les dix minutes suivantes, Jeffy allait achever son travail en souffrance. Nous sommes rentrés tous ensemble — Jeffy, ses parents et moi. Et nous avons ouvert la porte du garage. Jeffy a alors demandé à son père, d'une façon très naturelle : « Décroche ma bicyclette du mur. »

Cette bicyclette flambant neuve était suspendue à deux crochets sur le mur du garage. Jeffy caressait un rêve depuis longtemps : pouvoir faire, au moins une fois dans sa vie, le tour du pâté de maisons à vélo. Aussi son père lui en avait-il acheté un. Mais, à cause de sa maladie, il n'avait jamais pu l'utiliser. Et cette bicyclette était restée là, suspendue à ses crochets depuis trois ans. Et maintenant, Jeffy voulait que son père la décroche. Les yeux pleins de larmes, il lui a demandé de visser les deux petites roues équilibrantes sur la roue arrière. Je ne sais si vous vous imaginez ce qu'il faut d'humilité à un garçon de neuf ans pour utiliser ces roues, d'ordinaire réservées aux petits enfants.

Et le père, qui avait, lui aussi, les yeux humides, a vissé les deux petites roues sur la bicyclette de son fils. Jeffy était comme ivre, à peine capable de tenir debout. Alors Jeffy m'a regardée et m'a dit : « Quant à vous, docteur Ross, vous êtes ici pour retenir ma maman. » Sa mère — Jeffy le savait parfaitement — avait un sérieux problème, un travail en souffrance. Elle n'avait jamais su dire « non » à ses propres désirs. Et son plus grand désir était précisément de porter son enfant malade sur cette bicyclette — comme s'il avait eu deux ans —, de le tenir bien fort et de faire le tour du pâté de maisons avec lui. Pourtant, si elle avait agi ainsi, elle l'aurait privé de la plus grande victoire de sa vie.

Alors je l'ai retenue — et son mari m'a retenue aussi... Et nous avons compris à quel point il est douloureux de se retrouver face à un enfant incurable qui doit, s'il veut sortir victorieux de son défi, prendre le risque de tomber et de se blesser. Et Jeffy est parti.

Après ce qui nous a semblé être une éternité, il est revenu. Sans doute l'homme le plus fier que la terre ait porté ! Il rayonnait d'une oreille à l'autre. Comme s'il avait gagné une médaille d'or aux Jeux olympiques. Il est descendu avec aplomb de sa bicyclette. Et il a demandé à son père, sur un ton d'autorité mêlé d'un certain orgueil, d'enlever les roues équilibrantes et de porter la bicyclette dans sa chambre. Puis il s'est tourné vers moi et m'a dit, d'une façon très belle et directe, et sans le moindre sentimentalisme : « Et maintenant, docteur Ross, vous pouvez rentrer chez vous. »

Deux semaines plus tard, sa mère m'a appelée pour me raconter la fin de l'histoire.

Après mon départ, Jeffy leur avait dit : « Quand Dougy [son frère] rentrera de l'école, il pourra monter dans ma chambre. Mais je ne veux voir aucun adulte. » Une fois rentré chez lui, Dougy est allé voir son frère immédiatement. Lorsqu'il est redescendu, un peu plus tard, il a refusé de révéler à ses parents le contenu de leur conversation.

Il fallut attendre deux semaines pour qu'il nous raconte ce qui s'était passé durant cette visite.

Jeffy désirait tout simplement offrir sa bicyclette chérie à son frère. Mais il ne pouvait attendre la date de l'anniversaire de Dougy — soit quinze jours plus tard —, car il savait qu'il ne tiendrait pas jusque-là. En conséquence, il voulait la lui donner sur-le-champ, mais à une seule condition : qu'il n'utilise jamais ces saloperies de roues équilibrantes !

À l'époque où j'ai commencé à travailler avec les mourants, le corps médical m'avait accusée d'exploiter des gens qui, selon eux, avaient perdu tout espoir. Ces médecins-là ne m'avaient pas écoutée lorsque j'avais affirmé que les patients mourants pouvaient être aidés, voire guéris, jusqu'à leur dernière heure. L'histoire de Jeffy, et les dizaines de milliers d'autres expériences positives qui ont pu avoir lieu grâce à mon travail et à mes théories, avaient un tel impact que ces médecins ne pouvaient faire autrement que de les entendre. Il m'avait fallu près de dix années d'un dur labeur pour y parvenir.

27

LA VIE APRÈS LA MORT

À l'hôpital La Rabida, jusqu'à l'année 1973, j'ai aidé les enfants mourants à effectuer la transition entre la vie et la mort. En même temps, j'assumais la responsabilité de directrice du *Family Service Center,* une clinique de santé mentale. Je pense que la pire critique que l'on aurait pu me faire est que j'en faisais trop. Mais en réalité, je me sous-estimais. Un jour, le directeur de l'administration de la clinique m'a aperçue alors que je m'occupais d'une pauvre femme. Plus tard, il m'a reproché de m'occuper de patients qui n'avaient pas les moyens de payer. C'était comme s'il m'avait demandé de m'arrêter de respirer.

Je n'avais aucunement l'intention d'arrêter cette manière de pratiquer. Si l'on veut m'embaucher, alors il faut également accepter ce que j'ai toujours défendu. Au cours des deux jours qui suivirent, nous avons discuté de ce problème. Alors que ma thèse était que les médecins se doivent de traiter les patients nécessiteux, lui me répondait qu'il avait une entreprise à gérer. Finalement, il m'a proposé un compromis : je pourrais m'occuper des nécessiteux durant l'heure du déjeuner. Mais pour s'assurer que je respectais bien cet emploi du temps, il voulait m'obliger à pointer.

Non merci. Je suis partie et, à l'âge de quarante-six ans, j'ai eu soudain le temps de me consacrer à des projets nouveaux et enthousiasmants comme mon premier atelier sur la Vie, la Mort et la Transition, qui consistait en une série de conférences et d'interviews de patients mourants, de séances de questions-réponses et d'exercices en face à face destinés à aider les gens à surmonter leur tristesse et leur colère — ce que j'ai appelé leurs vieux problèmes en suspens. Il pouvait s'agir de la mort d'un parent que l'on n'a jamais pu pleurer, de violences sexuelles jamais reconnues ou de quelque autre traumatisme. Cependant, dès lors qu'on les exprimait dans un environnement sécurisant, le processus de guérison pouvait s'engager et les gens étaient en mesure de vivre le genre d'existence ouverte et honnête qui autorise une bonne mort.

Bientôt, on me proposa d'animer ces séminaires un peu partout dans le monde. Je recevais environ mille lettres chaque semaine. Le téléphone n'arrêtait pas de sonner. Manny et les enfants durent subir les inconvénients et la pression d'une telle popularité, mais ils m'ont soutenue sans se plaindre. Ma recherche sur la vie après la mort prit alors l'aspect d'une dynamique que l'on ne peut arrêter. Au début des années soixante-dix, Mwalimu et moi avons interviewé environ vingt mille personnes qui avaient vécu de telles expériences. Ces gens, âgés de deux à quatre-vingt-dix ans, étaient issus de peuples ou de groupes très divers — Eskimos, Indiens d'Amérique, protestants, musulmans, etc. Dans tous les cas, les expériences qu'ils avaient vécues étaient si similaires que leurs récits ne pouvaient être que véridiques.

Jusque-là, je ne croyais absolument pas dans l'après-vie, mais les données rassemblées m'ont convaincue qu'il ne s'agissait pas de pures coïncidences ou d'hallucinations. Ainsi, par exemple, une femme, qui avait été déclarée décédée après un accident de voiture, a affirmé qu'elle était revenue après avoir vu son mari. Plus tard, les médecins lui ont dit qu'il était mort dans un autre accident de voiture de l'autre côté de la ville. Dans un autre cas, un homme âgé d'une trentaine d'années raconta comment il avait tenté de se suicider après avoir perdu sa femme et ses enfants dans un accident de voiture. Une fois mort, cependant, il vit les membres de sa famille, qui allaient tous bien, et il décida de revenir à la vie.

Non seulement ces gens nous apprirent que l'expérience de la mort était indolore, mais ils déclarèrent qu'ils n'avaient pas eu envie de revenir à la vie. Après avoir rencontré leurs proches décédés ou leurs guides, ils étaient transportés dans un lieu si charmant et réconfortant qu'ils ne désiraient plus revenir à la vie. Il fallait qu'on le leur demande. « Le moment n'est pas encore venu » était une phrase que presque tous ont entendue. Je me souviens d'avoir observé un bambin de cinq ans tandis qu'il dessinait pour expliquer à sa mère combien son expérience de la mort avait été agréable. Tout d'abord, il a dessiné un château avec des couleurs vives en disant : « C'est là où Dieu vit. » Puis, il a rajouté une étoile brillante. « Lorsque j'ai vu l'étoile, elle m'a dit, "bienvenue à la maison". »

Ces découvertes remarquables m'ont conduite à une conclusion scientifique encore plus remarquable : la mort n'existait pas, en tout cas pas dans sa définition traditionnelle. J'avais le sentiment que toute définition nouvelle devrait aller au-delà de la mort du corps physique. Elle devrait prendre en compte la preuve que nous détenions, selon laquelle l'homme a également une âme et un esprit, une raison supérieure de vivre, un sens de la poésie, quelque chose de plus que la simple survie, quelque chose d'immortel.

Les patients mourants qui étaient passés par les cinq stades déclaraient ensuite ceci : « Une fois que nous avons accompli tout le travail pour lequel on nous avait envoyés sur terre, nous sommes autorisés à abandonner notre corps, lequel emprisonne notre âme comme le cocon enferme le futur papillon. » Et c'est comme cela que ces gens faisaient ensuite la plus grande expérience de leur vie. Peu importe que la cause du décès ait été un accident de voiture ou un cancer (à ceci près que ceux qui meurent dans un accident d'avion ou à la suite de tout autre circonstance tout aussi soudaine et inattendue ne réalisent généralement pas immédiatement qu'ils sont morts), la mort ne provoque ni souffrance, ni peur, ni angoisse ni chagrin, seulement la chaleur et le calme de la métamorphose d'un papillon.

Selon les interviews que j'ai rassemblées, le processus de la mort se décompose en plusieurs phases distinctes :

Première phase : dans la première phase, les gens flottent au-dessus de leurs corps. Peu importe si les gens mouraient dans une salle d'opération ou dans un accident de voiture, ou encore s'ils s'étaient suicidés, tous ont rapporté avoir eu pleinement conscience de ce qui se passait autour d'eux au moment de leur mort. Ils quittaient leurs corps, tels des papillons qui sortent de leurs chrysalides. Ils prenaient ensuite une forme éthérée. Ils comprenaient ce qui se passait, entendaient les discussions des vivants, pouvaient compter le nombre de médecins qui s'efforçaient de les sauver, ou bien observaient les pompiers qui essayaient de dégager leurs corps de la carcasse d'une voiture. Un homme s'est souvenu du numéro minéralogique de la voiture du chauffard qui s'était enfui après l'avoir heurté de plein fouet. D'autres rapportèrent ce que leurs proches avaient dit à leur chevet au moment de leur mort.

Dans cette première phase, les sujets faisaient en outre l'expérience de la plénitude. Par exemple, si de son vivant quelqu'un était aveugle, il retrouvait la vue dans l'autre monde. Ceux qui avaient été paralysés se déplaçaient maintenant joyeusement et sans effort. Une femme a raconté qu'elle avait tellement aimé danser au-dessus de sa chambre d'hôpital qu'elle fut profondément déprimée lorsqu'elle dut revenir dans son corps. En réalité, le seul grief que les personnes avec lesquelles je me suis entretenue ont formulé était d'avoir été obligées de revenir à la vie.

Deuxième phase : à ce stade, les sujets avaient abandonné leurs corps derrière eux et rapportèrent qu'ils étaient entrés dans un état de vie *post mortem* que l'on peut seulement définir comme spirituel et énergétique. Ils étaient rassurés de constater qu'aucun être humain ne meurt dans la solitude. Quelles que soient les circonstances ou le lieu de leur mort, ils pouvaient se rendre où ils voulaient à la vitesse de leurs pensées. Certains affirmèrent qu'il leur suffisait de penser à la détresse des membres de leur famille pour se retrouver instantanément auprès d'eux, quand bien même seraient-ils à l'autre bout du monde. D'autres, qui avaient été évacués en ambulance, se rappelèrent avoir rendu visite à des amis sur leur lieu de travail.

J'ai découvert que cette phase était la plus réconfortante pour les gens qui pleuraient la mort d'un proche, surtout lorsqu'il s'agissait d'une mort tragique et soudaine. Celui qui dépérit lentement d'un cancer sur une longue période a le temps — tout comme sa famille — de se préparer à l'éventualité de la mort. Les choses sont beaucoup plus difficiles dans le cas d'un accident d'avion. Les personnes décédées sont aussi perturbées que les membres de leurs familles et cette phase leur permet de prendre conscience de ce qui est arrivé. Ainsi, je puis affirmer que les personnes qui sont mortes dans l'accident du vol 800 de la TWA étaient présentes aux côtés des membres de leurs familles lors de la cérémonie du souvenir qui s'est déroulée sur la plage.

Tous les sujets que j'ai interrogés ont assuré qu'ils ont pu, durant cette phase, rencontrer leurs anges gardiens, leurs guides ou leurs « copains », ainsi que les enfants les appellent souvent. Ils ont décrit le rôle de guide de leurs anges, qui par leur amour les ont réconfortés et les ont conduits jusqu'à leurs proches décédés — parents, grands-parents, cousins ou amis. Ils se souvenaient de cet épisode comme d'une réunion chaleureuse, où tout le monde s'embrassait et se congratulait.

Troisième phase : guidés par leurs anges gardiens, mes sujets sont ensuite passés à la troisième phase en pénétrant dans ce que l'on décrit habituellement comme un tunnel, ou un seuil transitionnel, bien que les sujets, pour évoquer cet endroit, aient utilisé diverses images — un pont, un défilé entre deux montagnes, un joli ruisseau — en fait, ce qui leur convenait le plus. Ils avaient créé ce passage grâce à leur énergie psychique et, au bout de celui-ci, ils voyaient toujours une lumière brillante.

Lorsque leurs guides les ont rapprochés de cette lumière, ils ont senti qu'elle irradiait une chaleur, une énergie, une force spirituelle et un amour intenses. Beaucoup d'amour, surtout. Un amour inconditionnel. Les sujets rapportèrent que sa force était irrésistible. Ils éprouvaient des sentiments d'enthousiasme, de paix, de tranquillité et avaient la sensation profonde d'être enfin revenus à la maison. La lumière, disaient-ils, est la source suprême de l'énergie de l'univers. Certains l'assimilaient à Dieu, d'autres au Christ ou à Bouddha. Mais tous étaient d'accord sur une chose : ils avaient été enveloppés d'un amour absolu et inconditionnel. Après avoir entendu les témoignages de milliers et de milliers de personnes qui m'ont décrit ce même voyage, j'ai compris pourquoi aucun d'entre eux ne voulait revenir dans son corps physique.

Mais ceux qui revenaient effectivement dans leur corps affirmèrent tous la même chose : cette expérience avait eu un effet profond sur leur vie. Elle s'apparentait à une expérience religieuse. Certains avaient reçu des connaissances profondes. D'autres en étaient revenus avec des mises en garde prophétiques. D'autres encore avaient eu des intuitions soudaines qui leur avaient apporté la solution à des problèmes jusqu'alors insolubles. Quoi qu'il en soit, chacun d'entre eux, en voyant cette lumière, a fait l'expérience de cette révélation : il n'y a qu'une explication au sens de la vie, et c'est l'amour.

Quatrième phase : dans cette phase, les sujets rapportèrent s'être trouvés en présence de la Source Suprême. Certains l'appelaient Dieu. D'autres indiquèrent simplement s'être sentis entourés de tous les éléments de connaissance — passés, présents et futurs. En tout cas, il émanait de cette Source Suprême une tolérance et un amour infinis. Ceux qui atteignaient ce plan n'avaient plus besoin de leur corps éthérique. Ils devenaient une pure énergie spirituelle, l'état qui est le nôtre entre deux incarnations et lorsque notre destinée s'achève. Ils ont fait l'expérience de l'unicité et de la complétude existentielles.

Dans cet état, les sujets revoyaient le film de leur vie — chaque geste, chaque mot et chaque pensée. Ils étaient contraints de rechercher et de comprendre les raisons de chacune de leurs décisions, pensées et actions de leur vie terrestre. Ils virent comment leurs actions avaient affecté la vie d'autrui, y compris celle d'inconnus. Ils ont découvert ce qu'aurait pu être leur vie, leur potentiel véritable. On leur a montré comment toutes les vies sont imbriquées, comment chaque pensée et chaque action ont des répercussions sur toutes les autres créatures vivantes de la planète.

J'ai interprété cet état comme étant le paradis ou l'enfer, ou alors peut-être les deux à la fois.

Le plus grand cadeau que Dieu a fait à l'homme est le libre arbitre. Mais celui-ci exige le sens des responsabilités — celle de prendre les meilleures décisions, les plus justes et les plus réfléchies, qui bénéficieront au monde et favoriseront l'évolution de l'humanité. Dans cette phase, les sujets furent ainsi questionnés : « Quel service avez-vous rendu ? » C'était la plus difficile des questions, que l'on peut traduire ainsi : « Avez-vous, oui ou non, fait les meilleurs choix dans votre vie ? » En outre, les sujets prirent conscience de ce qu'ils avaient ou non tiré les enseignements des leçons — la leçon suprême étant l'amour inconditionnel — qu'ils étaient venus apprendre en s'incarnant.

La conclusion fondamentale que j'ai tirée de tout cela — et je n'ai pas changé d'avis depuis — c'est que les êtres humains, qu'ils soient riches ou pauvres, américains ou russes, ont des besoins, des désirs et des soucis similaires. En fait, je n'ai jamais rencontré une personne dont le plus grand besoin n'ait été l'amour.

Le véritable amour inconditionnel.

On peut le rencontrer dans le mariage ou à l'occasion d'un simple acte de gentillesse envers un être en détresse. Mais il est impossible de ne pas reconnaître l'amour. On le ressent dans son cœur. Il tisse la trame de nos vies, il est la flamme qui réchauffe notre âme et introduit la passion dans nos existences. Il est le lien qui nous unit à Dieu et à chacun d'entre nous.

Nous passons tous par des moments de lutte dans la vie. Certains combats sont capitaux, d'autres semblent de peu d'importance. Mais, quels qu'ils soient, ils représentent les leçons que nous devons tirer de l'existence, si telle est notre volonté. Pour avoir une belle vie — et donc une belle mort — je vous demande instamment de faire vos choix dans la perspective de l'amour inconditionnel, en vous posant chaque fois cette question : « Quel service vais-je ainsi pouvoir rendre ? »

La liberté de choisir est la liberté que Dieu nous a donnée — la liberté d'évoluer et d'aimer.

La vie est une responsabilité. Il m'a fallu décider d'accepter ou non d'accompagner une mourante qui n'avait pas les moyens de me payer. J'ai pris ma décision en mon âme et conscience, en essayant de déterminer la conduite la plus juste à tenir, même si pour cela j'ai perdu mon emploi. Pour moi, cela n'avait pas d'importance. J'aurais à faire face à bien d'autres dilemmes.

Au bout du compte, ceux qui tireront les leçons de ces luttes en sortiront vainqueurs, les autres défaits.

28

LES PREUVES

Durant six mois, en 1974, j'ai veillé tard le soir pour taper énergiquement mon troisième livre à la machine, *Death : The Final Stage of Growth*[1]. Avec ce titre, vous pourriez penser que j'ai toutes les réponses sur le problème de la mort. Mais le jour où j'ai achevé cet ouvrage, le 12 septembre, ma mère est morte dans la maison de repos où elle avait vécu les quatre dernières années, et j'ai alors demandé à Dieu pourquoi il avait laissé souffrir si longtemps cette femme qui a passé les quatre-vingt-un ans de sa vie à donner aux autres son amour, sa protection et son affection. Même durant l'enterrement, j'ai maudit le Seigneur pour sa méchanceté.

Et puis, si incroyable que cela puisse paraître, j'ai révisé mon opinion sur Dieu et je l'ai remercié pour sa générosité. Cela semble complètement insensé, n'est-ce pas ? J'ai pensé exactement la même chose jusqu'à ce que je réalise soudain que ma mère avait dû apprendre, pour sa dernière leçon, à recevoir soins et affection, chose pour laquelle elle n'avait jamais été douée. Depuis lors, je loue le Seigneur

1. *La Mort, dernière étape de la croissance,* éditions du Rocher, 1985.

de ne lui avoir imposé que quatre années d'apprentissage. Je veux dire par là que cela aurait pu être bien plus long.

Même si la vie se déroule selon l'ordre chronologique, on n'est confronté aux leçons que lorsque c'est nécessaire. Durant la semaine de Pâques, avant ces événements, je m'étais rendue à Hawaii pour animer un séminaire. Les gens me considéraient comme la spécialiste de la vie. Et qu'est-il arrivé ? Les circonstances ont fait que j'ai appris une leçon extraordinairement importante sur moi-même. Ce fut un séminaire exceptionnel, mais rendu très difficile, car l'homme qui l'avait organisé était un véritable radin. Il avait réservé un endroit horrible. Il s'était plaint de ce que nous mangions trop et nous a même fait payer le papier et les crayons que nous avions utilisés.

En revenant, je me suis arrêtée en Californie. Des amis sont venus me chercher à l'aéroport et m'ont demandé comment s'était passé le séminaire. J'étais si perturbée que j'étais incapable de leur répondre. Aussi, essayant d'être drôles, ils m'ont dit : « Raconte-nous un peu tes lapins de Pâques. » Pour une raison ou pour une autre, en entendant cela, j'ai explosé sans pouvoir me contrôler. Toute la colère et les déceptions que j'avais refoulées la semaine précédente sont brusquement remontées à la surface. Ce genre de comportement ne me ressemblait pas.

Plus tard, ce soir-là, bien à l'abri dans ma chambre, j'ai cherché à analyser ce qui avait provoqué cette explosion de colère. La mention des lapins de Pâques avait ravivé le souvenir du jour où mon père m'avait ordonné d'apporter Blackie chez le boucher.

Et soudain, tout ce que j'avais refoulé en moi pendant près de quarante ans — colère, chagrin, sentiment d'injustice — est remonté à la surface comme un torrent tumultueux : je me suis mise à pleurer toutes les larmes de mon corps. J'ai aussi réalisé que je ne supportais pas les radins. Chaque fois que j'en rencontrais un, j'étais tendue, revivant inconsciemment la mort de mon lapin favori. Finalement, cet harpagon à Hawaii m'avait poussée dans mes derniers retranchements.

Bien évidemment, dès lors que ces émotions ont pu s'exprimer, je me suis sentie bien mieux.

Il est impossible de vivre pleinement sa vie si l'on ne se débarrasse pas de sa négativité, de tous ses problèmes non résolus... de tous ses lapins noirs.

Je pense qu'il y avait un autre « lapin noir » en moi. C'était mon besoin — moi qui ne pesais qu'un kilo à la naissance — de me prouver en permanence que je méritais de vivre. À quarante-neuf ans, j'étais toujours incapable de ralentir mon rythme. Manny était également très occupé à se faire une réputation. Nous n'avions pas beaucoup de temps pour construire une relation saine. Je me suis dit que la seule solution consisterait à acheter une ferme, dans un endroit perdu où je pourrais recharger mes batteries, me détendre avec Manny et offrir aux enfants la possibilité de découvrir la nature comme j'avais pu le faire moi-même durant mon enfance. J'imaginais un grand domaine, des arbres, des fleurs et des animaux. Si Manny ne partageait pas mon enthousiasme, il admit au moins que les voyages en voiture que nous effectuions pour visiter des fermes nous permettaient de passer du temps ensemble.

Lors de notre dernière sortie de l'été 1975, nous avons trouvé l'endroit idéal en Virginie. Les champs semblaient tout droit sortis d'un album photo, et il y avait même des tumulus indiens sacrés. J'ai adoré cet endroit. Manny paraissait tout aussi enchanté, à en juger par la façon dont il mitraillait l'endroit avec l'appareil photo de grand prix qu'il avait emprunté à un ami. Nous avons discuté de ce lieu dans la voiture tandis que Manny me conduisait à l'hôtel d'Afton où je devais animer un atelier le lendemain. Après m'avoir déposée, Manny et les enfants sont rentrés à Chicago par la route.

Sur la route d'Afton, nous sommes arrivés devant une étrange petite maison. Une femme qui se tenait devant son perron s'est mise à courir vers notre voiture en nous faisant de grands signes de la main. Pensant qu'elle avait besoin d'aide, Manny s'est arrêté. Nous avons ainsi appris que cette femme, que nous ne connaissions absolument pas, savait où j'allais dormir ce soir-là et qu'elle guettait notre passage devant sa maison. Elle m'a invitée à entrer chez elle. « J'ai quelque chose de très important à vous montrer », m'a-t-elle dit.

Si étrange que cela puisse paraître, ce n'était pas la première fois que cela m'arrivait. Depuis un certain temps, j'étais habituée à ce que des gens se dépensent sans compter pour me parler ou pour me dire qu'ils avaient absolument besoin de me poser une question. Et comme j'ai toujours essayé de répondre aux sollicitations de chacun, j'ai dit à cette femme qu'elle avait deux minutes pour m'exposer son problème. Elle a accepté mes conditions et je l'ai suivie dans sa maison. Elle m'a introduite dans un petit salon douillet et a désigné une photo sur la table. « Voilà, dit-elle. Regardez. » À première vue, il s'agissait simplement d'une jolie fleur, mais, en y regardant de plus près, j'ai vu que la fleur était utilisée comme perchoir par une créature dotée d'un corps, d'un visage et d'ailes de petites dimensions.

Je me suis tournée vers cette femme. Elle me fit un signe de la tête. « C'est une fée, n'est-ce pas ? ai-je dit, sentant que mon cœur battait plus vite.

— Qu'est-ce que vous en pensez ? » questionna-t-elle.

Parfois, il vaut mieux penser avec son instinct qu'avec sa tête. À ce point de ma vie, j'étais ouverte à tous les possibles. J'avais très souvent l'impression qu'on levait un rideau devant moi pour que je puisse accéder à un monde que personne n'avait vu auparavant. J'en avais maintenant la preuve. En temps normal, j'aurais réclamé une tasse de café et j'aurais longuement conversé avec cette femme. Mais là, ma famille m'attendait dans la voiture. Je n'avais pas le temps de discuter et je n'avais pas d'avis à donner sur cette photo.

« Voulez-vous une réponse franche ou une réponse polie ? lui ai-je demandé.

— Peu importe, dit-elle. Vous venez de me répondre. »

Je m'étais à peine levée pour partir qu'elle m'a tendu un Polaroïd, puis m'a conduite vers une porte de service qui donnait sur un jardin très bien entretenu. Là, elle m'a priée de photographier n'importe quelle plante ou fleur. Pour la tranquilliser et pour pouvoir enfin quitter cet endroit, j'ai pris un cliché, puis ai tiré l'épreuve. Quelques secondes plus tard, j'ai vu apparaître sur la photo une autre fée perchée sur une fleur. Une partie de moi-même était stupéfaite, une autre se demandait où était le truc. Mais j'étais pressée. Je l'ai rapidement remerciée, puis ai rejoint Manny et les enfants. Quand ils ont voulu savoir ce que désirait cette femme, j'ai inventé une histoire. Malheureusement, il y avait de plus en plus de choses que je ne pouvais raconter à ma famille.

Avant de me laisser à l'hôtel, Manny m'a confié l'appareil photo qu'il avait emprunté, pensant qu'il valait mieux que je le prenne avec moi dans l'avion plutôt que de prendre le risque qu'il ne soit volé au motel où il prévoyait de passer la nuit. Il m'a sermonnée en m'expliquant combien il était important de prendre grand soin de cet appareil hors de prix, un laïus que j'avais entendu tellement souvent auparavant que je n'y faisais même plus attention. « Je te promets de ne pas y toucher », lui ai-je dit tout en prenant l'appareil pour le porter en bandoulière. Plus tard, j'ai ri intérieurement en songeant à l'aspect paradoxal de ma promesse de ne pas toucher l'appareil alors que je le portais sur moi.

Dès que je me suis retrouvée toute seule, j'ai immédiatement repensé aux fées. J'avais pour la première fois entendu parler des fées dans les contes que je lisais lorsque j'étais petite. Enfant, je parlais à mes fleurs et à mes plantes, mais je n'ai jamais cru à l'existence des fées. D'un autre côté, je ne pouvais m'empêcher de revoir cette étrange femme qui photographiait les fées. Il y avait bien là une preuve tangible de leur existence. En outre, n'avais-je pas moi-même pris des clichés de ces créatures avec son appareil Polaroïd ? S'il y avait un truc, alors il devait être vraiment extraordinaire. Mais je ne croyais pas du tout à la thèse du truquage.

Depuis la visite surnaturelle de Mme Schwartz, je me gardais bien de rejeter quoi que ce soit pour la seule raison que je ne pouvais l'expliquer. Je croyais que chaque être était protégé par un guide ou un ange gardien. Qu'il s'agisse des champs de bataille de Pologne, des baraquements de Maidanek ou des couloirs d'un hôpital, je me suis souvent sentie guidée par quelque chose de plus puissant que moi.

Et les fées, alors ?

Lorsque l'on est prêt à vivre des expériences mystiques, celles-ci se produisent. Celui qui est ouvert aura ses propres rencontres spirituelles.

Personne n'aurait pu avoir un esprit plus ouvert que moi quand je suis rentrée dans ma chambre d'hôtel. M'emparant de l'appareil photo qui appartenait à l'ami de Manny — le fruit défendu, puisque j'avais promis de ne pas y toucher — je me suis rendue en voiture jusqu'à un champ verdoyant à l'orée d'un bois. Là, j'ai découvert un point d'observation idéal en face d'une petite butte et je me suis assise. Ce tableau bucolique me rappelait la cache secrète de mon enfance, derrière notre maison à Meilen. Il ne restait plus que trois photos dans l'appareil.

Trois photos : pour mon premier essai, j'ai visé la

hauteur qui se trouvait en face de moi, avec la forêt en arrière-plan. Avant de prendre le deuxième cliché, j'ai demandé quelque chose à haute voix, comme un défi : « Si j'ai vraiment un guide et s'il peut m'entendre, eh bien qu'il apparaisse dans le prochain cliché. » Puis, j'ai pris la photo. Le dernier cliché fut raté.

De retour à l'hôtel, j'ai rangé l'appareil photo, puis je n'ai plus pensé à cette expérience. Mais, environ un mois plus tard, la mémoire m'est subitement revenue. J'avais pris l'avion de New York à Chicago en portant un énorme sac rempli de bonnes choses pour mon « brooklynien » de mari — une douzaine de hot-dogs casher de chez *Kuhn's,* plusieurs livres de salami casher et du cheese-cake à la new-yorkaise. À l'atterrissage, tout l'avion sentait comme dans une épicerie. Je suis rentrée à la maison comme un bolide pour faire la surprise à Manny qui ne m'attendait pas avant la fin de la soirée. Alors que je préparais le dîner, il a téléphoné pour parler à l'un des enfants. Au lieu de paraître heureux en découvrant le son de ma voix au bout du fil, il m'a répliqué sèchement : « Alors, il n'y a rien à faire. Tu as recommencé.

— Recommencé quoi ? » lui ai-je demandé. Je n'avais aucune idée de ce à quoi il faisait allusion. « L'appareil photo », précisa-t-il d'un ton sec. Je ne voyais pas de quel appareil photo il s'agissait. D'un ton contrarié, il m'expliqua qu'il s'agissait de l'appareil de grand prix qu'il avait emprunté et qu'il m'avait confié en Virginie. « Tu t'en es sûrement servie, dit-il. J'ai fait développer la pellicule et il y a un cliché surimprimé à la fin. Cette saloperie de pellicule a dû être abîmée. » Soudain, je me suis souvenue de mon expérience. Ne tenant aucun compte des critiques de Manny, je l'ai supplié de rentrer le plus vite possible à la maison. Dès qu'il a franchi le pas de la porte, je lui ai réclamé les photos comme un enfant impatient.

Si je n'avais pas pris moi-même ces clichés, je n'aurais jamais cru à ce qu'il y avait dessus. La première photo représentait la prairie et les bois. La seconde représentait exactement la même scène, mais, en surimpression, on voyait au premier plan un grand Indien, musclé, d'apparence stoïque, les bras croisés sur la poitrine. Au moment où j'avais pris la photo, il avait son regard fixé sur l'objectif. L'expression de son visage était très sévère. Il n'avait vraiment pas l'air de plaisanter.

J'étais en extase. Ce cliché me donnait le vertige. Je n'arrivais pas à détacher mes yeux de ces clichés tellement j'étais émerveillée. « Alors, c'était vrai », ai-je dit doucement. J'étais bien décidé à conserver ces photos comme un trésor durant toute ma vie. Elles constituaient des preuves tangibles. Malheureusement, elles furent détruites, avec toutes mes autres photos, avec mes journaux, mes notes et mes livres, dans l'incendie qui détruisit ma maison en 1994.

Manny, sur le point de me réprimander à nouveau, m'a demandé ce que j'avais murmuré. « Oh, rien ! » C'est triste à dire, mais je ne pouvais pas partager mon enthousiasme avec mon mari, car il n'aurait pas toléré une telle perte de temps. Déjà qu'il lui était difficile d'accepter mes recherches sur la vie après la mort, alors les fées... L'époque où nous nous soutenions l'un l'autre à la faculté de médecine et au cours des longues heures d'internat appartenait dorénavant au passé. Maintenant, il avait cinquante ans. Il avait subi plusieurs affections cardiaques et la seule chose qui l'intéressait était de se ranger et d'accumuler des biens matériels. Quant à moi, à bien des égards, ma vie ne faisait que commencer.

Cela constituerait bientôt un problème.

29

LE CHANNELING

On m'avait montré le chemin. Maintenant, j'avais besoin d'une aide plus importante. J'avais trouvé des preuves de l'existence d'une vie après la mort. Je disposais aussi des photos des fées et de mes guides. Des éléments d'un monde nouveau, inexploré, m'avaient été révélés. J'avais l'impression d'être un explorateur qui approchait du terme d'un long voyage. La terre était en vue. Pourtant, je ne pouvais l'atteindre toute seule. J'espérais vraiment que quelqu'un pourrait m'accompagner. Je fis savoir, au sein du cercle sans cesse grandissant de mes relations, que je cherchais quelqu'un qui en sache plus que moi dans ce domaine.

Évidemment, des intercesseurs amateurs de tofu m'ont contactée en me faisant toutes sortes de propositions sur le dialogue avec les morts et les voyages vers des plans de conscience supérieurs. Mais ces gens-là ne m'ont jamais intéressée. Et puis, au début de l'année 1976, j'ai été approchée par un couple de San Diego, Jay et Martha B., qui m'ont promis de me mettre en contact avec des entités spirituelles. « Vous pourrez leur parler, m'ont assuré les B. Vous pourrez leur parler et ils vous répondront. »

Ma curiosité fut éveillée. Nous nous sommes

entretenus un certain nombre de fois au téléphone, et puis, à l'occasion d'une conférence à San Diego, ce printemps-là, j'ai pu leur rendre visite.

À l'aéroport, nous nous sommes tous trois enlacés comme de vieux amis. Jay B., un ancien ouvrier en construction aéronautique, et sa femme, Martha, étaient à peu près du même âge que moi et ressemblaient à n'importe quel couple d'Américains moyens. Il avait une calvitie bien avancée et elle était bien en chair. Ils m'ont emmenée dans leur maison à Escondido où l'activité qu'ils avaient mise sur pied connaissait un certain succès. Depuis qu'ils avaient fondé leur « Église de la Divinité » l'année précédente, une centaine de fidèles s'étaient joints à eux. La grande attraction était la capacité de Jay à communiquer avec les esprits. Dans ce type de séance, le médium se met dans un état de transe profonde pour entrer en contact avec une entité supérieure ou une personne décédée pleine de sagesse qui lui transmet ses connaissances. Les séances se déroulaient dans un petit bâtiment, ou « chambre noire », derrière leur maison. « Nous appelons cela le "phénomène de la matérialisation", dit-il sur un ton animé. C'est extraordinaire la somme de connaissances que l'on nous a transmises jusqu'ici de cette façon. »

Qui pourrait me reprocher mon enthousiasme ? Le premier jour, je me suis retrouvée en compagnie de vingt-cinq personnes de tous âges et de toutes conditions dans la chambre noire, un bâtiment écrasé et sans fenêtres. Tout le monde s'était assis sur des chaises pliantes. Jay m'a placée au premier rang, à la place d'honneur. Puis, on a éteint la lumière et le groupe s'est mis à psalmodier doucement un « Om » rythmé afin de donner à Jay l'énergie nécessaire pour que les entités se manifestent à travers lui.

Malgré toutes mes attentes, je me réservais le droit au scepticisme. Lorsque la psalmodie frisa l'euphorie, Jay disparut derrière un écran et, soudain, une silhouette immensément grande apparut à ma droite. Ce personnage avait un aspect fantomatique, mais, par rapport à Mme Schwartz, il avait plus de densité et sa présence en imposait davantage. Il mesurait environ un mètre quatre-vingt-dix et s'exprimait d'une voix grave. « Avant la fin de cette soirée, vous serez à la fois stupéfaits et encore plus perturbés », dit-il.

Je l'étais d'ores et déjà. Assise sur le bord de ma chaise, je tombai sous son charme envoûtant. C'était invraisemblable, mais quelque chose en moi me disait que je vivais la plus grande expérience de ma vie. Il s'est mis à chanter, à saluer le groupe, puis il s'est dirigé directement vers moi et je me suis retrouvée avec cette silhouette imposante juste devant moi. Tout ce qu'il disait ou faisait était délibéré et parfaitement sensé. Il m'a appelée Isabel — je devais mieux en comprendre la raison quelques minutes plus tard — puis il m'invita à faire preuve de patience, car mon âme sœur essayait de se manifester.

Je voulais lui demander de quelle âme sœur il voulait parler, mais j'étais incapable de prononcer un mot. Puis il disparut et, après un long moment dans les ténèbres, un autre personnage, complètement différent, s'est matérialisé. Il déclara s'appeler Salem. Comme le premier esprit, il ne ressemblait en rien à l'Indien que j'avais photographié. Salem était grand et svelte. Il était vêtu d'une robe de cérémonie longue et ample et portait un turban. Un sacré personnage ! Lorsqu'il s'est placé devant moi, je me suis dit : « Si ce type me touche, je vais tomber raide morte. » Au moment même où cette pensée m'a traversé l'esprit, Salem disparut. Puis, le premier personnage est revenu et nous a expliqué que ma nervosité avait fait fuir Salem.

Au bout de cinq minutes, je m'étais calmée. Puis, Salem, ma prétendue âme sœur, réapparut devant moi. Bien que mes pensées l'aient fait fuir quelques minutes auparavant, il décida de me mettre à l'épreuve en plaçant ses orteils sur le bout de mes sandales. Lorsqu'il vit que cela ne m'effrayait pas, il s'est penché encore plus vers moi. Je voyais bien qu'il s'efforçait de ne pas m'effrayer, et d'ailleurs, je n'avais pas peur. Au moment même où j'ai souhaité qu'il en vienne directement aux faits, il s'est présenté officiellement, m'a saluée en m'appelant sa « sœur bien-aimée, Isabel » et m'a ensuite doucement fait lever de ma chaise pour me conduire dans une pièce plongée dans une complète obscurité où nous nous sommes retrouvés tout seuls.

Salem s'est alors conduit de manière étrange, mystique même, tout en se montrant en même temps apaisant et familier. Il m'avertit tout d'abord qu'il allait me guider au cours d'un voyage très particulier, puis il m'a expliqué que dans une autre vie, à l'époque de Jésus, j'avais été une enseignante respectée et pleine de sagesse du nom d'Isabel. Ensemble, nous sommes remontés dans le temps jusqu'à un agréable après-midi où, assise à flanc de coteau, j'écoutais Jésus qui prêchait un groupe de gens.

Même si je visualisais parfaitement toute la scène, je pouvais à peine comprendre ce que disait Jésus et je me suis alors écriée : « Mais pourquoi diable ne s'exprime-t-il pas normalement ? » Mais, dès que j'eus prononcé ces paroles, j'ai réalisé que mes patients mourants, tout comme Jésus, utilisaient souvent un langage symbolique — des paraboles, par exemple. Si l'on est sur la même longueur d'onde, on peut les comprendre. Sinon, on passe à côté.

Au cours de cette soirée, rien ne m'a échappé. Après une heure, je n'en pouvais plus et j'étais presque contente que la séance s'achevât afin de pouvoir assimiler tout ce que j'avais entendu. C'était un gros morceau à digérer, plus lourd que ce à quoi je m'attendais. Lors de ma conférence, qui s'est tenue le lendemain, j'ai jeté le discours que j'avais préparé et ai fait part à l'auditoire de ce qu'il s'était passé la veille au soir. Au lieu de me traiter de folle — la réaction à laquelle je m'attendais — le public s'est levé pour m'applaudir.

Plus tard, ce soir-là, le dernier avant de rentrer à Chicago, Jay m'a fait entrer à nouveau dans la chambre noire — cette fois-ci toute seule. Une partie de moi-même voulait revoir cette pièce afin de s'assurer que tout allait bien pour moi. Cette fois-là, Jay mit un peu plus longtemps pour entrer en contact avec Salem, mais celui-ci finit par apparaître. Nous nous sommes salués et, je ne sais pourquoi, je me suis dit que j'aurais aimé que mes parents aient été témoins de la réussite de leur plus jeune fille. Soudain, Salem s'est mis à chanter les paroles d'*Always... « I'll be loving you... »* Personne, en dehors de Manny, ne savait que cette chanson était l'une des chansons favorites de la famille Kübler.

« Il sait beaucoup de choses, dit Salem à propos de mon père. Il sait ce que vous avez fait. »

Le lendemain, de retour à Chicago, j'ai tout raconté à Manny et aux enfants. Ils en sont restés bouche bée. Manny a écouté sans faire le moindre commentaire. Kenneth a semblé intéressé. Barbara, qui avait alors treize ans, se montra ouvertement sceptique, peut-être même un peu effrayée. Quelles qu'aient été leurs réactions, elles étaient compréhensibles. Tout cela était vraiment singulier pour eux, d'autant que je ne leur avais rien caché. Mais j'espérais malgré tout que Manny, et peut-être Kenneth et Barbara, feraient preuve d'ouverture d'esprit et qu'ils pourraient même un jour voir Salem en personne.

Au cours des quelques mois qui suivirent, je suis retournée fréquemment à Escondido où j'ai rencontré d'autres esprits que Salem. J'ai fait en particulier la connaissance d'un guide nommé Mario. C'était un véritable génie qui développait avec éloquence n'importe lequel des sujets que je soulevais, qu'il s'agisse de géologie, d'histoire, de physique ou des cristaux. Mais j'étais avant tout liée à Salem. « La lune de miel est terminée », m'a-t-il dit un soir. Évidemment, cela signifiait que nous aurions dorénavant des discussions plus complexes, plus philosophiques. Depuis lors, Salem et moi avons surtout abordé des concepts comme les émotions naturelles et artificielles, l'éducation des enfants et les façons saines d'extérioriser le chagrin, la colère et la haine. Plus tard, j'ai pu intégrer ces théories dans mes séminaires.

En revanche, les intégrer dans ma vie de famille fut une tout autre histoire. Tout le monde aurait dû fêter mes découvertes avec moi. N'étais-je pas à l'avant-garde d'un domaine de recherche qui pourrait changer et améliorer la vie d'une multitude de gens ? Mais plus j'avançais dans mes recherches, et plus ma famille avait du mal à l'accepter. Le côté scientifique de Manny pouvait difficilement accepter toute notion de vie après la mort. En fait, nous nous disputions très souvent sur le fait de savoir si oui ou non, comme le pensait Manny, les B. profitaient de moi. Kenneth était assez âgé pour approuver sa mère qui, comme il disait, faisait « son truc à elle », tandis que Barbara m'en voulait de consacrer tant de temps au travail.

Je pense que j'étais trop engagée dans mes activités pour me rendre compte, avant qu'il ne soit trop tard, des tensions que mon travail provoquait dans ma famille. Je pensais pouvoir un jour concilier ces deux univers. Ce rêve semblait réalisable si je pouvais trouver une ferme — une idée qui me trottait dans la tête depuis pas mal de temps.

Mais mon rêve devait se briser en mille morceaux. Un matin, alors que j'étais partie prendre un avion pour Minneapolis, Salem a appelé à la maison. Alors que j'avais tant désiré lui parler depuis ma maison, voilà qu'il m'appelait enfin, mais c'est Manny qui a répondu. Ce fut une véritable catastrophe. Manny ne comprenait toujours pas ce qu'était le *channeling* malgré toutes mes tentatives pour le lui expliquer. Son esprit logique ne lui permettait pas de comprendre ce phénomène. C'était d'ailleurs la cause de nombreuses disputes. Salem lui faisait penser à un type bizarre qui essayait de déguiser sa voix. « Comment peux-tu croire une seconde à ces bêtises ? me dit-il. Jay cherche à profiter de toi. »

Les choses semblaient être rentrées dans l'ordre à l'époque où nous avons installé une piscine couverte. Je prenais de nombreux bains de minuit très relaxants en rentrant de mes conférences. Et il n'y avait pas de plaisirs plus grands que de nager quand la neige s'entassait à l'extérieur contre les vitres. En de rares occasions, il est même arrivé que toute la famille chahute ensemble dans l'eau en riant. Quoi qu'il en soit, ces moments heureux ne devaient pas durer longtemps. Le jour de la fête des Pères, en 1976, les enfants et moi avions emmené Manny dîner dans un grand restaurant italien. Après le repas, lorsque nous nous sommes retrouvés dans le parking, Manny m'a expliqué pourquoi le dîner avait été si tendu. Il voulait divorcer. « Je m'en vais, déclara-t-il. J'ai loué un appartement à Chicago. »

Au début, j'ai cru qu'il plaisantait. Mais plus tard il est parti sans même embrasser les enfants. D'une certaine manière, je n'arrivais pas à nous considérer comme une famille frappée par le divorce, une parmi tant d'autres figurant dans les statistiques. J'essayais de rassurer Kenneth et Barbara en leur disant que leur père reviendrait. Je me disais que Manny regretterait ma cuisine, son linge bien lavé et repassé, ou qu'il souhaiterait recevoir ses amis de l'hôpital dans le jardin maintenant qu'il était en pleine floraison. Mais un soir, alors que j'ouvrais la porte de service pour faire entrer Barbara et l'un de ses amis, un homme est sorti brusquement des buissons en me tendant une copie des documents relatifs à la procédure de divorce que Manny avait remplis la veille au tribunal.

Un jour, Manny est revenu à la maison alors que j'étais absente. En rentrant, j'ai trouvé un désordre invraisemblable autour de la piscine où il avait reçu des amis. J'ai compris alors la véritable nature de ses sentiments pour moi. Mais je n'avais aucunement l'intention de me battre. Barbara avait besoin d'une vie de famille stable, de quelqu'un qui fût présent tous les soirs, et je ne pouvais pas être cette personne. J'ai dit à Manny qu'il pouvait garder la maison. J'ai rangé quelques affaires — vêtements, livres et literie — dans des caisses et les ai expédiées à Escondido. Je ne voyais guère d'autres endroits où aller tant que je ne saurais pas quoi faire de ma vie.

J'avais besoin d'un soutien et j'ai donc pris l'avion pour San Diego afin de consulter Salem. Il m'a donné la compassion dont j'avais désespérément besoin ainsi que le type de conseils que j'attendais de lui. « Et si tu ouvrais ton propre centre de soins ici, au sommet d'une montagne ? Qu'en penses-tu ? » me demanda-t-il. Naturellement, j'ai dit oui. « Alors, qu'il en soit ainsi », ajouta-t-il.

Je suis revenue une fois encore dans notre belle maison de Flossmoor, où j'ai pu faire mes adieux, m'occuper une dernière fois de ma cuisine et border, les larmes aux yeux, Barbara dans son lit. Puis, je me suis rendue à ma nouvelle adresse — une caravane — à Escondido. C'était dur de recommencer sa vie à cinquante ans, même pour quelqu'un comme moi qui avais maintenant des réponses aux grandes questions de la vie. Ma caravane était trop petite pour contenir tous mes livres ou une chaise confortable. Peu d'amis m'ont proposé leur aide. Je me sentais seule, isolée et abandonnée.

Peu à peu, le beau temps est devenu mon sauveur, car j'en ai profité pour vivre au grand air. J'ai aménagé un jardin potager et j'ai fait de longues promenades contemplatives à travers les plantations d'eucalyptus. L'amitié des B. a adouci quelque peu ma solitude et m'a redonné confiance en l'avenir. Après un mois ou deux, je me sentais beaucoup mieux. J'ai acheté une petite maison adorable avec une véranda qui surplombait une ravissante prairie. Il y avait plein d'espace pour mes livres et un flanc de coteau sur lequel j'ai planté plein de fleurs sauvages.

Lorsque le désir impérieux de travailler est revenu, j'ai fait des projets pour créer mon propre centre de guérison. Passé les discussions préliminaires, j'ai essayé, en vain, de comprendre l'étrange enchaînement des événements qui avait conduit à l'échec de mon mariage et à mon installation à l'autre bout du pays, où j'étais sur le point de réaliser le projet le plus important de ma vie. J'en ai conclu, une fois encore, qu'il n'y avait pas de hasard dans la vie. Maintenant que je me sentais mieux, je pouvais aider les autres à nouveau.

Grâce aux conseils de Salem, j'ai trouvé le lieu idéal pour construire le centre — un domaine de quatre hectares au-dessus du lac Wohlfert, avec une vue splendide. Alors que je contemplais ce domaine, un papillon danaïde s'est posé sur mon bras — le signe qu'il était inutile de chercher plus loin. « C'est ici qu'il faut construire », dis-je. Quand j'ai fait une demande de prêt, j'ai réalisé que ce ne serait pas si facile. Étant donné que Manny disposait de tout notre argent, mon degré de solvabilité était nul. Même si j'avais de bons revenus grâce à mes conférences, personne ne m'accorderait un prêt. Ce système absurde a failli me jeter dans les bras du M.L.F...

Mais mon obstination et mon manque de sens des affaires m'ont permis d'arriver à mes fins. En échange de la maison de Flossmoor, de tous les meubles et d'une petite pension alimentaire pour les enfants, Manny accepta d'acheter le domaine et de me le louer ensuite. Bientôt, une fois par mois, j'animais des stages d'une semaine qui aidèrent les étudiants en médecine et les élèves infirmières, les malades en phase terminale et leurs familles à affronter la vie, la mort et la transition d'une manière plus saine et plus ouverte.

Les stages, limités au début à quarante personnes, avaient une longue liste d'attente. Désireuse de soigner les gens dans toutes les dimensions de la vie, j'ai demandé aux B., qui m'ont toujours écoutée et soutenue, de participer au projet. Même s'ils n'avaient pas investi financièrement dans le centre, je les considérais comme des associés. Martha dirigeait les cours de psychodrame, en plaçant les sujets dans des situations affectivement chargées pour les aider à se débarrasser de peurs et de colères profondément ancrées en eux. Elle se révéla vraiment douée pour cela. Mais les séances de channeling de son mari constituaient manifestement l'événement le plus fort et le plus impressionnant du centre.

Jay était un puissant médium doté d'un charisme inné. Le noyau de fidèles qui faisaient partie de leur Église sont restés des adeptes inconditionnels. Toutefois, le succès aidant, Jay dut parfois se défendre contre les critiques de nouveaux participants qui le soupçonnaient de supercherie. Face à ces nouveaux venus, il avait formulé un avertissement sévère : si quelqu'un allumait la lumière durant sa transe, il risquait de faire du mal aux esprits — et sans doute à lui-même également. Malgré cette mise en garde, alors qu'un esprit nommé Willie se manifestait à travers lui, une femme a allumé la lumière. Le spectacle qui s'offrit aux yeux de tous était inoubliable : Jay était complètement nu.

Il est resté en transe, tandis que toute la salle était prise de panique à propos de la santé de Willie, mais Jay devait plus tard expliquer que c'était sa méthode pour que l'esprit se matérialise à travers lui et qu'il n'y avait aucune inquiétude à avoir.

Un guide nommé Pedro suscitait mon scepticisme. Je ne sais pourquoi, mais un sixième sens, auquel j'ai appris à faire confiance, me disait qu'il pouvait s'agir d'un truquage. Lorsque cet esprit est apparu la fois suivante, j'ai fait ma petite enquête en lui posant des questions auxquelles seul un génie aurait pu répondre, des questions qui, je le savais, dépassaient les connaissances de Jay. Non seulement Pedro y répondit brillamment et sans hésitation, mais encore essaya-t-il de monter sur un cheval de bois utilisé pour les cours de psychodrame, puis dit en plaisantant qu'il était trop grand pour lui, et ensuite disparut pour revenir quelques instants plus tard en ayant grandi de trente centimètres. Alors, il s'est tourné vers moi et m'a dit : « Tu vois, j'avais compris que tu étais sceptique. »

Après cet épisode, je n'ai plus jamais douté de la réalité de Pedro. Il était au mieux de sa forme en dehors des ateliers, avec pour auditoire le seul groupe des vieux fidèles. Lors de ces séances, il se rapprochait de chaque personne pour lui donner des conseils sur ses problèmes personnels. « Cela a été difficile pour toi, Isabel, mais tu n'avais pas d'autres choix. » Si serviable qu'il pouvait être, j'ai noté un aspect inquiétant dans son répertoire. Il nous avertissait que l'avenir apporterait des bouleversements qui diviseraient le groupe et qui mettraient en cause la crédibilité de Jay. « Il appartiendra à chacun de se déterminer en son âme et conscience », nous dit-il. Plus tard, j'ai réalisé qu'il faisait allusion à des rumeurs de pratiques étranges, parfois d'abus sexuels, dans la chambre noire, mais je n'étais pas au courant de ces bruits à l'époque. Je voyageais tellement que j'étais rarement au fait des ragots.

Quant à l'avenir, je ne m'en inquiétais pas, puisque de toute façon il viendrait que cela me plaise ou non. Cela dit, Pedro semblait souvent vouloir me préparer plus que toute autre personne à un changement. « Le libre arbitre est le plus grand cadeau que l'homme reçoit lorsqu'il vient au monde sur la planète Terre, dit-il. Chaque fois que l'on prend une décision, à travers la parole, l'action et la pensée, il faut savoir qu'elle est de la plus haute importance. Chaque décision affecte chaque forme de vie sur la planète. »

Même si j'ignorais pourquoi tels ou tels propos étaient tenus lors de ces séances, j'ai appris à les accepter. Les guides ne transmettent que des connaissances. Il m'appartenait, comme à tous les autres d'ailleurs, de décider ce que j'en ferais. Jusqu'ici, cela m'avait bien réussi. « Merci, Isabel, m'a dit Pedro en se plaçant devant moi, un genou à terre. Merci d'accepter ta destinée. »

Je me demandais quelle pouvait bien être ma destinée.

30

LA MORT N'EXISTE PAS

Sachant que j'étais occupée au point que mes conférences étaient programmées un an ou deux à l'avance, une amie m'a un jour demandé comment j'organisais ma vie, comment je prenais mes décisions. Ma réponse l'a surprise : « Je fais ce qui me semble juste, et non ce qui répond à la norme. » C'est la raison pour laquelle je restais en relation avec mon ex-mari. « Tu m'as quittée, mais moi je ne t'ai pas quitté », avais-je l'habitude de lui dire. C'est également cette attitude qui m'a incitée à faire une escale imprévue à Santa Barbara alors que j'étais en route pour Seattle pour y donner une conférence. J'avais soudain eu envie d'aller voir une vieille amie.

Ce type de comportements n'avait rien d'étonnant pour quelqu'un comme moi qui conseille aux gens de vivre chaque jour comme s'il s'agissait du dernier. Mon amie fut ravie lorsque je lui ai téléphoné. J'étais certaine de passer un agréable aprèsmidi autour d'une tasse de thé. Mais la sœur de mon amie, qui était venue me chercher à l'aéroport, m'a appris qu'il y avait un changement au programme.

« Ils m'ont demandé de ne rien vous dire », dit-elle sur un ton d'excuse.

Ce mystère fut rapidement éclairci. Mon amie et son mari, un célèbre architecte, vivaient dans une jolie maison de style espagnol. À peine avais-je franchi le seuil de la porte qu'ils m'ont enlacée en exprimant curieusement leur soulagement que je sois arrivée à bon port. Avant que j'aie eu le temps de leur demander si quelque chose n'allait pas, ils m'ont conduite dans le salon et m'ont poussée dans un fauteuil. Le mari de mon amie s'est assis en face de moi et a commencé à se balancer d'avant en arrière pour entrer en transe. J'ai alors interrogé mon amie du regard. « C'est un médium », m'a-t-elle répondu.

À ces mots, j'ai compris que j'allais avoir la clé de ce mystère, et je me suis donc mise à observer attentivement son mari. Ses yeux étaient fermés et son expression passablement sévère. Lorsque l'esprit a pris possession de son corps, il a semblé soudain avoir cent ans. « On a réussi à te faire venir ici, commença-t-il d'une voix maintenant étrange, celle d'un vieil homme sous l'emprise de l'urgence. Il faut absolument que tu cesses de remettre les choses au lendemain. Ton travail sur la mort et les derniers instants de la vie est achevé. Il est temps pour toi maintenant de commencer ta deuxième tâche. »

Écouter des patients ou des médiums ne m'a jamais posé de problèmes, mais comprendre ce qu'ils disaient prenait parfois un certain temps. « Qu'entendez-vous par *ma deuxième tâche* ? ai-je demandé.

— Il est temps pour toi de dire au monde que la mort n'existe pas. »

Même si je savais que les guides ne se manifestent que pour nous aider à accomplir notre destinée et à remplir les promesses que nous avons faites à Dieu, j'ai protesté. J'avais besoin de plus d'explications. Je voulais savoir pourquoi ils m'avaient choisie, moi. Après tout, j'étais connue dans le monde entier comme la « dame des derniers instants de la vie ». Pouvais-je me permettre de faire volte-face en annonçant au monde que la mort n'existait pas ? « Pourquoi moi ? ai-je demandé. Pourquoi ne choisissez-vous pas un pasteur ou quelqu'un de ce genre ? »

L'esprit s'impatientait. Il m'a vite rappelée à mes devoirs : j'avais moi-même choisi ce travail en venant sur terre pour cette vie-là. « Je t'annonce simplement qu'il est temps de te mettre à l'ouvrage », dit-il. Puis il m'a décliné les nombreuses raisons qui faisaient de moi la personne idéale pour cette tâche particulière : Il fallait que ce soit une personne issue des milieux médicaux et scientifiques, et non de ceux de la théologie et de la religion, car ces gens-là n'ont pas fait leur travail alors qu'ils ont eu tout le temps de le faire depuis deux mille ans. Il fallait que ce soit une femme et non un homme. Quelqu'un qui n'ait pas peur. Quelqu'un qui soit en mesure d'atteindre le plus grand nombre de gens tout en donnant à chacun d'eux le sentiment que l'on s'adresse à lui personnellement...

«Voilà. Il est temps, dit-il en guise de conclusion. Tu as du pain sur la planche. »

Je n'en doutais pas un instant. Après une tasse de thé, mon amie, son mari et moi, exténués tant sur le plan physique qu'émotionnel, avons rejoint nos chambres respectives. Une fois seule, j'ai compris que j'avais été « convoquée » pour cette raison précise. Rien ne survient au hasard. Et Pedro ne m'avait-il pas remerciée d'avoir accepté ma destinée ? Allongée sur mon lit, je me demandais ce que Salem pourrait bien penser de ma nouvelle tâche.

À peine cette pensée m'avait-elle traversé l'esprit que j'ai senti la présence d'un être dans mon lit. J'ai ouvert les yeux.

« Salem ! » m'exclamai-je.

La pièce était plongée dans l'obscurité mais j'ai vu qu'il s'était matérialisé de la taille jusqu'à la tête. « L'énergie était si forte dans cette maison que j'ai pu me matérialiser. Je ne pourrais toutefois rester que deux minutes », m'expliqua-t-il. J'étais fascinée par le fait d'avoir pu le faire venir sans l'aide de Jay. Je me sentais ainsi moins dépendante de lui. Manifestement, Jay n'avait plus l'exclusivité de ces phénomènes. « Mes félicitations pour ta deuxième tâche, Isabel, ajouta Salem de sa voix grave familière. Je te souhaite de réussir. »

Avant de partir, Salem m'a massé le dos et m'a plongée dans un sommeil profond. De retour à la maison, j'ai fait une synthèse de toutes les connaissances que j'avais acquises concernant la vie après la mort. Peu après, je donnai pour la première fois ma nouvelle conférence, intitulée « La Mort et la Vie après la mort ». J'étais aussi nerveuse que le jour où j'avais remplacé le professeur Margolin. Mais la réaction de l'auditoire fut extraordinairement positive, ce qui était la preuve que j'étais sur la bonne voie. Au cours d'une conférence dans le Sud profond des États-Unis, je répondais aux questions du public après avoir interviewé un homme mourant, lorsqu'une femme, âgée apparemment d'une trentaine d'années, attira mon attention.

« Votre question sera la dernière », lui ai-je dit. Elle s'est précipitée sur le micro. « Pourriez-vous me dire ce que les enfants ressentent au moment de leur mort ? »

C'était là l'occasion idéale de résumer la conférence. Je leur ai raconté comment les enfants, tout comme les adultes, quittent leur corps physique à l'image du papillon qui sort de sa chrysalide, puis traversent les différentes étapes de l'après-vie que j'ai décrites plus tôt. Puis, je leur ai indiqué que Marie venait souvent aider ces enfants.

À ce moment-là, comme un éclair, cette femme s'est ruée sur l'estrade où elle nous raconta comment son petit garçon, Peter, souffrant d'une mauvaise grippe, avait fait une réaction allergique à la piqûre que lui avait faite son pédiatre et comment il fut déclaré mort dans la salle d'examen. En attendant l'arrivée du père de son travail, après ce qui leur sembla être une éternité, Peter ouvrit miraculeusement ses grands yeux noirs et dit : « Maman, j'étais mort. J'étais avec Jésus et Marie dans un lieu où il y avait tellement d'amour. Je ne voulais pas revenir. Mais Marie m'a dit que mon temps n'était pas encore venu. »

Comme il ne voulait pas l'écouter, Marie l'avait pris par la main en lui disant : « Tu dois rentrer. Tu dois sauver ta mère du feu. »

À ce moment-là, Peter retourna dans son corps et ouvrit les yeux.

La mère, qui racontait cet événement pour la première fois depuis qu'il s'était déroulé treize ans auparavant, avoua qu'elle vivait depuis lors dans un état dépressif à l'idée d'être condamnée au « feu », ou plutôt, selon ce qu'elle avait compris, au feu de l'enfer. Elle ne comprenait pas pourquoi une croyante comme elle, bonne mère et femme honnête, aurait dû être vouée à un sort si funeste. « Ce n'est pas juste, s'écria-t-elle. Cela a gâché toute ma vie. »

En effet, ce n'était pas juste, mais je savais que je pouvais l'aider à sortir rapidement de sa dépression en lui expliquant que Marie, comme d'autres entités spirituelles, utilisaient souvent un langage symbolique. « C'est le grand problème avec toutes les religions, dis-je. Les textes sacrés sont rédigés de telle sorte que l'on peut les interpréter de diverses manières, voire, dans de nombreux cas, les interpréter de travers. » Je lui ai dit que j'allais lui prouver le bien-fondé de mon point de vue en lui posant quelques questions, auxquelles je lui demandai de répondre sans réfléchir : « Qu'auriez-vous donc éprouvé si Marie ne vous avait pas renvoyé Peter, il y a treize ans ? »

L'air horrifié, elle prit sa tête à deux mains et s'écria : « Oh mon Dieu, cela aurait été comme les flammes de l'enfer pour moi.

— Voulez-vous dire que vous auriez traversé l'enfer et le feu ? m'enquis-je.

— Non, bien sûr, ce n'est qu'une expression.

— Comprenez-vous maintenant ? Comprenez-vous ce que Marie voulait dire quand elle a demandé à Peter de vous sauver du feu ? »

Elle avait parfaitement compris. Mais elle ne fut pas la seule. Le succès croissant de mes conférences m'a fait comprendre que les gens étaient de plus en plus disposés à accepter la possibilité d'une vie après la mort. C'était un message d'espoir, après tout. Un nombre incalculable de gens avaient vécu la même expérience : quitter leur corps physique et se diriger vers une lumière éclatante. Ils étaient tellement soulagés d'entendre enfin d'autres personnes confirmer leurs témoignages. C'était un hymne à la vie.

Cependant, le stress provoqué par tous les changements intervenus depuis six mois — mon divorce, l'achat d'une nouvelle maison, l'inauguration de mon nouveau centre de guérison et mes voyages incessants dans le monde entier pour donner des conférences — était lourd de conséquences. Je devais absolument faire une pause, car la fatigue n'était plus supportable. Finalement, après une tournée de conférences en Australie, j'ai pu prendre du temps pour moi. J'en avais désespérément besoin. Avec deux couples, j'ai réservé une cabane isolée dans la montagne. Là-haut, il n'y avait ni téléphone ni courrier, et des serpents venimeux faisaient fuir les curieux. Un paradis.

Après une semaine passée à accomplir les tâches quotidiennes de la vie à la campagne — couper du bois pour le poêle et la cheminée, par exemple — j'avais retrouvé une bonne forme, mais je voulais séjourner encore une semaine après le départ de mes amis. Comme cela, j'étais sûre de retrouver toute mon énergie. Mais, la veille de leur départ, les deux couples décidèrent de rester avec moi. Je suis allée me coucher, déprimée.

Dans l'obscurité, abattue et épuisée sur le plan émotionnel, j'ai senti qu'il fallait absolument que l'on me vienne en aide. D'innombrables personnes se tournaient vers moi pour résoudre leurs problèmes ; mais moi, qui viendrait me soutenir et me donner de l'affection ? Même si je n'avais jamais invoqué mes esprits en dehors d'Escondido, ils m'avaient promis de venir si j'avais besoin d'eux.

« Pedro, j'ai besoin de toi », ai-je dit doucement.

Malgré la distance qui sépare l'Australie de San Diego, en moins d'une seconde, Pedro, mon fantôme favori, apparut dans ma chambre. Même s'il connaissait d'ores et déjà mes pensées, je lui ai quand même demandé si je pouvais pleurer sur son épaule accueillante. « Non, tu ne peux pas le faire », dit-il d'un ton ferme, ajoutant aussitôt : « Mais je peux faire quelque chose d'autre pour toi. » Il étendit lentement son bras, puis plaça la paume de sa main sur ma tête et me dit : « Lorsque je serai parti, tu comprendras. » J'ai eu alors la sensation d'être transportée dans la paume de sa main. Ce fut la plus merveilleuse sensation de paix et d'amour que j'aie jamais vécue. Tous mes soucis disparurent.

Sans dire un mot de plus, Pedro est parti silencieusement. Je n'avais aucune idée de l'heure, j'ignorais si la nuit venait de tomber ou si l'aube approchait. Cela n'avait pas d'importance. Dans l'obscurité, j'ai distingué une petite statue en bois qui se trouvait sur mon étagère. Elle représentait un enfant confortablement niché dans la paume d'une main. Tout d'un coup, je me suis sentie enveloppée par la même sensation de protection, de paix et d'amour que j'avais connue quand Pedro avait placé sa main sur ma tête. Je me suis alors endormie sur un énorme oreiller posé à même le sol.

Lorsque mes amis se sont réveillés le lendemain matin, ils se sont demandé pourquoi je n'avais pas dormi dans mon lit. Ils remarquèrent toutefois que j'avais l'air parfaitement reposée. Je fus dans l'incapacité de leur raconter ce qui s'était passé durant la nuit, car j'étais encore subjuguée par ces événements. Mais Pedro avait raison. J'avais compris. Des millions de gens dans le monde avaient des copains, des compagnons et des compagnes, etc. Mais combien d'autres personnes avaient connu le frisson et le réconfort indicibles de se retrouver dans la paume de Sa main ?

Non, je ne me lamenterais jamais plus sur mon sort. Je ne me plaindrais jamais plus de ne pouvoir me blottir contre une épaule amicale. Dans mon cœur, je savais maintenant que je n'étais jamais seule. J'avais reçu ce dont j'avais besoin. Il m'arrivait fréquemment, comme cette nuit-là, de désirer ardemment un compagnon, un peu d'amour, une épaule contre laquelle m'appuyer — un bonheur que je n'arrivais plus à trouver.

Mais j'ai reçu d'autres cadeaux, des cadeaux que peu de gens ont reçus, et même si j'avais pu les échanger contre autre chose, j'aurais refusé. Cela, je le savais.

À en juger par ce qui s'était passé récemment, je n'avais plus le moindre doute sur le fait que, d'une manière générale, la vie consistait à trouver ce que l'on sait déjà. Cela est particulièrement vrai s'agissant des expériences et des pouvoirs spirituels. Prenons par exemple la leçon que j'ai apprise avec Adele Tinning, une vieille dame de San Diego qui a dialogué quotidiennement avec Jésus pendant soixante-dix ans. Elle s'est entretenue avec lui par l'intermédiaire d'une lourde table de cuisine en chêne, qui se soulevait et remuait quand elle mettait ses mains à plat dessus, reconstituant ainsi des messages codés comme lors d'une transmission en alphabet morse.

Un jour, alors que mes sœurs étaient venues me rendre visite, je les ai emmenées chez Adele. Nous nous sommes assises autour de la table, qui était si lourde que nous aurions été bien incapables de la bouger à nous trois même si nous l'avions voulu. Puis, Adele a fermé les yeux et a gloussé doucement. La table s'est mise alors à bouger sous ses doigts. « Votre mère est présente, a-t-elle dit en rouvrant ses yeux d'un noir étincelant. Elle me demande de vous souhaiter bon anniversaire. » Mes sœurs étaient stupéfaites. Aucune d'entre nous n'avait mentionné le fait que c'était notre anniversaire.

Quelques mois plus tard, j'ai pu réaliser le même exploit toute seule. Un soir, alors que je préparais du veau pour le dîner, mes deux invitées — des nonnes venues du Texas, dont l'une était aveugle — étaient sorties en voiture acheter quelque chose à la pharmacie, ce qui, normalement, n'aurait pas dû prendre plus de dix minutes. Ne les voyant pas rentrer après une demi-heure, j'ai commencé à m'inquiéter. Je me suis assise à la table de cuisine en m'interrogeant sur la conduite à adopter. « Dois-je appeler la police ? ai-je demandé à voix haute. Ont-elles eu un accident ? »

Soudain, la table s'est mise à remuer légèrement, puis à sauter et à glisser. J'ai alors entendu quelqu'un déclarer d'une voix forte : « Non ! » J'ai tellement sursauté que j'ai failli heurter le plafond. « Suis-je en train de parler à Jésus ? » ai-je demandé. La table s'est mise à bouger à nouveau et la même voix m'a répondu : « Oui. » Cette expérience ahurissante venait à peine de commencer quand les deux nonnes sont entrées par la porte de service. Voyant ce qui était en train de se passer, elles eurent un large sourire. « Oh, vous savez faire tourner les tables aussi ? s'exclama la sœur V. tout en s'installant à la table. Faisons-le ensemble. » Ce fut une expérience mémorable.

Cela ne signifie pas que j'aie eu toutes les réponses à mes questions. Peu de temps après, j'animais un stage à Santa Barbara. Le dernier soir, après cinq journées de travail intense, je ne suis pas rentrée dans ma chambre avant cinq heures du matin. Au moment où je me suis mise au lit, les yeux bouffis de sommeil, une infirmière est entrée en trombe et m'a demandé si elle pouvait contempler le lever du soleil en ma compagnie. « Le lever du soleil ? ai-je crié. Soyez la bienvenue. Admirez-le, mais moi je vais dormir. »

Quelques secondes plus tard, je tombai dans un profond sommeil. Mais c'était un drôle de sommeil, car j'ai eu l'impression de sortir de mon corps, de plus en plus haut, sans que je puisse contrôler ce phénomène, même si je n'éprouvais aucune peur. À ce moment-là, j'ai senti que plusieurs êtres s'emparaient de ma personne pour m'emmener en un lieu où ils ont alors pris soin de moi. C'était comme si j'étais une voiture que plusieurs mécaniciens s'employaient à « réparer ». Chacun d'eux avait sa spécialité — freins, transmission et ainsi de suite. En un rien de temps, ils avaient remplacé toutes les pièces défectueuses par de nouvelles et m'avaient ramenée dans mon lit.

Au matin, après seulement quelques heures de sommeil, je me suis réveillée dans un état de sérénité absolue. L'infirmière était toujours dans ma chambre, aussi lui ai-je raconté ce qui s'était passé. « Vous avez manifestement eu une expérience hors du corps », dit-elle. Je l'ai regardée d'un air perplexe. Après tout, je ne pratiquais pas la méditation, je ne mangeais pas de tofu, je n'étais même pas californienne, et je n'avais pas de gourou. Autrement dit, je n'avais absolument aucune idée de ce qu'elle entendait par « expérience hors du corps ». Mais si cela existait, j'étais prête à prendre mon envol à n'importe quel moment.

31

MA CONSCIENCE COSMIQUE

Après mon expérience hors du corps, je suis allée à la bibliothèque où j'ai trouvé un ouvrage sur le sujet. L'auteur s'appelait Robert Monroe, le célèbre chercheur, et j'ai vite pris la décision d'aller le voir dans sa ferme de Virginie, où il avait fait construire son propre laboratoire de recherche. Des années durant, les seules expériences dans ce domaine avaient été effectuées à l'aide de drogues, une démarche à laquelle j'étais opposée. Aussi, imaginez mon enthousiasme lorsque j'ai découvert les installations de Monroe — un laboratoire moderne rempli de matériel électronique et d'écrans de contrôle, le genre de choses qui m'inspire immédiatement confiance.

J'étais venue ici pour faire une autre expérience hors du corps. Pour ce faire, je suis entrée dans une cabine insonorisée, me suis allongée sur un lit d'eau et ai placé un bandeau sur mes yeux. Alors que j'étais plongée dans l'obscurité la plus complète, un assistant a fixé des écouteurs sur ma tête. Pour induire cette expérience, Monroe a imaginé une méthode consistant à stimuler le cerveau par des moyens iatrogènes (ondes sonores artificielles). Ces ondes amènent le cerveau à entrer dans un état méditatif et même au-delà — là où je voulais aller.

Mon premier essai, toutefois, fut quelque peu décevant. Le chef du laboratoire a mis la machine en marche. J'entendais le son régulier d'un signal sonore. Ces pulsations se produisaient au début sur un rythme lent pour ensuite s'accélérer de plus en plus, jusqu'à ce que je n'entende plus qu'un son uniforme et aigu qui m'a rapidement plongée dans un état semblable au sommeil. Mais je fus ramenée à la conscience vigile par le chef du laboratoire qui estimait que j'étais partie trop tôt et trop vite. Il m'a alors demandé si tout allait bien.

« Pourquoi m'avez-vous arrêtée ? ai-je questionné, consternée. Je sentais que ce n'était que le début. »

Plus tard, ce jour-là, malgré les séquelles d'une occlusion intestinale dont je souffrais depuis quelques semaines, je me suis installée sur le lit d'eau pour un nouvel essai. Étant donné que les scientifiques sont par nature des gens prudents, j'ai pris cette fois la précaution de leur donner certaines indications. J'ai exigé qu'ils lancent la machine à la vitesse maximale. « Personne n'a jamais fait le voyage à une telle vitesse, m'a avertie le chef du laboratoire.

— Peu importe, c'est comme cela que je veux procéder. »

De fait, ce second essai a comblé toutes mes espérances. C'est difficile à décrire, mais le signal sonore a instantanément libéré mon esprit de toutes les pensées qui l'agitaient et m'a plongée en moi-même — comme une masse qui se concentre jusqu'à former un trou noir. Puis, j'ai entendu un son incroyable — ZOUM ! — semblable au bruit d'une forte rafale de vent. Tout à coup, j'ai eu l'impression d'être emportée par une tornade. À cet instant, je quittai mon corps à une vitesse incroyable.

Pour aller où ? Où suis-je allée ? C'est la question que tout le monde m'a posée. Même si mon corps était immobile, mon cerveau m'a transportée dans une autre dimension, dans un autre univers. Là-bas, la partie physique de l'être n'a plus d'importance. Comme l'esprit qui quitte le corps après la mort, ma conscience relevait de l'énergie psychique, et non de mon corps physique. J'étais simplement allée *là-bas*.

Plus tard, les chercheurs m'ont demandé de décrire l'expérience. Alors que j'aurais bien aimé leur fournir des détails, que je savais extraordinaires, je n'ai pu satisfaire leur curiosité. Tout ce que j'ai pu leur dire, en dehors du fait que j'étais guérie d'une occlusion intestinale ainsi que d'un problème dorsal très douloureux et que je n'étais ni étourdie, ni fatiguée, ni quoi que ce soit d'autre, fut ceci : « Je ne sais pas où j'étais. »

Cet après-midi-là, je ressentais une impression d'étrangeté et me demandais si je n'avais pas poussé trop loin l'expérience. Aussi, je suis retournée à la maison des hôtes du ranch de Monroe où je résidais, une maisonnette isolée baptisée la Maison du Hibou. Dès que je suis entrée, j'ai ressenti une énergie étrange et j'ai eu la certitude que je n'étais pas seule. Comme la maison était isolée et dépourvue de téléphone, j'ai pensé retourner dans le bâtiment principal ou aller à l'hôtel. Mais, ne croyant pas aux coïncidences, je me suis dit que ce n'était pas par hasard que mes hôtes m'avaient installée seule dans cet endroit retiré. Aussi suis-je restée.

Malgré mes efforts pour demeurer éveillée, je me suis rapidement endormie — et c'est là que le cauchemar a commencé. J'ai souffert mille morts. Ils m'ont torturée physiquement. Je pouvais à peine respirer et j'étais pliée en deux car la douleur était si folle que je n'avais même pas la force de hurler ou d'appeler au secours, même si de toute façon il n'y aurait eu personne pour m'entendre. Au cours de ces longues heures de tourments, j'ai remarqué que, chaque fois que j'en avais fini avec une mort, une autre commençait, sans la moindre pause entre les deux pour reprendre mon souffle, récupérer, hurler ou me préparer à la suivante. Mille morts...

J'avais compris. Je vivais, au sens propre du mot, les morts de tous les patients que j'avais accompagnés jusqu'à ce jour. Je vivais la terrible angoisse, la douleur, le sang, les larmes et la solitude de chacun de ces malades. Si l'un d'entre eux était mort d'un cancer, alors je ressentais sa terrible souffrance. Si un autre avait eu une attaque, j'en subissais moi aussi les effets.

Je n'ai eu que trois brefs répits. Lors du premier, j'ai demandé une épaule sur laquelle j'aurais pu m'appuyer. (J'avais toujours adoré m'appuyer sur l'épaule de Manny avant de m'endormir.) Mais à peine avais-je fait cette supplique qu'une voix profonde, virile, m'a répondu : « Cela ne te sera pas accordé. » Ce refus, énoncé d'un ton ferme, déterminé et impassible, ne m'a pas permis de poser une autre question. J'aurais aimé demander : « Mais pourquoi ? » Après tout, d'innombrables patients s'étaient appuyés sur ma propre épaule. Mais je n'ai eu ni le temps ni la force de poser cette question.

En effet, la douleur et la souffrance, semblables à celles d'un accouchement interminable, sont revenues avec une telle intensité que j'ai souhaité mourir. Je n'ai pas eu cette chance. Après ce qui me sembla une éternité, j'eus un second répit. Cette fois-ci, j'ai demandé une main que j'aurais pu tenir. J'ai délibérément évité de spécifier s'il s'agissait d'une main d'homme ou de femme. Je n'étais pas en situation de faire la difficile. Je voulais seulement tenir une main. Mais la même voix ferme et impassible m'a éconduite en répétant : « Cela ne te sera pas accordé. »

Je ne savais pas s'il y aurait un troisième répit, mais quand celui-ci est arrivé, croyant être maligne, j'ai pris une profonde respiration et je m'apprêtai à demander à voir un bout de doigt. Qu'avais-je en tête ? Bien sûr, on ne peut s'accrocher à un bout de doigt, mais au moins il donne le sentiment d'une présence humaine. Mais, avant d'exprimer cette ultime requête, je me suis dit : « Non, si je ne peux avoir la main entière, je renonce au bout de doigt. Dans ces conditions, je préférerais m'en passer et m'en sortir toute seule. »

En colère et pleine d'amertume, rassemblant la moindre parcelle de rébellion en moi, je me suis dit : « S'ils sont mesquins au point de me refuser une simple main à tenir, alors il vaut mieux que je reste seule. Au moins conserverais-je une bonne image de moi-même et de ma valeur intrinsèque. »

Voilà la leçon que je devais apprendre. Il fallait que je fasse l'expérience de mille morts pour connaître la joie indicible de l'après-vie.

Soudain, j'ai compris que je sortirais de cette épreuve grâce à la FOI.

La foi en Dieu, car il ne nous est donné que ce que nous pouvons supporter.

La foi en moi-même, car j'avais compris que je pouvais supporter tout ce qu'il m'envoyait. Si douloureux et éprouvant que ce fût, je pourrais le mener à bonne fin.

J'ai eu la très nette impression que l'on attendait de moi que je dise quelque chose, que je prononce le mot « oui ».

Un flot de pensées me traversa l'esprit.

Devais-je dire « oui » à davantage d'angoisse, de douleurs, de souffrances sans que quiconque me vienne en aide ?

Quelle que soit la nature de ce qui m'attendait, cela ne pouvait être pire que ce que j'avais d'ores et déjà enduré. Et n'étais-je pas toujours vivante ? Que pouvait-il m'arriver ? Cent morts de plus ? Mille ?

Peu m'importait. Tôt ou tard, cette épreuve s'achèverait. En outre, à ce moment-là, la douleur était si intense que je ne pouvais plus la ressentir. Je me trouvais au-delà de la souffrance.

« Oui, ai-je crié. OUI ! »

Le calme se fit dans la chambre, et toute la souffrance physique disparut en un instant. Presque complètement réveillée, j'ai remarqué qu'il faisait nuit dehors. J'ai pris une profonde respiration, la première véritable respiration depuis je ne sais combien de temps, et j'ai à nouveau observé les ténèbres de la nuit à travers la fenêtre. J'ai à nouveau inspiré profondément, me suis détendue en m'allongeant sur le dos, puis j'ai noté peu à peu des choses étranges. Tout d'abord, il y eut une vibration de plus en plus rapide au niveau de la paroi abdominale, mais ce mouvement ne concernait pas les muscles, ce qui me fit penser que c'était impossible sur le plan anatomique.

Et pourtant ce phénomène était bien réel. Et plus j'observais mon propre corps, et plus j'étais stupéfaite. Puis apparurent devant moi d'extraordinaires boutons de fleurs de lotus. Ces fleurs s'épanouissaient très lentement jusqu'à devenir éclatantes de beauté. Au bout d'un certain temps, elles se transformèrent en un énorme lotus. Derrière cette fleur, jaillit une lumière extraordinairement brillante, sublime, cette même lumière que mes patients avaient si souvent décrite.

Je savais qu'il me faudrait traverser cette fleur gigantesque pour ensuite me fondre dans la lumière. Je fus alors doucement et progressivement happée par cette lumière merveilleuse, et j'ai compris que cette clarté signifiait la fin de ce long et terrible voyage. Curieuse, je pris mon temps pour profiter de la paix, de la beauté et de la sérénité de ce monde de vibrations. Chose étonnante, j'avais toujours conscience de me trouver dans la Maison du Hibou, à mille lieues de tout être humain et, où que se posât mon regard, tout se mettait à vibrer — les murs, le plafond, les fenêtres... les arbres à l'extérieur.

Ma vue, qui s'étendait sur des kilomètres et des kilomètres, me permettait de tout voir — un brin d'herbe, une porte en bois, etc. — y compris leur structure moléculaire, leurs vibrations. Je découvrais, avec un respect et une crainte mêlés d'effroi, que toute chose avait une vie, une divinité en elle. Durant tout ce temps, je continuai d'avancer lentement à travers la fleur de lotus, vers la lumière. Finalement, je me fondis dans la chaleur de cette lumière d'amour. Même l'image de millions d'orgasmes infinis ne pourrait traduire la sensation d'amour, de chaleur et d'accueil que j'ai ressentie. Ensuite, j'ai entendu deux voix.

La première était ma propre voix : « Le Seigneur m'accepte telle que je suis. »

La seconde, qui venait de je ne sais où, me dit ces mots bien mystérieux : « *Shanti Nilaya.* »

Avant de m'endormir cette nuit-là, je savais que je me réveillerais le lendemain avant le lever du soleil, que je mettrais ma robe et mes sandales que j'avais apportées avec moi sans jamais les porter. Cette robe, tissée à la main, que j'avais acheté chez *Fisherman's Wharf* à San Francisco, me donnait une impression de déjà vu, comme si je l'avais déjà portée dans une autre vie. C'est pourquoi lorsque je l'ai achetée, j'ai eu le sentiment d'en reprendre possession.

Le lendemain matin, tout se déroula comme je l'avais prévu. Alors que je suivais le sentier qui conduisait à la maison de Monroe, j'ai continué à être en communion avec chaque feuille, chaque papillon ou chaque pierre et à sentir leurs vibrations jusque dans leur structure moléculaire. J'ai connu l'extase la plus extraordinaire qu'un être humain puisse vivre sur cette terre. J'étais si frappée par la splendeur de tout ce qui m'entourait, j'aimais tellement la vie sous tous ses aspects, que, comme Jésus, qui pouvait marcher sur l'eau, je passais au sens propre du terme « au-dessus » d'elles et les interpellais en pensée : « Je ne peux marcher sur vous. Je ne peux vous blesser. »

Au bout de quelques jours, cet état de grâce a peu à peu disparu. Ce fut très difficile de replonger dans les tâches de la vie quotidienne, de conduire à nouveau une voiture — tout cela me semblait maintenant totalement insignifiant. Bientôt, on m'apprit le sens de l'expression « Shanti Nilaya » et on me révéla que toute cette expérience avait pour but de me donner une conscience cosmique — une conscience de la vie en toute créature. En ce sens, c'était un succès. Mais que pouvais-je attendre d'autre de cette conscience ? Allais-je à nouveau éprouver un sentiment douloureux d'isolement sans qu'aucun être humain puisse me venir en aide jusqu'à ce que je trouve moi-même les réponses et reparte sur la bonne voie ?

Des mois plus tard, je me suis rendue à Sonoma County, en Californie, à l'occasion d'un atelier, et j'ai pu obtenir quelques réponses à mes interrogations. Mais j'ai bien failli n'avoir aucune réponse. Le médecin qui avait accepté de s'occuper des malades en phase terminale, en échange d'une conférence que je donnerais lors d'un symposium sur la psychologie transpersonnelle qu'il organisait à Berkeley, s'est désisté à la dernière minute. Naturellement, après avoir conduit moi-même ce séminaire éreintant, j'ai considéré que je n'avais plus d'obligations envers lui.

Mais, le vendredi, au moment où le dernier participant à mon atelier s'en allait, un ami m'a appelée pour m'apprendre que plusieurs centaines de personnes s'étaient inscrites pour assister à ma conférence. Par la suite, sur la route de Berkeley, pour essayer de me remonter le moral, il m'a décrit le public enthousiaste qui m'attendait là-bas. Mais, épuisée par mon séminaire, j'étais loin d'être aussi enthousiaste que lui et, en vérité, je n'avais aucune idée de ce que j'allais pouvoir dire au groupe spirituellement très évolué qui assisterait à la conférence. Toutefois, quand j'ai pénétré dans l'auditorium, j'ai compris qu'il me fallait parler de l'expérience que j'avais vécue dans le ranch de Monroe. Il y aurait certainement quelqu'un dans le public qui pourrait me l'expliquer.

J'ai commencé ma conférence en disant que je parlerais de ma propre évolution spirituelle et que j'aurais besoin de leur aide pour comprendre tout ce qui m'était arrivé, étant donné que cette expérience dépassait mon entendement. Sur le ton de la plaisanterie, j'ai insisté sur le fait que je n'étais pas « l'une des leurs » — je ne méditais pas, n'étais ni californienne, ni végétarienne. « Je fume, je bois du café et du thé; en bref, je suis quelqu'un d'ordinaire, ai-je dit en provoquant un grand rire dans la salle.

« Je n'ai jamais eu de gourou, continuai-je. Pourtant, j'ai vécu pratiquement toutes les expériences mystiques possibles et imaginables. » Où voulais-je en venir ? Si j'ai pu vivre ces expériences, alors n'importe qui le pourrait sans être obligé pour cela d'aller méditer pendant quatre ans à Katmandou.

À ce moment-là, alors que je racontais ma première expérience hors du corps, la salle était totalement silencieuse. Deux heures plus tard, je finissais mon récit en racontant dans le détail mes mille morts suivies de ma renaissance à l'institut Monroe. Le public s'est alors levé pour m'applaudir longuement. Puis, un moine, vêtu d'une robe orange, s'est approché de l'estrade avec beaucoup de déférence et s'est proposé de clarifier certaines des choses que j'avais dites. Tout d'abord, il déclara que, même si je pensais être incapable de méditer, il y avait de nombreuses formes de méditation. « Lorsque vous restez au chevet de malades et d'enfants mourants et que vous focalisez votre attention sur eux pendant des heures, vous pratiquez une des formes les plus élevées de la méditation », précisa-t-il.

La salle a de nouveau applaudi, signalant ainsi qu'elle approuvait ses propos, mais le moine n'y prêta aucune attention, car il souhaitait avant tout transmettre un autre message. « *Shanti Nilaya,* dit-il en prononçant lentement chacune des jolies syllabes de cette expression, est un terme sanskrit qui signifie "havre de paix ultime". C'est là où nous allons à la fin de notre voyage terrestre lorsque nous retournons vers Dieu. »

« Oui, *Shanti Nilaya* », me dis-je intérieurement, en répétant ces mots que j'avais entendus dans la chambre noire des mois auparavant.

32

L'ULTIME HAVRE DE PAIX

J'étais de retour chez moi, debout sur mon balcon. Les B. étaient passés prendre le thé. Un vent chaud stimulait doucement nos sens. Sensible à la griserie du destin, je me suis tournée vers mes amis pour leur annoncer d'un ton quelque peu solennel que le centre de guérison s'appellerait « Shanti Nilaya ». « Cela signifie "havre de paix ultime" » leur ai-je expliqué.

C'était apparemment une bonne idée. Un an et demi plus tard, en 1978, Shanti Nilaya était devenu un centre florissant. Axés sur « la promotion du traitement psychologique, physique et spirituel des enfants et des adultes à travers la pratique de l'amour inconditionnel », ces stages de cinq jours baptisés « Vie, Mort et Transition » ont vu quadrupler le nombre des inscriptions. De plus en plus de gens désiraient ardemment travailler à leur épanouissement personnel. Ma lettre d'information mensuelle était diffusée dans le monde entier, et je voyageais sans cesse dans tous les coins du monde.

Même si Shanti Nilaya prenait de l'ampleur, le but que je lui avais assigné demeurait limité — l'épanouissement personnel. Durant les ateliers, les gens se débarrassaient de leurs problèmes non résolus — toute la colère qui avait marqué leur existence, par exemple — et apprenaient à vivre en étant prêts à mourir à n'importe quel âge. En d'autres termes, ils devenaient des êtres complets. D'ordinaire, les ateliers étaient composés de patients mourants, de personnes atteintes de troubles émotionnels et d'adultes ordinaires dont l'âge variait de vingt à cent quatre ans. Bientôt, je devais proposer des ateliers pour les adolescents et les enfants. Plus une personne connaît tôt la complétude, et plus elle aura de chances de s'épanouir et d'atteindre la santé physique, émotionnelle et spirituelle. N'était-ce pas de bon augure pour l'avenir ?

Ceux qui me contactaient, que ce soit à Shanti Nilaya ou lors de mes voyages, entendaient tous plus ou moins la même chose : « Il n'y a rien à craindre de la mort. En fait, elle peut être l'expérience la plus extraordinaire de votre vie. Cela dépend simplement de la manière dont vous conduisez votre existence maintenant. Et la seule chose qui importe dès maintenant, c'est l'amour. »

Le travail le plus utile que j'aie pu accomplir concerne un petit garçon de neuf ans que j'ai rencontré lors d'une conférence en Virginie. Durant ces longues séances, je connaissais fréquemment des baisses d'énergie et j'avais pris l'habitude de recharger mes batteries en engageant le dialogue avec le public. J'ai repéré les parents de Dougy au premier rang. Même si c'était la première fois que je les voyais, mon intuition me poussa à interroger ce jeune couple sympathique : « Je ne saurais vous dire pourquoi je vous demande cela, ai-je dit, mais c'est plus fort que moi : pourquoi n'avez-vous pas amené votre enfant ? »

Surpris par ma question, ils m'ont expliqué que c'était le jour de son traitement chimiothérapique à l'hôpital. Le père profita de la pause suivante pour aller chercher son fils. Dougy, en dehors des stigmates de son cancer — maigreur, teint pâle et calvitie —, ressemblait à n'importe quel petit garçon américain. Il s'est mis à dessiner avec des crayons de couleur pendant que je poursuivais ma conférence. Lorsque j'en eus terminé, il est venu vers moi pour m'offrir son dessin. C'est le plus beau dessin que l'on m'ait jamais offert.

Comme la plupart des enfants en phase terminale, Dougy était doté d'une grande sagesse. Du fait de sa souffrance physique, il était parvenu à une compréhension profonde de ses capacités spirituelles et intuitives. C'est d'ailleurs vrai pour tous les enfants mourants et c'est pourquoi je supplie toujours les parents de ne pas protéger leurs enfants, de partager franchement et ouvertement leur angoisse et leur chagrin avec eux. Les enfants savent tout. Et il m'a suffi de jeter un coup d'œil sur le dessin de Dougy pour me confirmer dans cette idée. « Est-ce qu'on leur dit ? lui ai-je demandé en désignant ses parents.

— Ouais, je crois qu'ils sont capables de le comprendre », m'a-t-il répondu.

On avait dit aux parents de Dougy que celui-ci n'avait plus que trois mois à vivre. Il leur était impossible d'accepter cette nouvelle. Mais, en examinant le dessin, je fus en mesure de contredire ce diagnostic. Pour moi, le dessin de Dougy indiquait qu'il vivrait beaucoup plus longtemps que cela, peut-être trois ans encore. Sa mère, folle de joie, m'a serrée très fort dans ses bras. Mais je ne pouvais en aucun cas m'attribuer le mérite de ce diagnostic. « Je n'ai fait que traduire le message de ce dessin, ai-je dit. C'est votre fils qui sait toutes ces choses. »

Ce que j'aimais le plus dans mon travail avec les enfants, c'était leur probité. Ils ne s'embarrassent jamais de faux-semblants. Dougy en était le parfait exemple. Un jour, j'ai reçu une lettre de lui. Voici ce qu'il me disait :

> Cher docteur Ross,
>
> Je n'ai qu'une seule question à vous poser. Qu'est-ce que la vie, qu'est-ce que la mort, et pourquoi les petits enfants doivent-ils mourir ?
>
> Mes pensées affectueuses, Dougy

Avec des feutres de couleur, j'ai confectionné un petit livre où chaque lettre était d'une couleur différente. Il résumait toutes mes années de travail avec les mourants. Dans un langage simple, j'y décrivais la vie comme un jeu de hasard, semblable à ces graines que le vent disperse, puis que la terre recouvre et que le soleil réchauffe — tout comme Dieu nous réchauffe de son amour. Chacun d'entre nous a une leçon à apprendre. Chaque vie a un sens, et je voulais dire à Dougy, qui n'avait plus que trois années devant lui et qui se demandait pourquoi, qu'il ne faisait pas exception à la règle.

Certaines fleurs ne s'épanouissent que pendant quelques jours, mais tout le monde les admire et les aime car elles symbolisent le printemps et l'espoir. Puis elles meurent — mais pas avant d'avoir accompli leur mission...

Des milliers et des milliers de personnes ont été aidées par cette lettre. Mais tout le mérite en revient à Dougy.

J'aurais aimé avoir autant d'intuition en ce qui concerne les problèmes qui m'assaillaient chez moi. Au début du printemps 1978, alors que j'étais en voyage, certains de nos amis qui assistaient régulièrement aux séances de Jay avec nos guides spirituels ont découvert un livre intitulé *The Magnificent Potential,* qui avait été écrit vingt ans plus tôt par un homme de la région du nom de Lerner Hinshaw. Ce livre contenait tous les enseignements que Jay et bon nombre de nos guides nous avaient transmis au cours des deux dernières années. Quand on m'a parlé de ce livre, j'ai été abasourdie et j'ai eu le sentiment d'avoir été trahie.

Lorsque nous l'avons interrogé, Jay a nié toute tromperie et a prétendu que les guides lui avaient interdit de divulguer la source de ses connaissances. Un affrontement n'aurait servi à rien. Nous décidâmes que chacun d'entre nous prendrait sa décision en son âme et conscience. La moitié du groupe, environ, déçue et incapable d'accorder plus longtemps sa confiance à Jay, décida de s'en aller. Quant à moi, je ne savais que faire et j'étais hantée par la mise en garde que Pedro m'avait adressée quelques mois plus tôt : « Il appartient à chacun d'entre vous de prendre sa décision. Le libre arbitre est le plus grand cadeau que l'homme reçoit lorsqu'il vient au monde sur la planète Terre. »

Tout comme moi, ceux qui choisirent de rester ne voulaient pas renoncer aux enseignements extraordinaires des guides, mais nos soupçons étaient maintenant éveillés et nous avons noté certaines irrégularités au cours des séances. De nouveaux participants disparurent dans la chambre noire pendant de longues périodes de temps. Nous avons entendu des gloussements et des bruits bizarres. Je me demandais quel genre d'instructions leur étaient données. Et puis, un jour, une de mes amies est venue me voir affolée et en larmes. Elle venait se réfugier chez moi pour échapper à Jay. Lorsqu'elle s'est calmée, elle m'a raconté que Jay lui avait dit qu'il était temps de s'occuper de sa sexualité. Consternée, elle s'était enfuie à toutes jambes.

Il ne restait qu'une solution : aller demander des explications à Jay et à sa femme, ce que nous avons fait dès le lendemain à mon domicile. Comme précédemment, Jay n'a montré ni sentiment de culpabilité, ni remords. Manifestement, il était persuadé d'avoir agi pour le mieux. Sa femme, bien que troublée, avait l'habitude de ses frasques. De fait, après une enquête approfondie, nous avons découvert dans son passé des agissements particulièrement inquiétants et, depuis lors, nous avons empêché quiconque de rester seul avec lui dans une pièce.

Mais les problèmes continuèrent. L'antenne locale du ministère de la Consommation reçut des plaintes et, en décembre, le bureau du représentant du ministère public ouvrit une enquête suite à des allégations d'actes d'inconduite sexuelle. Malgré de nombreux interrogatoires, l'enquête du représentant du ministère public n'aboutit à aucune inculpation. Comme me le dit un des enquêteurs : « Tout s'est passé dans l'obscurité. Vous n'avez aucune preuve. »

Nous nous sommes retrouvés face à un grand dilemme, car on nous avait dit à de multiples reprises qu'une entité matérialisée pourrait mourir si d'aventure quelqu'un allumait la lumière en sa présence. Aucun d'entre nous ne voulait courir ce risque. Mais j'étais profondément déchirée. S'il s'agissait d'une supercherie, comment ces entités avaient-elles pu répondre à toutes mes questions, qui dépassaient largement les connaissances limitées de Jay ? D'autre part, n'avions-nous pas vu de nos propres yeux une entité se matérialiser devant nous ? Pedro n'avait-il pas augmenté sa taille de quinze centimètres afin de pouvoir monter sur un cheval de bois ?

Aidée par quelques amis de confiance, j'ai mené ma propre enquête. Mais Jay était très malin. Un soir, quelques secondes avant que je n'allume une torche, il s'est excusé de devoir mettre fin à la séance. Une autre fois, nous avons lié les mains du médium derrière son dos avec des menottes pour l'empêcher de bouger et de tripoter les participantes. Eh bien, malgré cela, des entités apparurent et disparurent, et lorsque la séance fut finie, le médium était toujours menotté, sauf qu'il avait maintenant les menottes aux pieds. Tous nos efforts n'avaient abouti qu'à cela.

Malgré ces fortes suspicions, nos séances régulières avec Jay se poursuivirent dans la chambre noire. Malheureusement, ses pouvoirs de guérisseur autrefois si puissants déclinèrent, ce qui ne fit qu'alourdir l'atmosphère. Je me posais de nombreuses questions. Notre groupe, autrefois si soudé, était maintenant rongé par le soupçon et la paranoïa. Devais-je laisser tomber ? Ou bien devais-je rester ? Il me fallait découvrir la vérité.

Pendant ce temps-là, Jay m'a ordonnée prêtre de la paix de son Église. Même si la moindre action de Jay était dorénavant entachée de suspicion, cette soirée constitua malgré tout un événement inoubliable sur le plan émotionnel. Toutes les entités se manifestèrent lors de cette célébration, y compris K., la plus élevée d'entre elles. Nous savions toujours à l'avance le moment où il allait se manifester, car un étrange silence précédait son apparition, et nous étions tous paralysés dès qu'il se présentait devant nous dans sa longue robe de cérémonie de style égyptien. J'étais incapable de bouger un doigt ou même une paupière.

D'habitude, K. ne parlait pas beaucoup, mais cette fois-là, il s'est mis à décrire ma vie comme un exemple de travail mené en faveur de la paix et de l'amour. « Étant donné que ton plus grand désir a toujours été d'être un véritable prêtre de la paix, ce soir ton vœu sera exaucé », dit-il. Il laissa alors Pedro accomplir le rituel proprement dit, tandis que Salem jouait de la flûte.

Quelques mois plus tard, alors que je m'entretenais dehors avec deux amis, K. apparut subitement à deux mètres au-dessus du sol contre le mur d'un grand immeuble. Pas de doute, c'était bien lui avec sa magnifique robe égyptienne et sa voix forte et claire :

« Isabel, dans la rivière des larmes, ne te plains jamais. » Puis, juste avant de disparaître, il ajouta : « Fais du temps ton ami. »

Cela me laissa désemparée. Encore des larmes ? N'avais-je pas suffisamment souffert ? Mon foyer brisé, mes enfants loin de moi, ma maison perdue ? Et puis ma confiance en Jay ?

« Fais du temps ton ami. »

Qu'est-ce que cela voulait dire ? Qu'avec le temps les choses s'arrangeraient ? Devais-je me contenter d'attendre patiemment ?

À en juger par mon emploi du temps, la patience n'était pas mon fort. Dans le but de surveiller Jay en permanence, j'ai demandé aux B. de participer à mes ateliers. Il n'y eut aucun incident. Mais un jour, alors que nous devions rentrer de Santa Barbara, la femme de Jay et moi-même avons dû l'attendre plus d'une heure à côté de la voiture. Quand il est arrivé, il ne s'est même pas excusé. Quoi qu'il en soit, sachant que j'étais épuisée à cause de mon séminaire, Jay a placé sa veste sur le siège arrière et m'a dit de dormir pendant qu'il conduirait pour nous ramener à San Diego.

À mi-chemin de Los Angeles, j'ai plongé dans un sommeil profond. Je n'ai rouvert les yeux que lorsque nous nous sommes engagés dans mon allée de garage. Puis je suis allée directement me coucher.

Vers trois heures du matin, je me suis réveillée avec la sensation de dormir sur un gros ballon plutôt que sur un oreiller. J'ai tourné la tête d'un côté à l'autre à plusieurs reprises, mais cette étrange sensation était toujours présente. Malgré mon état d'hébétude et de confusion, j'ai pu avancer à tâtons jusqu'à la salle de bains, allumer la lumière et me regarder dans le miroir. J'ai failli avoir une crise cardiaque. J'étais complètement défigurée. Un côté de mon visage était gonflé comme un gros ballon et j'avais un œil fermé et boursouflé. Je pouvais à peine ouvrir l'autre œil, juste assez pour voir. J'avais l'air grotesque. « Mais que diable m'est-il donc arrivé ? » ai-je demandé à voix haute.

Je me suis vaguement souvenue de m'être allongée sur la veste de Jay dans la voiture et d'avoir senti quelque chose me piquer la joue. En réalité, j'avais eu cette sensation de piqûre à trois reprises. Mais j'avais trop sommeil pour pouvoir réagir. Maintenant, en m'examinant de plus près, je remarquai trois morsures, petites mais distinctes, sur ma joue. Les choses semblaient aller de mal en pis. Mon visage continuait d'enfler. Comme j'habitais trop loin d'un hôpital, que je n'étais pas en mesure de conduire et que je n'avais aucune confiance en Jay, mon voisin le plus proche, je me trouvais face à un problème grave.

« Tu as été piquée par une araignée venimeuse, me suis-je dit sans perdre mon sang-froid. Il ne te reste pas beaucoup de temps. »

Je me suis mise à réfléchir à toute vitesse. Je n'avais pas le temps de prévenir les membres de ma famille qui étaient dispersés aux quatre coins du pays. Le temps pressait de plus en plus. J'ai repensé aux très nombreuses circonstances où j'avais bien cru que c'était ma dernière heure. Dans les moments de grand stress ou de grand chagrin, il m'était même arrivé, ne serait-ce qu'une seconde, de penser au suicide. Dans ces moments-là, j'aurais accepté de mourir sans le moindre regret. Mais je n'ai jamais pu le faire à cause de ma famille. Le sentiment de culpabilité et le remords auraient été trop lourds à porter. Non, je n'aurais jamais pu faire cela.

D'autre part, aucun de mes patients ne s'est jamais suicidé. Bon nombre d'entre eux avaient souhaité le faire, mais, chaque fois, je leur avais demandé ce qui rendait leur vie insupportable. Si c'était à cause de la douleur, j'augmentais les doses d'analgésiques. S'il s'agissait de problèmes familiaux, j'essayais de les résoudre. Si mes malades étaient plongés dans la dépression, je m'efforçais de les en faire sortir.

Mon but était d'aider les gens à vivre jusqu'à ce qu'ils meurent de leur mort naturelle. Je n'aiderai jamais un malade à se suicider. Je ne crois pas aux bienfaits du suicide assisté. Si un malade sain d'esprit refuse de prendre ses médicaments ou de suivre ses séances de dialyse, nous devons reconnaître que c'est son droit. Certains patients s'efforcent de résoudre leurs problèmes non résolus, de mettre de l'ordre dans leurs affaires, d'atteindre un état de paix et d'acceptation et, plutôt que de prolonger le processus qui mène à la mort, gèrent eux-mêmes le temps qu'ils s'accordent à vivre. Mais, en ce qui me concerne, je ne les aiderais jamais à se suicider.

J'ai appris à ne jamais m'ériger en juge. En temps ordinaire, si un patient a accepté sa condition de mourant, il sera ensuite capable d'accepter le cours naturel des choses. Il connaîtra alors une merveilleuse expérience transcendantale.

Celui qui se suicide cherche peut-être à échapper à une leçon qu'il se devait d'apprendre. Alors, au lieu de passer dans la classe supérieure, il devra redoubler pour apprendre enfin sa leçon. Ainsi, par exemple, si une fille se suicide après que son petit ami a rompu avec elle, elle devra revenir pour apprendre à assumer le sentiment de perte. En fait, dans sa prochaine vie, elle connaîtra à de nombreuses reprises l'expérience de la perte, jusqu'à ce qu'elle apprenne à l'accepter.

Quant à moi, alors que mon visage continuait d'enfler, il m'a suffi de réaliser que plusieurs options s'offraient à moi pour décider de vivre. Quelle étrange situation : la possibilité du suicide me maintenait en vie. Mais c'est bien ce qui s'est passé. Si je ne faisais rien pour soigner mon état qui empirait rapidement, je mourrais dans quelques minutes. Mais j'avais le choix, le libre arbitre que Dieu accorde à chaque être, et moi seule, en cet instant, pouvais décider si j'allais vivre ou mourir.

Je suis allée dans mon salon, là où une image de Jésus était suspendue au mur. Debout devant cette icône, j'ai fait le serment solennel de vivre. À peine avais-je dit cela que la pièce s'est remplie d'une lumière extraordinairement brillante. Comme je l'avais fait auparavant face à cette même lumière, je me suis dirigée vers elle. Dès que j'ai été enveloppée de sa chaleur, j'ai su que je survivrais, si miraculeux que cela me semblât. Une semaine plus tard, les piqûres furent examinées par un médecin de renom qui m'a dit ceci : « On dirait des piqûres de veuve noire. Mais si c'était le cas, vous ne seriez pas vivante. » Pour autant que je le sache, il n'aurait jamais cru au traitement qui m'avait sauvée, aussi n'ai-je pas perdu mon temps à lui en parler. « Vous avez de la chance », m'a-t-il dit.

De la chance, oui. Mais je savais aussi que mes véritables problèmes ne faisaient que commencer.

33

LE SIDA

Il n'est aucun problème qui ne soit en réalité un cadeau. J'ai eu du mal à me souvenir de ceci lorsque j'ai appris que Manny, apparemment harcelé par des difficultés financières, avait vendu la maison de Flossmoor sans me donner la possibilité de la lui racheter, comme nous en étions convenus. En outre — ce fut un coup dur et un acte vraiment sournois —, il avait également vendu le domaine d'Escondido qui abritait le centre de Shanti Nilaya. On me notifia par lettre recommandée que je devais vider les lieux et remettre les clés des deux maisons aux nouveaux propriétaires. J'étais complètement effondrée.

Que pouvais-je ressentir d'autre ? Après avoir perdu ma maison, vu mon rêve s'écrouler devant moi, je me suis endormie à force de pleurer. Les conseils que m'avait prodigués l'esprit ne changeaient rien à l'affaire : « Dans la rivière des larmes, ne te plains jamais. Fais du temps ton ami. »

Mais une semaine plus tard, San Diego fut noyé sous une pluie torrentielle qui se déversa pendant sept jours. Ce déluge provoqua de graves inondations, des glissements de terrain et des dégâts matériels, parmi lesquels mon ex-centre de guérison. Le toit du bâtiment principal s'était effondré, la piscine était lézardée et remplie de boue et le chemin d'accès escarpé avait complètement disparu. Si nous étions restés là-haut, non seulement aurions-nous été bloqués, mais encore les réparations nous auraient-elles coûté une fortune. Si étrange que cela puisse paraître, mon expulsion avait été une bénédiction.

Je partageai mon optimisme retrouvé avec ma fille qui était venue me voir pendant les vacances de Pâques. Barbara était une fille très intuitive qui n'avait jamais eu confiance en Jay ou en sa femme. Elle était alors dans un établissement d'enseignement supérieur, quelques années après son frère aîné qui suivait les cours de l'université du Wisconsin. Nous entretenions maintenant elle et moi à nouveau une magnifique relation.

Je remercie le Seigneur pour cela. Chez moi, elle a pu admirer l'immense véranda, la cuve thermale, les oiseaux et les millions de fleurs écloses. Ensuite, je l'ai emmenée voir les pommeraies dans la montagne, une jolie excursion qui a failli mal tourner au retour lorsque les freins de ma voiture ont lâché dans une descente raide. Que nous en soyons sorties indemnes relève du miracle. Quelques jours plus tard, un autre miracle se produisit. Après avoir reconduit chez elle à Long Beach une amie veuve, Barbara et moi sommes rentrées à toute allure pour préparer la fête de Pâques. Nous avons trouvé ma maison dévorée par les flammes.

Alors que des flammes immenses dévoraient le toit, nous sommes entrées en action. J'ai pris le tuyau d'arrosage tandis que Barbara a couru chez les voisins pour appeler les pompiers. Elle a demandé de l'aide dans trois maisons, mais personne n'a répondu. Finalement, tout en sachant qu'elle faisait sans doute une erreur, elle alla sonner chez les B. Ils lui ont ouvert la porte et ont promis d'appeler les pompiers. Mais c'est tout ce qu'ils firent. Aucun de ces prétendus amis n'est venu proposer son aide, qui nous aurait été particulièrement utile étant donné que Barbara et moi, avec nos seuls tuyaux d'arrosage, avons réussi à maîtriser l'incendie avant l'arrivée des pompiers.

Après que ceux-ci eurent fait une brèche dans un mur, nous avons pu pénétrer dans la maison. C'était une vision de cauchemar. Le mobilier était complètement détruit. Tous les luminaires, les téléphones et autres appareils en plastique avaient fondu. Mes pièces murales, mes tapis indiens, mes tableaux et mes plats, tout était noirci. L'odeur était insupportable. On nous a priées de ne pas rester à l'intérieur une minute de plus car les émanations étaient dangereuses pour nos poumons. Curieusement, la dinde que j'avais prévu de servir pour le repas de Pâques sentait délicieusement bon.

Ne sachant pas trop quoi faire, je me suis assise dans la voiture et j'ai allumé une cigarette. Un des pompiers, un homme vraiment charmant, est venu me voir pour me recommander un thérapeute dont la spécialité était d'aider les personnes qui avaient tout perdu dans un incendie. « Non merci, lui ai-je dit. J'ai l'habitude de ce genre de coups durs et je suis moi-même une spécialiste dans ce domaine. »

Le lendemain, les pompiers sont revenus pour voir si tout allait bien, un geste que j'ai beaucoup apprécié, surtout que ni Jay ni sa femme ne se sont manifestés. « Tu crois vraiment que ce sont tes amis ? » m'a demandé Barbara.

Quelqu'un ne m'aimait pas. En tout cas, on pouvait fortement le soupçonner après qu'un enquêteur en matière d'incendie criminel et un détective privé eurent tous deux conclu que le feu s'était déclenché simultanément à la cuisine dans le fourneau et dans la pile de bois à l'extérieur de la maison. « Nous sommes presque sûrs qu'il y a eu incendie criminel », dit l'enquêteur. Quelle conduite devais-je adopter ? Le grand nettoyage de printemps s'est produit plus tôt cette année-là. Après les vacances de Pâques, la compagnie d'assurances a envoyé un grand camion pour évacuer les débris consumés, y compris l'argenterie de ma grand-mère que j'avais soigneusement conservée pour la donner à Barbara. Maintenant, ce n'était plus qu'un gros tas de métal fondu.

Certains de mes amis de Shanti Nilaya m'ont aidée à nettoyer et à laver tout ce qui était encore utilisable. La seule chose épargnée par le feu était un vieux calumet indien. Bientôt, grâce à l'argent que j'ai reçu de la compagnie d'assurances, j'ai pu embaucher une armée d'ouvriers du bâtiment pour reconstruire ma maison. Ce ne serait plus jamais la même maison toutefois, et lorsqu'elle fut achevée, je l'ai mise en vente.

Ma foi était vraiment mise à rude épreuve. J'avais perdu mon centre de guérison et ma confiance en Jay. La série d'incidents étranges au cours desquels j'ai failli perdre la vie — les piqûres de l'araignée, les freins qui lâchent et l'incendie — étaient trop inquiétants pour mon goût. J'étais persuadée que ma vie était en danger. Tout cela en valait-il la peine ? Après tout, à l'âge de cinquante-cinq ans, que pourrais-je encore donner avant de jeter l'éponge ? Je me suis dit qu'il fallait que je m'éloigne de Jay et de son énergie démoniaque. La seule solution consistait à acheter cette ferme dont je rêvais depuis des années, à ralentir mon rythme et à prendre soin de moi, pour une fois. Peut-être était-ce la bonne idée. Mais le moment n'était pas bien choisi. En effet, alors que j'étais plongée dans le doute, j'ai dû reprendre du service.

Cette fois-ci, le problème s'appelait SIDA, et il devait changer le reste de ma vie.

Depuis quelques mois, j'avais entendu des rumeurs à propos d'un cancer frappant les homosexuels. On n'en savait pas grand-chose si ce n'est que des hommes, autrefois en bonne santé, actifs et vigoureux, mouraient à une vitesse terrifiante et qu'ils étaient tous homosexuels. Pour cette raison, personne dans la population générale n'était très inquiet.

Un jour, un homme m'a téléphoné pour me demander si je pouvais accepter un patient atteint du sida dans mon prochain atelier. Étant donné que je n'avais jamais refusé un malade en phase terminale jusque-là, je l'ai inscrit immédiatement. Cependant, un jour après avoir rencontré Bob, dont le visage émacié et les membres frêles étaient recouverts de grandes taches violettes et hideuses — une maladie cutanée incurable, connue sous le nom de sarcome de Kaposi — je réalisai soudain avec surprise que je souhaitais être débarrassée de lui. J'étais agitée de terribles questions : « De quoi souffre-t-il exactement ? Est-ce contagieux ? Si je lui viens en aide, vais-je finir comme lui ? » Jamais dans ma vie, je n'avais éprouvé un tel sentiment de honte.

Et puis, j'ai laissé parler mon cœur, ce qui m'a permis de considérer Bob comme un être humain plongé dans la souffrance — un homme merveilleux, honnête et affectueux. Depuis lors, j'ai considéré le fait de m'occuper de lui — comme je l'aurais fait pour n'importe quel autre être humain — comme un privilège. Je l'ai traité comme j'aurais aimé que l'on me traitât si je m'étais trouvée dans sa situation.

Toutefois, ma réaction initiale m'avait fait peur. Si quelqu'un comme moi, Élisabeth Kübler-Ross, qui avais travaillé avec toutes sortes de patients mourants, qui étais officiellement la plus experte dans ce domaine, pouvait avoir ce type de répulsion envers la maladie de ce jeune homme, alors je ne pouvais même pas imaginer l'ampleur du rejet que manifesterait la société vis-à-vis de cette pandémie appelée sida.

La seule attitude humaine acceptable était la compassion. Bob, vingt-sept ans, n'avait aucune idée de ce qui était en train de le tuer. Comme d'autres jeunes homosexuels atteints par cette maladie, il savait qu'il était en train de mourir. Sa santé fragile, qui se détériorait constamment, l'obligeait à rester chez lui. Sa famille l'avait abandonné depuis longtemps. Ses amis ne venaient plus le voir. Il était à juste titre déprimé. Un jour, durant mon atelier, il nous a raconté, les larmes aux yeux, comment il avait téléphoné à sa mère pour s'excuser d'être homosexuel en lui expliquant qu'il ne pouvait faire autrement.

Bob fut mon test. Il était le premier des milliers de patients atteints du sida que j'ai aidés à finir paisiblement leur existence après la tragédie qu'ils avaient vécue, mais je dois dire qu'il m'a rendu au centuple ce que j'ai pu lui apporter. Le dernier jour de l'atelier, les participants, y compris un austère pasteur fondamentaliste, entonnèrent une émouvante chanson pour Bob, puis organisèrent une ronde tout autour de la pièce en le portant dans leurs bras. Grâce à son courage, nous avons tous reçu au cours de cet atelier une formidable leçon d'honnêteté et de compassion, une leçon que nous avons ensuite livrée au monde entier.

Nous en aurions besoin. Comme les personnes atteintes du sida étaient dans leur grande majorité des homosexuels, au début, le sentiment général de la population était qu'ils méritaient de mourir. C'était, selon moi, la manifestation catastrophique d'un refus de notre propre humanité. Comment d'authentiques chrétiens pouvaient-ils rejeter les victimes du sida ? Comment, d'une manière générale, les gens pouvaient-ils se désintéresser d'un tel problème ? J'ai pensé à la façon dont Jésus prenait soin des lépreux et des prostituées. Je me suis souvenue de mes propres combats pour soutenir les droits des malades en phase terminale. Peu à peu, on a su que des hétérosexuels, des femmes et des bébés avaient contracté la maladie. S'agissant du sida, nous étions tous confrontés, bon gré mal gré, à une épidémie qui exigeait de nous compassion, compréhension et amour.

À une époque où notre planète était menacée par les déchets nucléaires, les décharges toxiques et par une guerre qui pouvait se révéler la plus terrible de toute l'histoire de l'humanité, le sida représentait un défi pour tous les êtres humains, partout dans le monde. Si nous étions incapables de nous comporter avec humanité pour affronter le problème du sida, alors nous étions condamnés. Plus tard, je devais écrire ceci : « Le sida représente une menace particulière pour l'humanité mais, contrairement à la guerre, c'est une bataille qui se livre de l'intérieur... Allons-nous choisir la haine et la discrimination, ou bien aurons-nous le courage de choisir l'amour et la solidarité ? »

En discutant avec les premiers malades atteints du sida, je me suis demandé si cette épidémie n'avait pas été engendrée par l'homme. Bon nombre de ces malades avaient déclaré au début avoir reçu des injections supposées les guérir d'une hépatite. Je n'ai jamais eu le temps d'enquêter sur cette histoire, mais si c'était vrai, cela signifiait que ce mal serait encore beaucoup plus difficile à vaincre que nous le pensions.

Bientôt, j'organisai mon premier atelier exclusivement réservé aux malades atteints du sida. Il s'est tenu à San Francisco et, comme je devais en avoir maintes fois l'occasion par la suite, j'ai écouté ces jeunes gens les uns après les autres raconter la même histoire déchirante d'une vie marquée par la tromperie, le rejet, l'isolement, la discrimination, la solitude et par toutes les attitudes indignes dont est capable l'humanité. Toutes les larmes de mon corps ne suffisaient pas à exprimer le chagrin qui m'envahissait.

D'un autre côté, les malades atteints du sida étaient d'extraordinaires exemples. Celui qui incarnait le mieux le potentiel de rayonnement et d'enrichissement spirituels de ces malades était un jeune homme originaire du sud des États-Unis qui avait participé à ce premier atelier destiné exclusivement aux sidéens. Après avoir fréquenté les hôpitaux à de nombreuses reprises pendant un an, il avait l'apparence d'un rescapé d'un camp de concentration nazi. À en juger par son état, on ne lui donnait pas beaucoup de chances de survie.

Avant de mourir, il voulait absolument faire la paix avec ses parents qu'il n'avait pas revus depuis des années. Il attendit de reprendre des forces, puis, vêtu d'un costume emprunté à un de ses amis qui, sur son corps squelettique, lui donnait l'apparence d'un épouvantail, il prit l'avion pour rentrer chez lui. Il avait tellement peur que son apparence physique ne dégoûte ses parents qu'il envisagea de rebrousser chemin. Mais ses parents l'avaient aperçu. Sa mère, qui était assise sous le porche devant la maison, où elle l'avait attendu rongée par l'anxiété, s'est précipitée vers lui et, ignorant les lésions violettes qui parsemaient son visage, l'a embrassé sans hésitation. Son père est alors venu vers lui à son tour. Puis, tous les trois réunis, ils passèrent des moments pleins d'émotions et de tendresse, avant qu'il ne soit trop tard.

« Voyez-vous, dit le jeune homme le dernier jour de l'atelier, il a fallu que j'aie cette maladie effroyable pour comprendre enfin ce qu'est véritablement l'amour inconditionnel. »

Et nous l'avions tous compris. Depuis lors, mes séminaires sur la Vie, la Mort et la Transition ont accueilli des sidéens dans tout le pays, et ensuite dans le monde entier. Pour bien m'assurer que personne n'était rejeté du fait de son impécuniosité — les médicaments et les hospitalisations sont si souvent venus à bout des épargnes de toute une vie — je me suis mise à tricoter des écharpes, puis à les vendre aux enchères afin que le produit de la vente serve à créer un fonds de bourses d'études pour les malades atteints du sida. Je savais que le sida était la bataille la plus importante à laquelle moi-même — et sans doute le monde — serais confrontée depuis les missions que j'avais effectuées dans la Pologne de l'après-guerre. Mais cette guerre-là était finie et nous l'avions gagnée. Avec le sida, le combat ne faisait que commencer. Alors que les chercheurs se démenaient pour se procurer des fonds et s'engageaient dans une course contre la montre afin de trouver les causes et les remèdes pour cette maladie, je savais que, pour vaincre définitivement ce mal, il faudrait bien autre chose que la seule science.

Nous étions au début de ce combat, mais je pouvais en entrevoir la fin. Elle dépendrait de ce que nous serions capable ou non de comprendre la leçon que le sida pouvait nous enseigner. Dans mon journal, j'ai écrit ceci :

> Il y a en chacun de nous un potentiel de bonté qui dépasse notre imagination. Nous sommes capables de donner sans rien attendre en retour. Nous sommes capables d'écouter sans juger. Nous sommes capables d'aimer de manière inconditionnelle.

34

HEALING WATERS

Je vivais toujours à Healing Waters, mais dans la lumière du matin ma maison semblait être celle d'une personne prête à partir. Une désagréable odeur de brûlé planait toujours dans l'air. Et les murs, sans mes tapis indiens et mes photos, étaient désespérément vides. Le feu avait en ce lieu consumé toute vie, y compris la mienne. Je ne comprenais pas comment un bon guérisseur comme Jay avait pu devenir un personnage aussi maléfique. Je ne voulais plus rien avoir à faire avec lui avant mon départ.

Cependant, tant que nous serions voisins, c'était impossible. Un matin, peu après mon retour d'un atelier, Jay m'a appelée. Sa femme avait écrit un livre, intitulé avec à-propos *La Chambre noire,* et il voulait que j'écrive une préface qui servirait de publicité à cet ouvrage. « Pourriez-vous le faire pour demain matin ? » me demanda-t-il.

Même si j'adorais mes guides, je ne pouvais, en mon âme et conscience, associer mon nom à un endroit — la chambre noire — qui avait été manifestement utilisé à des fins inavouables au cours des six derniers mois. Lors de notre dernière conversation — le terme « confrontation » serait plus approprié — Jay avait affirmé qu'il ne pouvait être tenu pour responsable d'aucun de ses actes, même s'ils étaient condamnables. « Lorsque je suis en transe, je ne me rends pas compte de ce qui se passe », dit-il.

Je savais pertinemment qu'il mentait, mais lorsqu'il a fallu prendre la décision de rompre tout lien avec lui, je fus confrontée à un grave dilemme. Je savais que Shanti Nilaya ne pourrait pas survivre sans mes conférences et mes diverses contributions. Après une longue réflexion, j'ai organisé une rencontre secrète entre les membres les plus actifs de Shanti Nilaya, les cinq femmes et les deux hommes qui étaient d'ailleurs les permanents salariés du centre. Au cours de cette réunion, je leur ai dit tout ce qui me préoccupait : le fait que je craignais pour ma vie, les soupçons que j'avais sur Jay mais que j'étais incapable d'étayer de la moindre preuve, les entités dont certaines, selon moi, n'étaient pas réelles, etc.

« Naturellement, tout cela pose le problème de la confiance, dis-je. C'est exaspérant. »

Silence. Je leur ai dit qu'après cette réunion j'allais renvoyer Jay et sa femme et poursuivre les activités de Shanti Nilaya sans eux. Le simple fait de prendre cette décision et d'en faire part à mes amis m'a soulagée. Mais ensuite, trois des femmes, le noyau dur des collègues en qui j'avais le plus confiance, m'avouèrent avoir été « formées » par le médium à jouer le rôle d'entités féminines. Elles jurèrent que celui-ci contrôlait leurs actes en les plongeant dans un état de transe. Je comprenais maintenant pourquoi je n'avais jamais pu prouver que Salem et Pedro étaient des fraudeurs : ils étaient bien réels. Quant aux entités féminines, elles étaient manifestement « bidon » et cela explique la raison pour laquelle elles ne m'avaient jamais approchée.

Je me suis alors juré de demander des explications à Jay dès le lendemain matin lorsqu'il viendrait prendre la préface que j'étais supposée écrire pour sa femme. Sans doute ne s'attendait-il pas au genre d'épilogue que je lui préparais. Les trois femmes acceptèrent de rester derrière moi pour servir de preuves. Étant donné que personne ne savait comment Jay réagirait, j'ai demandé aux deux hommes de se cacher derrière des buissons et de suivre le déroulement des événements — à titre de précaution. Cette nuit-là je dormis très peu, sachant que je ne reverrais jamais plus Salem, ni Pedro, ou encore que je n'entendrais plus la voix merveilleuse de Willie lorsqu'il chantait. Mais le devoir me commandait d'agir ainsi.

Je me suis levée avant l'aube, inquiète quant à la suite des événements. À l'heure dite, Jay est arrivé. Accompagnée des trois femmes, je l'ai rencontré sur la véranda. Son visage est resté impassible lorsque je lui ai annoncé que lui et sa femme ne faisaient plus partie de mon personnel, que je les mettais à la porte. « Si vous vous posez la moindre question sur la raison de votre renvoi, regardez simplement ces personnes qui m'entourent et vous comprendrez », dis-je. Son regard se fixa sur moi d'une façon haineuse — ce fut sa seule réponse. Il est reparti chez lui sans mot dire avec son manuscrit sous le bras et j'appris peu après qu'il avait vendu sa maison pour aller s'installer dans le nord de la Californie.

J'étais libre, mais à quel prix. Grâce aux dons

médiumniques de Jay, bon nombre de gens avaient appris beaucoup de choses, mais lorsqu'il s'est mis à faire un mauvais usage de ces dons, la souffrance et l'angoisse qui en ont résulté furent insupportables. Bien plus tard, quand j'ai été à nouveau en mesure de communiquer avec Salem, Pedro et avec d'autres esprits, ces entités reconnurent avoir été au courant de mes doutes constants sur leur véritable nature, divine ou démoniaque. Mais cette terrible expérience avait été la seule façon d'apprendre la leçon fondamentale sur la confiance et sur la manière de discerner le vrai du faux.

Naturellement, j'ai tout pardonné mais je n'ai rien oublié. Il m'a fallu sept années avant que je sois à nouveau capable d'écouter les nombreux enseignements de mes fantômes que j'avais enregistrés. Maintenant, j'étais en mesure de déceler leurs mises en garde explicites concernant une supercherie et une terrible rupture, mais elles étaient trop hermétiques et c'est pour cela qu'à l'époque j'avais été dans l'incapacité de prendre les mesures qui s'imposaient. J'ai collaboré avec Jay aussi longtemps que c'était humainement possible. Je suis convaincue que si j'étais restée plus longtemps en contact avec lui, je n'aurais pas survécu. À présent, je continuerais à avoir des nuits d'insomnie pour le restant de mes jours en me posant des millions de questions, tout en sachant que je n'aurais le fin mot de l'histoire que lorsque j'aurais effectué cette transition que l'on appelle la mort. Je l'aurais attendue avec impatience.

En attendant, mon futur était incertain. Même si j'avais mis ma maison en vente, je ne partirais pas tant que je n'aurais pas trouvé un endroit où aller.

Pour le moment, il n'y en avait aucun. Le groupe, réduit mais dévoué, qui restait au sein de Shanti Nilaya travaillait extrêmement dur, car notre organisation s'efforçait d'aider des gens dans le monde entier à mettre sur pied des projets similaires pour les patients mourants : des centres de soins palliatifs, des centres de formation pour les professionnels de la santé, pour la famille et les groupes de conseil et de soutien au deuil. Mes stages de cinq jours, plus nécessaires que jamais depuis l'apparition du sida, connurent un grand succès.

Si je l'avais voulu, j'aurais pu me contenter d'aller d'un atelier à un autre sans jamais avoir une résidence personnelle, passant de l'aéroport à l'hôtel puis de nouveau à l'aéroport, ce qui n'était pas le genre de vie que je souhaitais, surtout à ce stade de mon existence. Consciente de la nécessité de ralentir mon rythme, je me demandais ce qu'il fallait faire pour y arriver quand Raymond Moody, l'auteur de *La Vie après la vie,* que je connaissais déjà, m'a suggéré d'aller voir sa ferme dans les *Shenandoahs.* Il était difficile de résister après qu'il m'eut décrit cette région comme « la Suisse de Virginie ». Aussi, au milieu de l'année 1983, après avoir achevé une tournée d'un mois par une conférence à Washington, j'ai loué une voiture avec chauffeur pour effectuer le trajet de quatre heures et demie jusqu'à Highland County, en Virginie.

Le chauffeur a dû penser que j'étais folle lorsque je lui ai dit : « Quelle que soit ma passion pour cette ferme, je veux que vous jouiez le rôle de mon mari et opposiez si nécessaire un veto à ma décision. Je ne veux pas prendre une décision que je regretterais plus tard. »

Mais lorsque nous sommes arrivés à Head Waters, le petit village situé à environ vingt kilomètres de la ferme, le chauffeur, qui m'avait entendue m'extasier sur cette campagne d'une beauté à couper le souffle, revint sur notre accord. « Madame, vous achèterez de toute façon cette propriété, expliqua-t-il. Je peux vous dire qu'elle est faite pour vous. »

J'en avais moi aussi acquis la conviction en me promenant à travers les collines et les terres et en contemplant les trois cents acres de pâtures et de bois. Mais j'avais du pain sur la planche. La ferme et l'étable nécessitaient des réparations. La terre cultivable avait été laissée à l'abandon. Il faudrait construire une maison. Quoi qu'il en soit, mon rêve de posséder une ferme avait repris vie. J'imaginais cette ferme remise à neuf. Il y aurait un centre de guérison, un bâtiment affecté à l'enseignement, quelques bungalows en bois pour loger les participants, et toutes sortes d'animaux... sans compter la tranquillité. Ce qui me plaisait dans cette région, c'est qu'elle était la moins peuplée à l'est du Mississippi.

J'ai appris comment s'y prendre pour acheter une ferme grâce au vieux paysan qui vivait au bout de la route. Enfin presque. Car lorsque je me suis retrouvée face au directeur du bureau agricole local à Staunton le lendemain matin, je n'ai pu m'empêcher de lui faire part de tout ce que j'envisageais de faire sur cette ferme, y compris un camp de vacances pour les enfants des quartiers défavorisés, un zoo pour enfants et ainsi de suite. « Madame, tout ce que j'ai besoin de savoir, c'est le nombre de têtes de bétail, de moutons et de chevaux que vous avez, ainsi que la superficie totale », dit-il.

Le 1er juillet 1983, la semaine suivante, j'étais devenue propriétaire du domaine. J'ai introduit tout de suite plus de vie dans cette ferme en demandant à mes nouveaux voisins de laisser leur bétail paître sur mes terres et en commençant de vastes travaux de mise en valeur. Depuis San Diego, je surveillais de près l'avancement des travaux. Dans ma lettre d'information d'octobre, j'ai écrit ceci : « Nous avons déjà repeint la ferme, reconstruit la cave à légumes, rajouté une annexe au poulailler... et aménagé également un jardin potager et un jardin de fleurs. Et c'est ainsi que nous avons maintenant un garde-manger et une cave à légumes bien remplis — prêts à nourrir les gens affamés qui participeraient aux stages... »

Le printemps de 1984 vit d'autres signes de renouveau. J'ai choisi un endroit, juste à côté d'un groupe de vieux chênes immenses, pour y construire la cabane en rondins qui deviendrait mon lieu de résidence. Puis les premiers agneaux sont nés, deux jumeaux et trois autres — rien que des moutons noirs : c'était bel et bien *ma* ferme.

Les travaux de construction des trois bâtiments ronds où je prévoyais d'animer mes stages étaient en cours quand j'ai réalisé que j'avais besoin d'un bureau pour tous les problèmes organisationnels. Je m'apprêtais à en louer un en ville lorsque Salem est apparu un soir pour me conseiller de dresser la liste de tout ce dont j'avais besoin. J'ai imaginé une cabane en rondins confortable, avec une cheminée, un ruisseau plein de truites qui coulerait devant, de nombreuses pâtures tout autour, et puis, uniquement parce qu'il s'agissait d'un rêve, j'ai ajouté une piste d'atterrissage sur la liste. L'aéroport était si loin, alors, pourquoi pas ?

Le lendemain, la préposée à la poste, qui savait que je cherchais un bureau, m'a dit qu'une adorable maisonnette à cinq minutes de là venait d'être mise en vente. Elle se trouvait près d'une rivière, dit-elle, et avait une cheminée de pierre. Cela m'a semblé parfait. « Il y a juste un problème », dit-elle, l'air contrit. Mais elle n'en voulait rien dire. Elle m'implora d'aller voir la maisonnette d'abord. J'ai refusé, et j'ai finalement réussi à la persuader de me révéler la nature de ce gros problème. « Il y a une piste d'atterrissage derrière », dit-elle. J'en ai eu le souffle coupé et j'ai acheté cette satanée cabane.

Cet été-là, un an exactement après avoir acheté la ferme, j'ai fait mes adieux à Escondido et pour m'installer à Head Waters, en Virginie, le 1er juillet 1984. Mon fils Kenneth m'a conduite là-bas dans ma vieille Mustang. Quatorze des quinze membres de l'équipe de Shanti Nilaya m'ont suivie là-bas pour poursuivre notre importante mission. La plupart d'entre eux démissionnèrent au bout d'un an, ne pouvant ou ne désirant pas adopter un style de vie plus proche de la terre. Mon intention était de finir au plus vite le centre de guérison, mais mes guides m'ont avertie qu'il fallait d'abord construire ma maison.

Je ne comprenais pas pourquoi ils m'avaient dit cela jusqu'à ce qu'une armée de volontaires, répondant à l'appel publié dans ma lettre d'information, ne viennent à la rescousse avec leurs outils, leur enthousiasme et leurs besoins particuliers. Ainsi, par exemple, parmi ces quarante personnes, environ trente-cinq suivaient des régimes alimentaires différents. L'une d'elles ne mangeait aucun produit laitier. Une autre était macrobiote. Une autre encore ne prenait jamais de sucre. Certains de ces volontaires ne pouvaient manger de poulet. D'autres ne mangeaient que du poisson. Heureusement que j'avais mes fantômes ! Si je n'avais pas construit en priorité ma maison pour m'y réfugier le soir, je serais devenue dingue. Il m'a fallu cinq années pour apprendre à ne servir que deux types de plats — un plat de viande et un plat végétarien.

Peu à peu, la ferme fut remise en état et rénovée. J'ai acheté des tracteurs et des presses à fourrage. Les champs étaient maintenant labourés, réensemencés et fertilisés. On avait creusé des puits. Bien entendu, la seule chose qui s'écoulait était l'argent. Il faudrait attendre encore huit années avant que j'équilibre les comptes, et encore, uniquement grâce à la vente d'un nombre suffisant de moutons, de têtes de bétail et de bois de charpente. Mais l'immense plaisir de vivre près de la terre valait largement la dépense.

La veille de Thanksgiving, j'étais en train de planter des clous avec mon chef de chantier lorsque j'ai eu la très nette impression que quelque chose de très inhabituel allait se produire, quelque chose de positif. J'ai demandé à cet homme de rester avec moi et j'ai fait en sorte qu'il reste éveillé en le bourrant de café et de chocolats suisses. Il pensait que j'étais devenue folle. Mais je lui ai dit qu'il ne serait pas déçu d'avoir attendu tout ce temps. Et, effectivement, tard ce soir-là, alors que nous devisions assis, la pièce s'est remplie d'une lumière éclatante. L'ouvrier m'a regardée comme pour dire : « Mais qu'est-ce qui se passe ? »

« Attendez », ai-je lancé.

Puis, graduellement, une image est apparue sur le mur opposé. Nous avons immédiatement compris qu'il s'agissait de Jésus. Il nous a bénis, puis a disparu. Il est revenu encore une fois, puis est reparti pour revenir une dernière fois. Il m'a demandé d'appeler la ferme *Healing Waters*. « C'est un nouveau départ, Isabel. »

Mon témoin n'en revenait pas. « La vie est pleine de surprises », lui ai-je dit.

Le lendemain, nous sommes sortis dans l'air frais du matin. Une légère couche de neige tombée pendant la nuit recouvrait les champs, les collines et les bâtiments.

Cela ressemblait vraiment à un nouveau départ.

Mon installation à Healing Waters m'a redonné de l'énergie et l'envie d'accomplir une mission, bien que je n'eusse aucune idée de ce qu'elle pourrait être. Pour l'instant, je pouvais enfin m'installer quelque part, et cette tâche était amplement suffisante pour commencer. Une voisine, Pauline, un ange, malheureusement handicapée par un diabète, un lupus érythémateux et une arthrite, avait pris l'habitude de m'appeler dès que j'allumais la lumière en rentrant d'un voyage. Je n'avais pas l'impression d'être vraiment rentrée tant que je n'avais pas entendu sa voix chaleureuse me dire au bout du fil : « Bonjour, Élisabeth. Heureuse de vous retrouver. Voulez-vous que je vous apporte quelque chose ? » Quelques minutes plus tard, elle était devant ma porte avec du pudding ou une tarte aux pommes faits à la maison. J'avais aussi deux autres voisins, deux frères qui vivaient en bas de la route et qui étaient ravis d'accepter tous les travaux que je pouvais leur proposer.

Les gens d'ici, peut-être à cause de la dureté de la vie dans cette région pauvre, étaient vrais et honnêtes. Je me suis identifiée à eux car ils étaient incontestablement plus réels que tous ces poseurs que j'avais rencontrés dans le sud de la Californie. D'autre part, ma vie n'était pas très différente de la leur, avec comme eux des journées interminables, des courbatures partout et des résultats péniblement acquis. Et les choses auraient très bien pu continuer comme cela, n'eût été la terrible efficacité des postes américaines. Efficacité ? Oui, absolument, même si je dois être la première personne à m'en plaindre.

Lorsque je suis arrivée ici, le bureau de poste de Head Waters — une pièce unique — n'ouvrait qu'un seul jour par semaine. J'ai averti la gentille préposée qu'elle serait peut-être contrainte d'ouvrir son bureau plus souvent, étant donné que je recevais en moyenne quinze mille lettres par mois. « Eh bien, ma chère, on verra bien comment cela va se passer », me dit-elle. Un mois plus tard, elle ouvrait son bureau cinq jours par semaine, me remettant chaque jour mon courrier.

Ce printemps-là, j'ai reçu une lettre qui devait affecter ma vie plus que toute autre. Écrite sur une demi-feuille de papier dans un style d'une émouvante simplicité, elle disait ceci :

Cher docteur Ross,
J'ai un fils âgé de trois ans qui est atteint du sida. Je n'ai plus la force de m'occuper de lui. Il mange et boit très peu. Combien prendriez-vous pour vous occuper de lui ?

D'autres lettres similaires ont suivi. L'histoire de Dawn Place illustre mieux que toute autre les déconvenues tragiques auxquelles étaient confrontés les malades atteints du sida. Souffrant de cette maladie, cette mère vivant en Floride essayait désespérément, dans les derniers mois pénibles de sa vie, de trouver un centre qui accepterait de prendre en charge sa fille, elle aussi atteinte du sida, après sa mort. Plus de soixante-dix institutions lui avaient opposé un refus, et elle mourut sans même savoir qui prendrait soin de son enfant. J'ai reçu une autre lettre pathétique d'une mère de l'Indiana qui me demandait si je pouvais m'occuper de son bébé atteint du sida. « Personne ne veut le toucher », dit-elle.

Fait invraisemblable, on m'a raconté qu'à Boston un bébé atteint du sida avait été abandonné dans une boîte à chaussures. J'étais absolument révoltée. Emmenée à l'hôpital, cette petite fille fut placée dans une sorte de caisson qui ressemblait à une cage d'un zoo. Les employés de l'hôpital se contentaient de la tapoter du bout des doigts. L'enfant n'a jamais pu établir de liens avec qui que ce soit. Personne ne l'a jamais embrassée, ni bercée ni prise sur les genoux. À deux ans, elle ne savait pas ramper, encore moins marcher, et était incapable de parler. C'était de la pure cruauté.

Je me suis démenée jusqu'à ce que je trouve un couple merveilleux qui a accepté d'adopter cette enfant. Mais lorsqu'ils sont arrivés à l'hôpital, on ne les a pas autorisés à voir l'enfant. Les responsables de l'établissement ont invoqué comme excuse le fait que ce bébé était malade. Évidemment que ce bébé était malade, puisqu'il avait le sida ! Finalement, nous avons enlevé la petite fille, puis trouvé un arrangement avec l'hôpital après les avoir menacés de tout révéler à la presse. Maintenant, heureuse conclusion de cette triste affaire, la fillette attend avec impatience de vivre son adolescence.

Depuis lors, j'ai eu des cauchemars où des bébés sidéens mouraient en l'absence de tout soin ou de tout amour. Ils n'ont disparu que le jour où j'ai répondu à l'appel de mon cœur, qui me demandait d'établir dans ma ferme un centre de soins pour les tout-petits atteints du sida. J'avais d'autres projets pour ma ferme, mais je me suis bien gardée de discuter avec le destin. Bientôt, j'imaginai une sorte d'arche de Noé, un paradis où mes enfants sidéens pourraient gambader librement au milieu des chevaux, des vaches, des moutons, des paons et des lamas.

Mais ce projet ne devait jamais se réaliser. Le 2 juin 1985, alors que je m'exprimais devant la classe terminale du *Mary Baldwin College* à Staunton, j'ai mentionné en passant mon projet d'adopter vingt bébés atteints du sida et de les élever sur les cinq acres que j'avais affectées à ce centre d'accueil. Les étudiants m'applaudirent, mais cette annonce, qui fut diffusée sur la chaîne de télévision locale et rapportée dans la presse, suscita une formidable hostilité parmi les habitants du comté qui, du fait de leur peur et de leur ignorance, me considérèrent bientôt comme un Antéchrist s'efforçant de répandre cette maladie mortelle dans leurs foyers.

Au début, j'étais trop occupée pour entendre le grondement de la révolte autour de moi. Quelque temps auparavant, j'avais visité un merveilleux centre de soins palliatifs à San Francisco. Là, les malades atteints du sida étaient soutenus avec compassion et recevaient les meilleurs soins possibles. Je me suis alors interrogée sur la situation des malades atteints du sida dans les prisons, enfers de promiscuité et d'atteintes sexuelles, où manifestement rien n'avait été prévu pour leur venir en aide. J'ai contacté de hauts responsables à Washington pour les alerter sur les risques liés à l'extension de cette épidémie, qui se répandait comme une traînée de poudre, et pour les presser de prendre toutes les mesures nécessaires pour la contenir. Ils ont tourné mes inquiétudes en dérision. « Nous n'avons pas un seul malade atteint du sida en prison, me dirent-ils.

— Il se peut que vous l'ignoriez pour le moment, mais je suis sûre qu'il y en a des tas, ai-je répondu.

— Oui, oui, vous avez raison. Nous en avions quatre et ils ont été libérés. Les autres ont été acquittés. »

J'ai continué de téléphoner un peu partout jusqu'à ce que je tombe sur quelqu'un qui, grâce à ses relations, a pu m'obtenir l'autorisation de me rendre à la prison de Vacaville, en Californie. Là, les responsables m'ont dit qu'ils ne savaient pas comment gérer le sida et que, si l'étude de ce problème m'intéressait, ils ne pouvaient que m'encourager dans cette voie. Dans les vingt-quatre heures, j'étais dans l'avion qui m'emmenait en Californie.

Ce que j'ai vu dans cette prison confirma mes pires appréhensions. Il y avait en fait huit détenus qui se mouraient du sida. Ils souffraient sans recevoir de soins dignes de ce nom et leurs conditions de vie étaient absolument déplorables, chacun d'entre eux vivant isolé dans sa cellule. Seuls deux d'entre eux étaient capables de marcher et de mener leurs activités quotidiennes ; les autres étaient trop affaiblis pour quitter leurs lits. Ils me dirent qu'ils n'avaient ni bassins de lit ni de pots de chambre, aussi étaient-ils contraints d'uriner dans leurs tasses puis de vider celles-ci par la fenêtre.

Ce n'était déjà pas une situation très réjouissante, mais les choses devaient encore empirer. Un homme, dont le corps était couvert de lésions cutanées d'un rouge sombre caractéristiques du sarcome de Kaposi, avait réclamé en vain un traitement radiothérapique. Un autre détenu avait la bouche tellement affectée par une candidose buccale qu'il pouvait à peine avaler. Sous mes yeux, il a failli vomir le repas — des *tacos* [1] durs comme du pain rassis avec une sauce très épicée — que le gardien lui avait apporté. « Je suppose que c'est leur jour de sadisme », ai-je dit, horrifiée.

1. Galettes mexicaines farcies de viandes et garnies de tomates *(N.d.T.)*.

Le médecin de la prison était un médecin de campagne à la retraite. Pressé de questions, il a fini par m'avouer que sa connaissance du sida était très insuffisante, mais cela lui était apparemment parfaitement égal.

J'ai révélé les conditions déplorables que j'avais trouvées dans cette prison dans des interviews et dans mon livre, *AIDS : The Ultimate Challenge.* Ce fut l'un de mes ouvrages les plus couronnés de succès. En décembre 1986, deux de mes meilleurs assistants californiens, Bob Alexander et Nancy Jaicks, avaient décidé d'effectuer des visites de soutien hebdomadaires aux prisonniers malades du sida à Vacaville. Leurs efforts ont amené les responsables du ministère américain de la Justice à enquêter sur les conditions de vie des détenus sidéens dans toutes les prisons. « Ils font enfin quelque chose », m'a écrit Bob avec optimisme en août 1987.

C'est tout ce que nous demandions. Dix ans plus tard, je suis retournée à Vacaville et j'ai vu que la situation terriblement inhumaine que j'avais connue autrefois n'était plus qu'un mauvais souvenir. Maintenant, il y avait un centre de soins pour les prisonniers atteints du sida, où ils étaient traités avec compassion et ouverture d'esprit. On avait formé des criminels au travail d'aide-soignant. D'autre part, la nourriture était convenable, tout comme les soins médicaux, et ces malades bénéficiaient d'une musique apaisante, de thérapies psychiques et physiques. Enfin, il y avait des prêtres, des rabbins ou des pasteurs de garde vingt-quatre heures sur vingt-quatre. Jamais je n'avais été aussi émue.

À juste titre, car même dans l'environnement carcéral lugubre, les terribles souffrances engendrées par le sida avaient suscité la compassion, la générosité et le souci du bien-être des malades.

C'était une formidable leçon pour quiconque doutait de cette vérité : le pouvoir de l'amour fait avancer les choses.

Quatrième partie

L'AIGLE

35

LE SERVICE RENDU

Depuis quatre semaines que je voyageais à travers l'Europe, je n'avais vu pratiquement que des hôtels, des salles de conférences et des aéroports. C'est pourquoi je fus émerveillée par la beauté du paysage lorsque je suis rentrée chez moi. Le premier matin, je me suis imprégnée de la nature luxuriante qui s'éveillait autour de moi en même temps que mes quatre-vingts animaux — moutons, bovidés, lamas, poulets, dindes, oies, ânes et canards. Les champs avaient produit des légumes en abondance. Je ne voyais pas ce qu'il pourrait y avoir de mieux que ma ferme pour accueillir les enfants sidéens dont personne ne voulait s'occuper.

Il n'y avait qu'un seul problème, mais de taille : les habitants du coin étaient absolument contre ce projet. Je recevais des coups de fil anonymes et une multitude de lettres : « Va mettre tes bébés sidaïques ailleurs. » Tel était le message d'une lettre anonyme reflétant bien l'opinion générale.

La plupart des habitants du comté se considéraient comme de bons chrétiens, mais je n'en croyais pas un mot. Depuis le jour où j'ai annoncé mon projet de créer un centre de soins pour les bébés atteints du sida, les habitants du comté de Highland s'y sont farouchement opposés. Comme ils ne savaient pas grand-chose du sida, leurs peurs ont vite pris une ampleur considérable. Pendant mon absence, un ouvrier du bâtiment que j'avais licencié s'est mis à colporter des mensonges un peu partout sur le sida et à demander aux gens de signer une pétition contre moi. « Signez si vous ne voulez pas que cette femme introduise le sida dans notre comté », disait-il aux gens.

Il a fait du bon travail. Le 9 octobre 1985, jour où se tenait une réunion pour discuter de cette affaire, les gens étaient si en colère qu'ils menacèrent d'utiliser la violence. Au cours de ce meeting, ce soir-là, plus de la moitié des deux mille neuf cents habitants du comté remplirent la petite église méthodiste de Monterey, le chef-lieu du comté. Avant de rendre public mon projet d'adopter des bébés atteints du sida, j'étais la célébrité du coin, accueillie avec chaleur et respect. Pourtant, quand je suis entrée dans l'église, je fus conspuée et sifflée par des gens qui autrefois me faisaient de grands signes de la main quand je passais en ville. J'ai alors compris que mes chances de gagner à ma cause un seul d'entre eux étaient d'ores et déjà nulles.

Malgré cela, j'ai pris la parole pour leur décrire le sort des enfants que j'avais l'intention d'adopter — des enfants âgés de six mois à deux ans qui « meurent du sida, auxquels tout est refusé : jouets, amour, lumière du soleil, câlins, baisers, etc., et qui sont littéralement condamnés à passer le restant de leurs jours dans ces hôpitaux hors de prix ». Ce fut un plaidoyer honnête et à forte charge émotionnelle, en tout cas je m'y étais efforcée. Quoi qu'il en soit, quand j'en eus fini, un silence glacial s'installa dans l'église.

Mais j'ai fait plus encore. En premier lieu, le très sérieux directeur du Service de santé de Staunton a fait une présentation objective du sida, y compris de ses modes de transmission, ce qui aurait dû apaiser les craintes de toute personne normalement constituée. Puis, une femme est venue raconter comment l'un de ses jumeaux prématurés avait été contaminé par le virus du sida après une transfusion sanguine, et comment, alors que les deux garçons partageaient le même lit, les mêmes biberons et les mêmes jouets, seul celui qui avait été infecté par le virus était mort. Enfin, un pathologiste venu de Virginie leur fit part de son expérience de médecin *et* de père de famille ayant perdu son fils unique, victime du sida.

De manière invraisemblable, chaque intervenant fut conspué, ce qui m'a indignée au point de devenir folle de colère face à une telle ignorance et à une telle haine. J'ai alors compris que la seule manière d'obtenir une réaction favorable de cette foule aurait été d'annoncer mon départ immédiat du comté. Mais, au lieu de reconnaître ma défaite, j'ai préféré leur demander de me poser des questions.

Question : « Vous prenez-vous pour Jésus ? »

Réponse : « Non, je ne suis pas Jésus. Mais j'essaie d'accomplir des enseignements vieux de deux mille ans — c'est-à-dire aimer mon prochain et lui venir en aide. »

Question : « Pourquoi n'installez-vous pas votre centre dans un endroit où il serait le plus utile immédiatement ? Pourquoi dans cette région ? »

Réponse : « Parce que j'habite ici et que c'est ici que je travaille. »

Question : « Pourquoi n'êtes-vous pas restée là où vous étiez ? »

Il était près de minuit lorsque la réunion s'est achevée. Et tout cela pour quels résultats ? Aucun, si ce n'est une terrible déception et une non moins terrible colère. Ces gens-là me haïssaient. Mes assistants, les intervenants invités et moi-même avons été escortés jusqu'à la sortie de l'église par plusieurs policiers qui nous ont ensuite suivis jusqu'à ma ferme. J'ai alors dit à mon ami que je ne savais pas pourquoi la police se montrait si amicale. « Idiote, ils ne sont pas amicaux, m'a-t-il répondu en secouant la tête en signe d'incrédulité. Ils ne font que s'assurer que personne ne sera lynché ce soir. »

Après cet épisode, j'étais devenu une cible facile. Quand je faisais mes courses en ville, on m'appelait « l'amie des nègres ». J'ai reçu quotidiennement des menaces de mort par téléphone. « Tu vas crever comme tes petits chéris de bébés sidaïques. » Le Ku Klux Klan fit brûler des croix sur ma pelouse. D'autres ont tiré sur mes fenêtres. Le plus ennuyeux dans tout cela, c'était que chaque fois que je voulais sortir de chez moi, j'étais victime d'une crevaison. Étant donné que je vivais dans un bled perdu, c'était un grave problème. Il était évident que quelqu'un sabotait mon camion.

Finalement, je me suis cachée un soir pour surveiller la grille d'entrée de ma ferme, l'endroit où se produisaient régulièrement ces crevaisons. Vers deux heures du matin, j'ai vu six camionnettes découvertes qui passaient lentement devant la grille d'entrée. Les conducteurs se sont alors mis à jeter des bouts de verre et des clous. J'ai compris que je devais me montrer plus maligne qu'eux. Le lendemain, j'ai creusé un trou au bout de mon allée de garage et j'ai installé dessus une barrière canadienne[1] — une grille en métal qui laisserait passer les clous et les bouts de verre. Je n'ai plus eu de pneus crevés, mais j'étais toujours aussi impopulaire à Head Waters.

Un jour, alors que j'étais sortie travailler, un camion a ralenti et le conducteur a hurlé quelque chose d'horrible à mon intention. Puis il est parti sur les chapeaux de roues, mais j'ai eu le temps de remarquer l'autocollant fixé sur le pare-chocs et sur lequel était écrit « Jésus est le chemin ». Il n'est certainement pas ce chemin-là et, devant cette nouvelle déconvenue, je n'ai pu m'empêcher de crier : « Qui sont les vrais chrétiens dans ce coin ? »

Un an plus tard, je renonçais à me battre. Les forces auxquelles j'étais confrontée étaient trop puissantes. Non seulement l'opinion publique était contre moi, mais le comté refusait d'approuver l'indispensable plan de zonage. À part vendre la ferme, ce qui était hors de question, je n'avais plus de solutions, plus de ressources et plus d'énergie. Ma tristesse atteignit son paroxysme quand je suis entrée dans la chambre que j'avais aménagée pour les enfants en la remplissant d'animaux en peluche, de poupées, de couvre-lits faits main et de pull-overs que j'avais moi-même tricotés. On aurait dit un magasin pour bébés. Je me suis assise sur

1. Type de barrière laissant passer les véhicules, mais interdisant le passage des bestiaux. *(N.d.T.)*

l'un des lits et j'ai pleuré. Que pouvais-je faire d'autre ?

Mais je me suis rapidement ressaisie en concoctant un nouveau plan. Si je ne pouvais pas adopter moi-même des bébés atteints du sida, alors je trouverais d'autres personnes qui pourraient le faire tout en s'exposant à beaucoup moins de tracasseries. Pour répandre la nouvelle, j'ai eu recours à tous les moyens dont je disposais — ils étaient considérables — en faisant appel par exemple aux vingt-cinq mille abonnés à ma lettre d'information de Shanti Nilaya. Bientôt, mon bureau ressembla à une sorte d'agence de placement en famille d'accueil. Nous nous efforcions d'assortir au mieux les enfants aux familles. Une famille du Massachusetts adopta sept enfants à la fois. En fin de compte, j'ai réussi à trouver dans tout le pays trois cent cinquante personnes charitables et débordantes de tendresse qui ont accepté d'adopter des enfants atteints du sida.

En outre, on m'a signalé des gens qui, ne pouvant adopter des enfants, désiraient malgré tout leur venir en aide d'une manière ou d'une autre. Une vieille dame trouva ainsi une nouvelle raison de vivre en réparant les vieilles poupées qu'elle achetait dans les marchés aux puces. Ensuite, elle me les envoyait pour que je les distribue à Noël. Un avocat de Floride nous a offert gratuitement ses services. Une famille suisse a envoyé dix mille francs. Une femme m'a raconté avec fierté comment elle préparait des repas une fois par semaine pour un malade atteint du sida qu'elle avait rencontré durant l'un de mes stages. Une autre femme m'a écrit pour me dire qu'elle avait surmonté ses peurs et enlacé un jeune homme qui se mourait du sida. Dans sa lettre, elle me disait qu'il lui était difficile de déterminer qui, du jeune homme ou d'elle-même, avait le plus bénéficié de son geste.

Cette époque était marquée par la violence et la haine, et le sida était perçu comme l'une des grandes malédictions de notre temps. Quant à moi, je voyais aussi tout ce qu'il y avait de positif dans tout cela. Oui, j'ai bien dit positif. Tous les malades avec qui j'ai parlé de leurs expériences du seuil de la mort se sont souvenus de la lumière qui les a enveloppés et de la question qu'on leur a posée : « Quelle quantité d'amour avez-vous été capable de donner et de recevoir ? Combien de services avez-vous rendus ? » En d'autres termes, on leur demandait quelle note ils avaient obtenue à l'examen le plus difficile de la vie, celui de l'amour inconditionnel.

L'épidémie de sida nous confrontait à la même question. Grâce à elle, une multitude de gens avaient appris à aider les autres et à les aimer. Le nombre de centres de soins s'est accru dans des proportions considérables. On m'a raconté qu'un petit garçon et sa mère apportaient de la nourriture à deux voisins atteints du sida qui ne pouvaient se déplacer. Le « patchwork des noms », ces pièces de tissu réalisées et unies pour commémorer les victimes du sida, est une des plus grandes réalisations en faveur de l'humanité que ce pays et le monde aient jamais accomplies. Qui se souvient d'une telle solidarité dans le passé ?

Un garçon de salle qui participait à l'un de mes stages m'a parlé d'un jeune homme malade du sida qui se mourait dans son service à l'hôpital. Il passait des journées entières dans l'obscurité, sachant sa fin proche, avec l'espoir que son père qui l'avait chassé de la maison viendrait le voir avant qu'il ne soit trop tard.

Puis, un soir, le garçon de salle a remarqué un vieillard qui errait sans but dans les couloirs, l'air inquiet et désespéré. Familier des personnes qui viennent rendre visite à leurs proches, le garçon de salle n'avait jamais vu cet homme auparavant. Son intuition lui dit qu'il était le père du jeune sidéen. Aussi, quand le vieil homme s'est approché de la bonne chambre, le garçon de salle lui a dit : « Votre fils est ici.

— Non, non ce ne peut pas être mon fils », répondit le vieil homme.

À sa manière douce et compréhensive, le garçon de salle donna un léger coup de pied dans la porte, juste pour l'entrouvrir, puis insista : « Voici votre fils. » À ce moment-là, l'homme ne put s'empêcher de jeter un rapide coup d'œil sur le malade squelettique qui gisait dans l'obscurité. Après avoir passé la tête dans l'entrebâillement de la porte, il s'est reculé : « Non, c'est impossible, ce n'est pas mon fils. » Mais ensuite, le malade, extrêmement affaibli, a réussi à prononcer ces mots : « Si, papa, c'est bien moi. Ton fils. »

Le garçon de salle ouvrit complètement la porte et le père entra lentement à l'intérieur de la pièce. Il est resté debout un moment, puis s'est assis sur le lit et a pris son fils dans ses bras.

Il est resté là pendant des heures.

Plus tard, ce soir-là, son fils mourut. Mais il était mort en paix et pas avant que son père n'apprenne la plus importante de toutes les leçons.

Je suis persuadée qu'un jour la science médicale découvrira un remède contre cette horrible maladie. Mais j'espère que ce ne sera pas avant que le sida ne nous ait guéris de tout ce qui en nous détruit notre humanité.

36

LE MÉDECIN DE CAMPAGNE

Mon travail consistait à aider les gens à vivre une existence plus paisible, mais je dois dire que je ne jouissais pas moi-même d'une véritable sérénité. Le dur combat pour créer mon centre pour les bébés atteints du sida m'avait beaucoup plus affectée que je ne l'avais cru. Puis, il y eut un hiver rude au cours duquel la pluie et les inondations ont endommagé ma propriété. Ensuite, il y eut une sécheresse qui anéantit une bonne récolte alors que nous en avions désespérément besoin. Comme si tout cela n'était pas suffisant, je m'étais engagée dans un tourbillon d'activités — conférences, stages, collectes de fonds, visites de malades à domicile et à l'hôpital.

J'ai ignoré les mises en garde de mes amis, selon lesquels je me dirigeais tout droit vers de sérieux problèmes de santé, en acceptant une tournée épuisante de conférences et de séminaires à travers toute l'Europe. Toutefois, à la fin de cette tournée, je me suis offert un petit cadeau en allant passer deux jours chez ma sœur Eva en Suisse. Lorsque je suis arrivée chez elle, j'étais totalement épuisée. J'avais une mine épouvantable et j'avais absolument besoin de me reposer. Ma sœur m'a alors suppliée d'annuler un voyage prévu à Montréal pour rester quelque temps avec elle.

Même si je ne pouvais en aucun cas accepter sa proposition, j'étais déterminée à profiter au maximum de ma courte visite en participant joyeusement à la fête de famille qu'Eva avait organisée dans un bon restaurant. Comme la famille avait rarement l'occasion de se réunir, ce fut une jolie fête, tendre et chaleureuse. « Voilà ce que les familles devraient faire, ai-je dit. Elles devraient se réunir et faire la fête alors que tout le monde est encore vivant.

— Je suis d'accord, a répondu ma sœur.

— Peut-être que les futures générations célébreront le passage dans l'au-delà et ne feront plus de la mort un événement triste et absurde comme aujourd'hui, continuai-je. Les gens devraient plutôt pleurer la naissance, car le nouveau-né devra affronter l'absurdité de la vie encore une fois. »

Vingt-quatre heures plus tard, avant de me coucher, j'ai demandé à ma sœur de ne pas s'occuper de moi le lendemain matin, car je partirais à l'aéroport aussitôt après avoir pris un peu de café et fumé une cigarette. Le lendemain matin, mon réveille-matin a sonné et, lorsque je suis descendue dans la salle à manger, j'ai vu qu'Eva n'avait pas tenu compte de ce que je lui avais dit. Elle avait sorti sa plus belle nappe et composé un magnifique bouquet de fleurs fraîches. Je me suis assise pour prendre mon café et, au moment où je m'apprêtais à lui reprocher de trop en faire, la chose que tout le monde redoute le plus est arrivée.

Tous mes excès passés pendant tant d'années — stress, voyages, café, cigarettes, chocolat —

m'ont présenté l'addition en même temps. J'ai eu alors une étrange sensation d'effondrement. Mon corps perdait son énergie. Tout s'est mis à tourner autour de moi. Je n'avais plus conscience de la présence de ma sœur et je ne pouvais plus bouger. Pourtant, je savais exactement ce qui se passait.

J'étais en train de mourir.

Je l'ai tout de suite compris. Après avoir aidé tant de gens à passer le cap des derniers instants de leur vie, mon tour était enfin venu. Les commentaires que j'avais faits à ma sœur la veille au restaurant se révélaient prémonitoires. Au moins allais-je quitter ce monde après une fête de famille. J'ai ensuite pensé à ma ferme, aux champs pleins de légumes qu'il faudrait mettre en conserve, aux vaches, aux cochons, aux moutons et à tous leurs petits qui venaient de naître. Puis, j'ai regardé Eva qui était assise en face de moi. Elle m'avait tellement aidée pour réussir ma tournée en Europe que je souhaitais lui faire un cadeau avant de mourir.

Je ne voyais pas comment je pourrais y parvenir car j'ignorais de quel type de mort il s'agissait. Ainsi, s'il s'agissait d'un infarctus, je pouvais mourir d'un instant à l'autre. C'est alors que j'ai eu une idée.

« Eva, je suis en train de mourir, lui ai-je dit, et je veux te faire un cadeau d'adieu. Je vais te décrire ce que ressent véritablement un malade au moment de mourir. C'est le plus beau cadeau que je puisse te faire, parce que personne n'a jamais décrit cette expérience au moment où il la vivait. »

Je n'ai pas attendu — ni même remarqué, d'ailleurs — sa réaction, et je me suis mise à décrire minutieusement tout ce qui m'arrivait. « Cela commence par les doigts de pied, dis-je. J'ai l'impression qu'ils sont plongés dans de l'eau chaude. Ils sont comme engourdis, c'est une sensation apaisante. » J'avais l'impression de parler aussi vite que le présentateur d'une course de chevaux. « Cette énergie monte le long de mon corps — d'abord dans mes jambes. Maintenant elle passe par ma taille. Je n'ai pas peur. C'est comme je l'avais imaginé. C'est un vrai plaisir. C'est vraiment une sensation très agréable. »

Je me suis alors efforcée de rester pleinement concentrée sur cette expérience.

« Je suis hors de mon corps, continuai-je. Je ne regrette rien. Dis au revoir à Kenneth et à Barbara de ma part.

« Maintenant, je ressens uniquement une énergie d'amour. »

À ce moment-là, il ne me restait qu'une ou deux secondes à vivre. J'avais l'impression de descendre à toute allure une piste de ski, me préparant à sauter au-dessus d'un précipice. Droit devant moi, il y avait cette splendide lumière. J'ai joint les mains devant moi pour mieux me diriger vers le centre de la lumière. Je me souviens d'avoir pris la position de l'œuf pour gagner en vitesse et mieux contrôler ma course. J'avais pleinement conscience de vivre ces derniers instants merveilleux et n'en voulais rien rater afin de tout comprendre. « Je vais bientôt passer l'examen », ai-je dit à ma sœur. Puis j'ai regardé fixement la lumière qui se trouvait devant moi. J'ai eu l'impression qu'elle m'attirait vers elle et j'ai ouvert tout grand les bras. « J'arrive ! » ai-je crié. Lorsque je me suis réveillée, je gisais en travers de la table dans la cuisine d'Eva.

La luxueuse nappe de ma sœur était maculée de taches de café. Les fleurs de son magnifique bouquet jonchaient le sol. Pis encore, Eva était dans un état épouvantable. Complètement paniquée, elle me soutenait en se demandant quelle conduite adopter. Elle s'est excusée de ne pas avoir appelé une ambulance. « Ne sois pas idiote, lui ai-je dit. C'est tout à fait inutile. Il est évident que je ne suis pas morte. Je suis bel et bien repartie pour un tour ici-bas ».

Eva voulait absolument faire quelque chose, aussi lui ai-je demandé de me conduire à l'aéroport. Elle l'a fait, tout en étant persuadée que ce n'était pas raisonnable. « Au diable la raison », ai-je lancé d'un ton railleur. Sur la route, je l'ai invitée à me répéter tout ce que je lui avais raconté sur les derniers instants de la vie. Elle m'a regardée, l'air de tomber des nues. Elle semblait se demander si j'avais encore toute ma raison. Tout ce qu'elle m'avait entendu dire était « Je suis en train de mourir » et puis « J'arrive ! ». Tout ce que j'avais dit entre ces deux phrases se résumait à un vide absolu à l'exception du bruit fracassant de la vaisselle cassée lorsque j'ai heurté la table.

Trois jours plus tard, j'ai fait le diagnostic de ce qui m'était arrivé : une légère fibrillation du muscle cardiaque, peut-être associée à quelque chose d'autre, mais en tout cas, rien de grave. J'en conclus que j'étais en bonne santé. Mais je me trompais. La sécheresse de l'été 1988 fut terrible. Alors que les températures atteignaient des niveaux records, j'ai dû surveiller l'achèvement des bâtiments de mon centre, puis j'ai fait un saut en Europe pour fêter mon soixante-deuxième anniversaire en organisant une soirée pour les familles qui avaient adopté des bébés atteints du sida. Vers la fin juillet, je peinais plus que d'habitude.

Pourtant, je ne tenais aucun compte de la fatigue. Et puis, le 6 août, en compagnie d'Ann, une amie médecin qui était venue me voir d'Australie, et de mon ancienne assistante, Charlotte, une infirmière, je conduisais mon camion dans la pente raide de la colline qui surplombe ma ferme, quand tout à coup j'ai porté la main gauche à ma tête en appuyant très fort. Peu à peu, la partie gauche de mon corps s'affaiblissait et s'engourdissait de plus en plus. Je me suis tournée vers Ann, qui se trouvait à côté de moi sur le siège avant, et lui ai dit calmement : « Je viens d'avoir une attaque. »

Aucune d'entre nous ne savait trop quoi en penser. Avons-nous eu peur ? Étions-nous prises de panique ? Non. On n'aurait pas pu trouver trois femmes plus compétentes et plus calmes. Je ne sais comment, mais j'ai réussi à ramener le camion à la ferme et à serrer le frein à main. « Comment te sens-tu, Élisabeth ? » m'ont demandé mes amies. Franchement, je n'en savais rien. À ce moment-là, je ne pouvais plus m'exprimer correctement. Ma langue ne fonctionnait plus normalement, ma bouche pendait, inerte, et mon bras droit ne répondait plus.

« Il faut l'emmener à l'hôpital ! s'exclama Ann.

— Foutaises ! ai-je réussi à articuler. Que pourront-ils faire pour une attaque ? Rien, si ce n'est me surveiller. »

Cependant, consciente que j'avais besoin au minimum d'un examen médical, j'ai accepté qu'elles me conduisent au Centre médical de

Virginie. Au lieu de préparer le dîner ce soir-là, je suis restée dans la salle des urgences. Là, je suis restée complètement seule et j'aurais donné n'importe quoi pour une tasse de café et une cigarette. Mais en fait de cigarettes, j'ai vu un médecin qui a refusé de m'admettre si je n'arrêtais pas de fumer. « Non ! », ai-je répliqué d'un ton sec. Il a croisé les bras, comme un grand ponte sûr de son fait. J'ignorais qu'il était le patron du service de neurologie. D'ailleurs, cela m'était parfaitement égal. « C'est ma vie », lui ai-je dit.

Dans l'intervalle, un jeune médecin, amusé par cette scène, mentionna que la femme d'un grand ponte de l'université, récemment admise dans ce service, avait obtenu, grâce à ses relations, une chambre individuelle où elle pouvait fumer. « Demandez-lui si elle accepterait une compagne de chambre », lui ai-je dit. Elle accepta, ravie d'avoir un peu de compagnie. Dès que la porte de notre chambre fut fermée, cette dame âgée de soixante-dix ans, intelligente et très drôle, et moi-même avons allumé nos cigarettes. Nous nous sommes comportées comme des adolescentes. Chaque fois que j'entendais des pas dans le couloir, je lui faisais un signe et nous éteignions nos cigarettes.

Même si je n'étais pas une malade facile, on aurait pu malgré tout mieux me soigner. Personne ne m'a interrogée sur mes antécédents médicaux. On ne m'a pas fait de check-up approfondi. La nuit, les infirmières me réveillaient toutes les heures en braquant une torche électrique sur mes yeux. « Dormez-vous ? » questionnaient-elles. « Plus maintenant », grommelais-je. Pour ma dernière nuit à l'hôpital, j'ai demandé à l'infirmière si elle pouvait me réveiller en passant un morceau de musique. « C'est interdit, a-t-elle répliqué.

— Pourriez-vous alors siffler ou chanter ?

— C'est interdit. »

C'est tout ce que j'ai entendu dans cet hôpital : « C'est interdit. »

Finalement, j'en ai eu assez. À huit heures du matin, le troisième jour, je me suis traînée péniblement jusqu'au poste de soins avec à mon côté ma compagne de chambre pour régler moi-même les formalités de sortie. « Vous ne pouvez pas faire cela, m'a-t-on dit.

— Vous voulez parier ?

— Mais c'est interdit.

— Je suis médecin, dis-je.

— Non, vous êtes une malade.

— Les malades aussi ont des droits, ai-je répondu. Je vais régler ces formalités. »

Chez moi, je me suis rétablie plus vite et bien mieux que je ne l'aurais fait à l'hôpital. Je dormais bien et mangeais une nourriture saine. J'ai conçu mon propre programme de réadaptation. Tous les jours, je m'habillais toute seule, puis grimpais sur la grande colline située derrière ma ferme. Là, c'était la nature à l'état sauvage, avec des ours et des serpents à l'affût derrière les arbres et les rochers. Au début, je suivais péniblement le sentier à quatre pattes. Vers la fin de la semaine, j'étais de nouveau capable de marcher en m'appuyant sur une canne — un exercice qui me permit de reprendre des forces. Au cours de ces randonnées, je chantais à tue-tête, ce qui constitue un formidable exercice. Je chantais horriblement faux, mais c'était la meilleure protection contre les animaux sauvages.

Après quatre semaines d'un tel régime — et malgré le pessimisme de mon médecin — j'étais à nouveau capable de marcher et de parler normalement. Fort heureusement, il s'était agi d'une « petite » attaque, et j'ai pu me remettre à jardiner, à exploiter mon domaine, à écrire, à cuisiner et à voyager — bref, à faire tout ce que je faisais auparavant. Bien sûr, j'avais parfaitement compris la mise en garde : il me fallait ralentir mon rythme. Mais allais-je pour autant m'assagir ? Pas le moins du monde, comme le prouve cette conférence que j'ai donnée en octobre à l'intention des médecins de ce triste hôpital. « Vous m'avez guérie, leur ai-je lancé d'un ton moqueur. En l'espace de deux jours, vous m'avez définitivement vaccinée contre les hospitalisations, sauf en cas d'urgence absolue, bien sûr ! »

Au cours de l'été 1989, à ma grande joie, la récolte fut la meilleure que nous ayons jamais eue. Je possédais cette ferme depuis cinq ans, je l'avais exploitée pendant quatre ans et maintenant je pouvais savourer les fruits (et les légumes) de mon dur labeur. Il y a du vrai dans ce passage de la Bible : « On récolte toujours ce que l'on a semé. » Ce n'est qu'au début de l'automne, la saison des plus belles couleurs, que j'ai fini la mise en conserve de tous les légumes et les autres tâches de préservation des aliments et que j'ai pu commencer à mettre les semis en pépinière pour la saison prochaine. Depuis que j'étais revenue à la campagne, j'appréciais de plus en plus la dépendance des hommes vis-à-vis de la Terre Mère et je me suis intéressée de plus près aux prophéties des Indiens Hopis et au Livre des Révélations.

Je m'inquiétais de l'avenir du monde. À en juger par ce qu'en disaient les journaux et C.N.N., le tableau était effrayant. Je croyais de plus en plus ceux qui annonçaient que la terre serait bientôt frappée par des événements catastrophiques. Mes journaux personnels étaient remplis de pensées et d'idées destinées à prévenir les terribles souffrances annoncées. « Si nous étions capables de considérer TOUTES les créatures vivantes comme un don de Dieu, créées pour notre joie et notre plaisir, si nous savions les aimer, les respecter, les préserver soigneusement pour les prochaines générations et prendre soin de nous-mêmes avec la même passion affectueuse, alors, non seulement il n'y aurait RIEN À CRAINDRE du futur, mais encore nous l'attendrions avec enthousiasme. »

Malheureusement, tous ces journaux devaient partir en fumée dans l'incendie qui ravagea ma maison. Mais je me souviens de quelques notes :

- Notre présent dépend de notre passé et notre avenir du présent.
- Avez-vous éprouvé de l'amour pour vous-même aujourd'hui ?
- Avez-vous admiré et remercié les fleurs, pris soin des oiseaux ou contemplé les montagnes, puis ressenti un immense sentiment de respect envers tout cela ?

Certains jours, je ressentais le poids des ans, lorsque mon corps me faisait souffrir et me rappelait à quel point j'étais une personne impatiente.

Mais dès que j'abordais dans mes stages les grandes questions existentielles, je me sentais aussi jeune, vivante et pleine d'espoir qu'à l'époque où, jeune médecin de campagne, j'effectuais ma première visite à domicile, quelque quarante ans plus tôt. La meilleure des médecines est la médecine la plus simple. À la fin de mes stages, j'avais l'habitude de prononcer ces quelques mots : « Apprenons à nous aimer nous-mêmes, à nous pardonner, apprenons la compassion et la compréhension. » C'était un résumé de toutes mes connaissances et de toute mon expérience. « Alors nous serons en mesure de transmettre ces bienfaits aux autres. En prenant soin de la personne humaine, nous pouvons guérir la terre tout entière. »

37

LA CONSÉCRATION

Après sept années de travail, de luttes et de larmes, j'ai connu un grand bonheur, un splendide après-midi de juillet 1990, lors de la cérémonie d'inauguration officielle du Centre Élisabeth Kübler-Ross — un événement qui avait en réalité son origine vingt ans plus tôt lorsque j'avais ressenti de manière soudaine le désir de posséder une ferme. Nous avions utilisé régulièrement les installations pour les stages durant les travaux, mais maintenant tous les bâtiments étaient achevés.

Je contemplais les locaux de mon centre, les pavillons pour les hôtes, le drapeau suisse qui flottait à l'entrée du domaine, quand je me suis demandé si tout cela était bien réel. Pour réaliser ce rêve, j'avais dû passer par un divorce, puis j'avais connu la grande aventure de Shanti Nilaya à San Diego durant laquelle j'avais miraculeusement surmonté une crise religieuse consécutive à mes déboires avec Jay et la terrible bataille qui m'avait opposée à la population locale, laquelle n'exigeait qu'une chose : que cette « amie des sidéens » prenne le premier car et quitte la région.

Après l'émouvante bénédiction prononcée par Mwalimu Imara, mon ami de longue date, la célébration s'est poursuivie en musique avec des morceaux de gospel et de country. J'avais préparé assez de nourriture pour nourrir les cinq cents amis qui étaient venus du monde entier, y compris de l'Alaska et de Nouvelle-Zélande. J'ai également retrouvé avec plaisir des membres de ma famille et de nombreux patients. Ce fut un grand jour qui a renouvelé ma confiance dans le destin. Malheureusement, tous ceux qui ont croisé mon chemin n'ont pu être présents à cette cérémonie. Toutefois, deux mois auparavant, j'avais reçu une lettre inoubliable qui m'avait fait penser à tous ces gens et à la véritable bénédiction d'avoir pu les aider :

> Chère Élisabeth,
>
> C'est aujourd'hui la fête des Mères et je ressens davantage d'espoir en ce jour particulier que je n'en ai eu au cours de ces quatre dernières années ! Je suis rentrée hier du séminaire « Vie, Mort et Transition » qui s'est tenu en Virginie, et il fallait que je vous écrive pour vous dire ce qu'il m'a apporté.
>
> Il y a trois ans et demi de cela, ma fille Katie, âgée à l'époque de six ans, est morte d'une tumeur cérébrale. Peu après, ma sœur m'a envoyé un exemplaire du « Livre de Dougy » et ce que vous écrivez dans ce livre m'a profondément touchée. La parabole de la chenille et du papillon me donne aujourd'hui encore de l'espoir. D'autre part, j'ai énormément appris en vous écoutant jeudi dernier. Merci pour tout ce que vous nous donnez.
>
> Il m'est impossible de vous décrire tous les bienfaits que m'a apportés cette semaine de stage,

mais je tiens absolument à vous faire part de ce que m'ont appris la vie et la mort de ma fille. Elle et moi avions depuis toujours tissé des liens très particuliers, mais surtout durant sa maladie et les derniers instants de sa vie. Sa mort m'a fait comprendre une multitude de choses et Katie, aujourd'hui encore, est mon maître.

Katie est morte en 1986, après s'être battue pendant neuf mois contre une tumeur maligne au cerveau. Au bout de cinq mois, elle ne pouvait plus marcher ni parler, mais cela ne l'empêchait pas de communiquer. Les gens étaient très perturbés en constatant son état semi-comateux, mais je leur disais que nous nous parlions tout le temps. Nous nous sommes battus pour qu'elle puisse mourir à la maison et nous l'avons même emmenée à la plage en compagnie des membres de ma famille, deux semaines avant sa mort. Ce furent des moments très importants pour nous tous, y compris pour plusieurs nièces et neveux qui ont ainsi appris beaucoup de choses sur la vie et sur la mort. Je sais qu'ils se souviendront toute leur vie de l'aide qu'ils ont apportée à Katie.

Une semaine après notre retour, Katie mourut. La journée avait commencé comme à l'accoutumée. Je lui avais préparé ses médicaments et ses repas, je lui avais fait prendre son bain et m'étais entretenue avec elle. Ce matin-là, alors que sa sœur âgée de dix ans s'apprêtait à partir pour l'école, Katie émit quelques sons (chose qu'elle n'avait plus faite depuis des mois) et j'ai compris qu'elle disait « Au revoir » à Jenny avant qu'elle ne prenne le chemin de l'école. J'ai remarqué qu'elle avait l'air très fatiguée et je me suis promis de ne plus la déplacer ce jour-là. Je lui ai dit de ne pas avoir peur, que j'étais avec elle et que tout irait bien pour elle.

Je lui ai dit aussi qu'elle n'avait pas besoin de s'accrocher à la vie pour moi et que lorsqu'elle mourrait, elle se retrouverait dans un endroit sûr, entourée de gens qui l'avaient aimée, comme son grand-père, décédé deux ans plus tôt. Enfin, je lui ai dit qu'elle nous manquerait beaucoup, mais que tout irait bien pour nous. Puis, je suis restée à ses côtés dans le salon. Plus tard, cet après-midi-là, Jenny est rentrée de l'école, a salué Katie et est montée dans sa chambre pour faire ses devoirs. À ce moment-là, quelque chose m'a dit qu'il fallait que je me rapproche de Katie. Je me suis mise à nettoyer son tube d'alimentation qui fuyait. En me tournant vers elle, j'ai vu que ses lèvres étaient devenues blanches. Elle a pris deux respirations puis s'est arrêtée de respirer. Je lui ai parlé, elle a cligné des yeux à deux reprises et est morte aussitôt après. J'ai compris qu'il n'y avait plus rien à faire, si ce n'est la prendre dans mes bras, et c'est ce que j'ai fait. Je me sentais triste, mais parfaitement en paix. À aucun moment je n'ai envisagé de pratiquer une réanimation cardiorespiratoire, alors que je connais bien cette technique. Grâce à vous, je savais que cela n'aurait pas été une bonne chose pour elle. Je savais que sa vie s'était achevée en temps voulu, qu'elle avait appris tout ce qu'elle était venue apprendre et qu'elle avait enseigné aux autres ce qu'elle était venue enseigner. Aujourd'hui, je consacre la plus grande partie de mon temps à essayer de comprendre la portée de ce que sa vie et sa mort nous ont enseigné.

Depuis sa mort, une énergie nouvelle monte en moi et j'ai ressenti le besoin d'écrire. J'ai écrit durant plusieurs jours et je suis toujours stupéfaite par cette énergie et ces messages. Immédiatement après sa mort, une voix intérieure m'a dit que j'avais une mission à accomplir dans ma vie, que tendre la main à autrui et donner représentait les fondements de la vie. « Katie est immortelle, comme nous tous. Les choses essentielles — aimer, partager, enrichir la vie d'autrui, émouvoir et être ému — doivent être partagées avec les autres. Que peut-il y avoir de plus important que cela ? »

Et c'est ainsi que depuis la mort de Katie je me suis lancée dans une nouvelle vie. J'ai commencé des études de conseiller psychologique que j'ai achevées en décembre. Maintenant, je travaille avec des malades atteints du sida... et je comprends de mieux en mieux les liens spirituels qui m'unissent à Katie et à Dieu.

J'aimerais aussi vous faire part d'un rêve que j'ai eu plusieurs mois après la mort de Katie. Ce rêve était vraiment exceptionnel et c'est au réveil que j'ai compris son importance. Vos propos de jeudi dernier m'ont révélé un autre aspect important de ce rêve :

Je m'approchais d'une rivière au-delà de laquelle je devais me rendre en un certain endroit. J'ai aperçu une passerelle étroite qui enjambait la rivière. Mon mari m'accompagnait et, après m'avoir suivie quelque temps, j'ai dû le porter pour franchir le pont. Lorsque nous sommes arrivés de l'autre côté, nous sommes entrés dans un pavillon. Là, il y avait de nombreux enfants qui portaient des badges avec leurs noms et leurs photos. Nous avons trouvé Katie et compris que tous ces enfants étaient morts et que nous étions autorisés à leur rendre visite durant un temps limité. Nous nous sommes dirigés vers Katie et je lui ai demandé si je pouvais la prendre dans mes bras. Elle m'a dit : « Bien sûr, et nous pouvons aussi jouer ensemble pendant un moment mais je ne peux pas vivre avec toi. » Je lui ai répondu que je le savais. Nous avons visité l'endroit et joué avec elle pendant un moment, puis il a fallu partir.

Lorsque je me suis réveillée, j'ai eu la très nette impression d'avoir été avec Katie cette nuit-là. Maintenant, j'en suis sûre.

Avec toute mon affection, M.P.

38

LE SIGNAL DE MANNY

Il était inutile de se masquer la vérité : j'étais entourée d'assassins, de gens qui avaient commis certains des pires crimes qu'il m'ait été donné de connaître. Il n'y avait pas non plus d'échappatoire. J'étais enfermée derrière des barreaux avec ces hommes, dans cette prison avec système de sécurité renforcée d'Édimbourg, en Écosse. Et je leur demandais de m'avouer quelque chose — non pas quelque horrible crime qu'ils auraient commis. Non, je voulais qu'ils m'avouent quelque chose de bien plus troublant, de beaucoup plus douloureux. Je voulais qu'ils reconnaissent la douleur intérieure qui les avait poussés à commettre ces crimes.

C'était manifestement une approche nouvelle du repentir, mais j'étais persuadée que même une condamnation à perpétuité ne pouvait en aucun cas permettre à un assassin d'évoluer s'il ne pouvait prendre conscience des traumatismes qui l'avaient poussé à commettre un crime aussi violent. C'était la même théorie qui sous-tendait mes séminaires. En 1991, j'ai proposé à de nombreux établissements pénitentiaires d'organiser des ateliers chez eux, mais seule cette prison écossaise a accepté mes conditions : la moitié des participants serait constituée de prisonniers et l'autre moitié de membres du personnel pénitentiaire.

Cette expérience allait-elle marcher ? En me fondant sur mon expérience, j'en étais certaine. Durant une semaine entière, nous avons tous vécu dans cette prison, mangé la même nourriture, dormi sur les mêmes lits inconfortables, pris des douches dans les mêmes cabines glaciales (sauf moi — je préférerais puer comme un poisson pourri plutôt que d'avoir froid) et nous passions nos nuits enfermés dans les mêmes cellules. À la fin du premier jour, après que la plupart des détenus m'eurent raconté les crimes qui leur avaient valu d'être incarcérés, les plus endurcis d'entre eux ne purent retenir leurs larmes. Durant le reste de la semaine, la plupart de ces prisonniers révélèrent les traumatismes — atteintes sexuelles ou émotionnelles — qu'ils avaient subis au cours de leur enfance.

Mais ces prisonniers n'étaient pas les seuls à se confier. Après que la directrice de la prison, une femme mince, eut révélé devant les détenus et les gardiens un problème intime remontant à sa jeunesse, le groupe fut soudé par de forts liens émotionnels. Malgré la diversité des situations, il y eut soudain une compassion et un amour véritable entre toutes les personnes présentes. À la fin de la semaine, tous ces gens reconnurent ce que j'avais découvert depuis longtemps — à savoir que chaque être humain, quel qu'il soit, doit faire face sur terre aux souffrances et aux grandes difficultés nécessaires à son évolution.

Les détenus connaissaient maintenant une paix de l'esprit qui leur permettrait d'atteindre à la complétude de leur existence, même derrière des barreaux. Je fus récompensée de mes efforts par le meilleur repas suisse que j'aie jamais pris à l'étranger et par une émouvante mélodie d'adieu jouée par un joueur de cornemuse écossais. C'était peut-être l'unique occasion qu'auraient ces prisonniers d'entendre une telle musique derrière ces murs. Ces ateliers étaient formidablement efficaces, mais malheureusement trop rares. J'aurais souhaité qu'ils inspirent des projets similaires dans les prisons américaines surpeuplées où l'on n'accorde aucune attention à l'assistance psychologique.

Mais les gens se sont moqués de mes projets en les qualifiant d'irréalistes. Pourtant, il existe de nombreux exemples de projets qui semblaient encore plus utopiques, mais qui ont réussi parce que les personnes en cause se sont engagées résolument dans la voie du changement. Quel meilleur exemple pourrait-il y avoir que celui de l'Afrique du Sud, où le vieux système répressif de l'apartheid a laissé place à une démocratie multiraciale ?

Des années durant, on m'a demandé d'animer des séminaires en Afrique du Sud, et j'ai systématiquement décliné cette offre tant que l'on ne pouvait pas me garantir la présence de participants noirs. Finalement, en 1992, deux ans après que l'ancien régime blanc eut libéré Nelson Mandela de prison, on m'a promis un auditoire multiracial, et j'ai donc accepté de me rendre dans ce pays. Je ne prétends pas me comparer à Albert Schweitzer, l'homme qui fut à l'origine de ma vocation de médecin, mais je n'en réalisais pas moins un rêve de longue date.

Ce séminaire, qui contribua énormément à faire avancer l'idée selon laquelle ce qui rapproche les peuples entre eux est bien plus important que ce qui les sépare, constitua un événement capital. À soixante-six ans, j'avais animé des stages sur tous les continents. Après le séminaire, j'ai participé à une manifestation en faveur d'une transition pacifique vers un gouvernement multiracial. Mais j'aurais aussi bien pu manifester à Chicago, car le destin de l'homme suit partout la même voie : grandir, aimer, servir. Participer à cette manifestation a simplement renforcé en moi le sentiment que j'étais arrivée au bout de cette voie.

Mais peu après cet épisode plein d'espoir, un autre, triste celui-là, devait endeuiller ma vie. Cet automne-là, Manny, qui avait survécu à un triple pontage coronarien, avait perdu beaucoup de ses forces après une nouvelle défaillance cardiaque. Craignant de ne pouvoir supporter un autre hiver rude à Chicago alors que son état était, au mieux, incertain, il passa l'hiver à Scottsdale, dans l'Arizona, où le climat est nettement plus doux. En octobre, il s'est installé dans la maison d'un ami, où il vécut des jours très heureux. N'éprouvant plus aucune amertume quant à la triste fin de notre union, je suis passée le voir aussi souvent que possible pour remplir son frigidaire de repas que j'avais moi-même préparés. Manny s'est manifestement délecté de mes petits plats suisses. On s'est bien occupé de lui.

Je ne pourrais pas en dire autant de la manière dont il fut traité à l'hôpital pour une insuffisance rénale. Malgré son affaiblissement continuel, son moral s'est amélioré lorsque nous l'avons ramené à la maison. Quelques jours avant sa mort, j'ai dû me rendre à Los Angeles pour donner une conférence sur les centres de soins palliatifs. Sachant que les patients mourants ont la plus grande intuition du temps qu'il leur reste à vivre, j'ai proposé à Manny de demeurer à ses côtés, mais il m'a dit qu'il désirait passer un peu de temps en compagnie d'autres membres de la famille. « Alors c'est parfait, j'irai là-bas, ai-je dit. De toute façon, je serai de retour dans quelques jours. »

Une demi-heure avant de partir pour l'aéroport, je me suis souvenue du marché que j'avais conclu avec Manny au cas où il mourrait pendant mon voyage en Californie. Je voulais qu'il m'envoie un signal après sa mort pour prouver le bien-fondé de mes recherches sur la vie après la mort. S'il n'y avait pas de signal, eh bien je me contenterais de poursuivre mes recherches. Manny temporisa. « Quel genre de signal ? demanda-t-il. — Un truc exceptionnel, dis-je. Je ne sais pas quoi exactement, mais quelque chose qui ne pourrait venir que de toi. » Il était fatigué et cette histoire ne lui disait rien qui vaille. « Je ne partirai pas tant que tu ne m'auras pas donné ta promesse », l'ai-je averti. À la dernière minute, il m'a donné son accord et je l'ai quitté l'esprit tranquille. C'était la dernière fois que je le voyais vivant.

Plus tard, cet après-midi-là, Kenneth conduisit Manny à l'épicerie. C'était la première fois qu'il sortait depuis son hospitalisation. Au retour, Manny s'est arrêté chez le fleuriste afin d'acheter une douzaine de roses rouges à longues tiges pour les offrir à Barbara à l'occasion de son anniversaire, qui tombait le lendemain. Puis, Kenneth a ramené Manny à la maison où il a fait un petit somme tandis que Kenneth rangeait les articles d'épicerie, avant de rentrer chez lui.

Une heure plus tard, Kenneth est revenu pour préparer le dîner et a découvert Manny sans vie, dans son lit. Il était mort durant son petit somme.

Lorsque je suis rentrée dans ma chambre d'hôtel, tard ce soir-là, la lumière clignotante sur le téléphone indiquait que l'on avait tenté de me joindre. Kenneth avait essayé de me prévenir beaucoup plus tôt dans la journée, mais ce n'est qu'à minuit que nous avons pu nous parler. Entre-temps, il avait pu joindre Barbara à Seattle à son retour du travail et ils avaient passé la soirée au téléphone. Le lendemain, après plusieurs coups de fil à la famille, Barbara décida d'aller promener son chien. En rentrant, elle est tombée sur la douzaine de roses que Manny avait fait déposer sur le pas de sa porte, dans la neige qui était tombée durant toute la matinée.

Je ne savais rien de cette histoire de roses avant d'assister à l'enterrement de Manny à Chicago. J'avais fait intérieurement la paix avec Manny depuis longtemps et j'étais contente qu'il n'ait plus à souffrir. Nous étions là autour de la tombe, lorsqu'il s'est mis à neiger à gros flocons. J'ai alors remarqué que des douzaines de roses jonchaient le sol autour de la tombe. Je ne pouvais supporter l'idée que ces roses splendides soient ainsi perdues dans la neige et je les ai ramassées pour les distribuer aux amis de Manny, qui avaient l'air sincèrement affectés. J'ai donné une rose à chaque personne. J'ai offert la dernière à Barbara, parce qu'elle était particulièrement attachée à son père. Je me suis souvenue de l'une de nos discussions à propos de mes théories sur la vie après la mort. Il s'était alors tourné vers Barbara et lui avait dit ceci : « O.K., si ce que dit ta mère est vrai, alors, à la première chute de neige après ma mort, il y aura des roses rouges qui fleuriront dans la neige. » Au fil des années, cette boutade en forme de pari était devenue une sorte de plaisanterie de famille, mais voilà que maintenant elle se réalisait.

J'étais folle de joie, et cela se voyait à mon sourire. J'ai regardé en l'air. Le ciel gris était rempli de flocons de neige tourbillonnants qui prirent pour moi l'apparence de confettis un jour de fête. Manny était là-haut. Ah ! Il devait être là-haut en compagnie de mon père. Mes deux champions du scepticisme ! Maintenant, ils devaient rire ensemble. Tout comme moi, d'ailleurs.

« Merci, dis-je en levant les yeux vers Manny. Merci pour cette confirmation. »

39

LE PAPILLON

En tant qu'experte du deuil et du sentiment de perte, je connaissais parfaitement bien les différents stades qu'une personne traverse en ces circonstances, pour la bonne raison que c'était moi qui les avais définis. Colère. Refus. Marchandage. Dépression. Acceptation. En cette soirée glaciale d'octobre 1994, en revenant de Baltimore, j'ai trouvé ma maison ravagée par les flammes et j'ai à mon tour traversé chacune de ces étapes. Je fus surprise par la rapidité avec laquelle j'ai accepté ce désastre. « Qu'est-ce que je peux y faire ? » ai-je dit à Kenneth.

Douze heures plus tard, le feu dévorait ma maison avec la même intensité que la veille, à minuit, lorsque j'étais passée en voiture devant la pancarte signalant « Healing Waters » et que j'avais remarqué les lueurs d'un orange surnaturel et inquiétant qui agitaient le ciel de la nuit. Depuis lors, je n'ai cessé de penser que, dans mon malheur, je pouvais m'estimer heureuse. Que se serait-il passé si vingt bébés atteints du sida s'étaient trouvés là ? En outre, j'étais indemne. La perte de mes affaires personnelles était un autre problème qui ne concernait pas seulement ma petite personne. Des albums de photos et des journaux personnels de mon père avaient été détruits. Il en était de même pour tous mes meubles, mes appareils électroménagers et mes vêtements, pour le journal que j'avais tenu au cours de mon voyage en Pologne qui avait tant bouleversé ma vie, et pour les photos que j'avais prises à Maidanek. J'ai également perdu vingt-cinq journaux dans lesquels j'avais méticuleusement consigné toutes les conversations que j'avais eues avec Salem et Pedro. En outre, des centaines de milliers de pages de documentation, de notes et de textes scientifiques étaient parties en fumée, tout comme l'intégralité des photographies que j'avais prises de mes « fantômes ». Photos, livres, lettres... il ne restait plus que des cendres.

Plus tard, ce jour-là, j'ai reçu de plein fouet l'impact de ce désastre et j'ai sombré alors dans une sorte de prostration. J'avais tout perdu. Jusqu'à l'heure du coucher, je suis restée assise à fumer, dans l'incapacité de faire quoi que ce soit d'autre. Le lendemain matin, je me suis réveillée en bien meilleur état. J'avais repris mon sang-froid et j'avais une vision beaucoup plus réaliste des choses. « Que vas-tu faire ? Renoncer ? Non ! Ce qui m'arrive est une chance d'évoluer, me suis-je dit. Tu ne pourras pas évoluer si tout se déroule sans aucun problème. La souffrance est un cadeau qui a sa raison d'être. »

Et, dans le cas présent, quelle était cette raison ? L'occasion de reconstruire ma maison ? Après avoir examiné les dégâts, j'ai dit à Kenneth que j'avais maintenant un projet. J'allais reconstruire. Juste au-dessus des cendres. « Cet incendie est une bénédiction, lui ai-je dit. Inutile de repartir ailleurs. Je suis libre. Dès que j'aurai reconstruit, je pourrai passer la moitié de l'année en Afrique et l'autre moitié ici. »

J'ai bien vu qu'il pensait que j'avais perdu la raison.

« Tu ne vas rien reconstruire du tout, m'a-t-il déclaré d'un ton catégorique. La prochaine fois, ils vont te tirer dessus.

— Oui, sans doute, dis-je. Mais ce sera leur problème. »

Mon fils aussi considérait cela comme son problème. Durant les trois jours qui suivirent, il m'a écoutée décrire d'un ton rêveur le futur que j'entrevoyais pendant que nous campions dans la ferme. Un après-midi, il est parti en ville, sous prétexte de m'acheter des vêtements de base — sous-vêtements, chaussettes, jeans, etc. En fait, il est revenu avec des alarmes-incendie, des détecteurs de fumée, des extincteurs et des dispositifs de sécurité — de quoi parer à tous les dangers possibles et imaginables. Mais cela n'a pas suffi à le délivrer de l'inquiétude qu'il éprouvait pour moi. Kenneth ne voulait pas que je vive seule ici un instant de plus, un point, c'est tout.

J'ignorais complètement qu'il préparait un coup en douce lorsqu'il m'a conduite en ville pour aller manger du homard, une des rares choses que je suis incapable de refuser. Mais en fait de restaurant, je me suis retrouvée dans un avion en partance pour Phoenix. Kenneth s'était installé à Scottsdale pour se rapprocher de son père, et voilà que je suivais le mouvement. « On va te trouver une maison bien à toi », dit-il. J'ai protesté sans conviction. Je n'avais plus rien à moi. Plus de vêtements, plus de meubles, plus de livres, plus de photos. Et bien sûr, plus de maison. Il n'y a vraiment plus rien qui me rattachait à la Virginie. Dans ces conditions, pourquoi ne pas partir ?

J'ai simplement accepté la souffrance et elle a disparu.

Dans la rivière des larmes, ne te plains jamais. Fais du temps ton ami.

Quelques mois plus tard, dans un bar de Monterey, un homme devait avouer qu'il s'était débarrassé de la « dame du sida ». Malgré cela, les autorités locales ont refusé d'engager des poursuites. La police du comté de Highland m'a dit qu'ils n'avaient pas assez de preuves. Je n'étais pas prête à me battre. Et ma ferme dans tout cela ? Malgré tout ce qu'elle m'avait coûté en argent et en sueur, j'ai décidé de faire don du centre à une association qui s'occupait d'adolescents victimes de mauvais traitements ou atteints de troubles du comportement.

Finalement, être propriétaire comporte un aspect très positif. J'ai pu faire de grandes choses sur cette terre. Maintenant, il était temps que d'autres s'efforcent d'en tirer profit.

Je me suis rendue à Scottsdale où j'ai déniché une maison en pisé au milieu du désert. Il n'y avait rien autour de moi. Le soir, je m'asseyais dans la cuve thermale pour écouter les hurlements des coyotes et contempler les millions d'étoiles de notre galaxie. J'étais prise de vertige en réalisant que le temps et l'espace n'existent plus dans l'infini. Les matins étaient tout aussi déroutants, avec leur calme et leur silence trompeurs. Des serpents et des lapins se cachaient dans les rochers tandis que les oiseaux se nichaient dans les immenses cactus. Le désert est un endroit à la fois tranquille et dangereux.

Le 13 mai 1995, la veille de la fête des Mères, j'ai dit à mon hôte, un éditeur allemand, que le désert me donnait l'opportunité de réfléchir. Tôt le lendemain matin, le téléphone a sonné et, en ouvrant un œil, j'ai vu qu'il était sept heures du matin. Je ne connaissais personne qui eût osé m'appeler à une heure pareille. Peut-être était-ce un appel provenant d'Europe pour mon hôte. Quand j'ai voulu me pencher pour prendre le combiné, j'ai compris que quelque chose n'allait pas. Mon corps ne réagissait plus. Impossible de bouger. Le téléphone continuait de sonner. Mon cerveau envoyait l'ordre de bouger mais mon corps ne pouvait obéir.

Puis, j'ai compris la nature du problème. « Tu viens d'avoir une autre attaque, me suis-je dit. Cette fois, c'est grave. »

La sonnerie s'est arrêtée. Comme mon éditeur n'avait pas répondu, je me suis dit qu'il était sorti pour une longue promenade matinale. J'étais donc toute seule. Il m'a semblé que l'attaque avait entraîné une paralysie partielle qui concernait surtout le côté gauche. Même si j'étais très affaiblie, je pouvais malgré tout bouger un peu ma jambe et mon bras droits. Je décidai de sortir du lit pour aller jusqu'à l'entrée où je pourrais crier au secours. Il m'a fallu près d'une heure pour, centimètre par centimètre, atteindre le plancher. J'étais comme un fromage qui fond très lentement. Je n'avais qu'une idée en tête, ne pas tomber, car je ne voulais pas risquer de me casser le col du fémur. Cela en aurait été trop pour moi.

Une fois sur le plancher, il m'a fallu une autre heure pour atteindre la porte que je n'ai pu ouvrir, la poignée étant trop haute. Au prix d'efforts interminables, j'ai pu parvenir à l'ouvrir avec mon menton et mon nez. Lorsque j'ai enfin pu passer ma tête par l'entrebâillement, j'ai entendu mon éditeur dans le jardin, mais il se trouvait trop loin de moi pour entendre ma voix si faible. Après peut-être encore une trentaine de minutes, il est rentré et a entendu mes appels à l'aide. Il m'a alors conduite chez Kenneth, avec qui j'ai eu une vive discussion sur le fait de savoir si je devais ou non me rendre à l'hôpital. Je ne voulais absolument pas y aller. « Mais enfin, me dit-il, tu pourras fumer dès que tu sortiras. »

Quand Kenneth eut finalement accepté que, dans le pire des cas, je ne resterais pas plus de vingt-quatre heures à l'hôpital, j'ai finalement cédé à ses demandes insistantes. À l'hôpital, malgré la paralysie qui affectait le côté gauche de mon corps, je faisais tout à contrecœur, je me montrais difficile, me plaignais sans cesse et j'aurais donné n'importe quoi pour une cigarette. Je reconnais que je n'étais pas une malade idéale. J'ai subi des examens tomodensitométriques, puis une IRM et enfin un check-up complet, tout cela confirmant ce que je savais déjà : j'avais été victime d'une congestion cérébrale.

En ce qui me concerne, cette attaque n'était rien comparée à la souffrance que me causaient les méthodes de soins actuelles. J'ai d'abord dû supporter une infirmière hostile, puis l'incompétence stupéfiante du personnel soignant. Au cours de mon premier après-midi dans cet hôpital, une infirmière a essayé de redresser mon bras gauche, qui était bloqué dans une position recourbée et qui me faisait si mal que je ne pouvais même pas supporter l'effet d'un courant d'air. Lorsqu'elle s'est emparée de mon bras, je lui ai fait une prise de karaté avec mon bras valide. Elle a alors appelé deux autres infirmières pour me maîtriser.

« Faites gaffe, c'est une bagarreuse », dit la première infirmière aux deux autres.

Elle ne croyait pas si bien dire. En effet, je suis partie dès le lendemain. Il était hors de question que je tolère plus longtemps ce genre de traitement. Malheureusement, une semaine plus tard, j'ai dû retourner dans cet hôpital en raison d'une infection des voies urinaires causée par une immobilité forcée et une hydratation insuffisante. Comme il me fallait uriner toutes les demi-heures, j'étais obligée de m'en remettre aux infirmières pour pouvoir utiliser la chaise percée. La deuxième nuit, la porte de ma chambre s'est refermée, mon bouton d'appel est tombé par terre et les infirmières m'ont complètement oubliée.

Il faisait chaud et la climatisation était en panne. Ma vessie était prête à éclater. Autant dire que je n'ai pas passé une bonne nuit. J'ai alors aperçu ma tasse à thé sur la table de chevet. Un véritable don du ciel. Je l'ai utilisée pour me soulager.

Le lendemain matin, une infirmière, fraîche comme une rose, le sourire aux lèvres, est entrée dans ma chambre. « Comment allez-vous ce matin, ma chère ? » demanda-t-elle. Pour toute réponse, je lui ai lancé un regard glacial. « C'est quoi, ça ? a-t-elle dit en désignant du regard la tasse à thé.

— C'est mon urine. Personne n'est venu s'occuper de moi cette nuit.

— Ah bon », fit-elle sans même s'excuser. Puis elle est sortie.

L'aide médicale à domicile ne valait guère mieux. Pour la première fois de ma vie, je bénéficiais de l'assistance médicale pour les personnes âgées et les handicapés, et j'ai pu découvrir ainsi les graves insuffisances de ce système. On m'a désigné un médecin que je ne connaissais pas, un célèbre neurologue. Kenneth m'a poussée dans mon fauteuil roulant jusqu'à son bureau.

« Comment vous sentez-vous ? m'a-t-il demandé.

— Paralysée. »

Au lieu de prendre ma tension ou de contrôler mes signes vitaux, ce médecin m'a demandé ce que j'avais écrit depuis mon premier livre, puis m'a fait comprendre qu'il apprécierait un exemplaire de mon dernier ouvrage, si possible dédicacé. J'ai voulu changer de médecin, mais la sécurité sociale a refusé. Un mois plus tard, j'ai eu des troubles respiratoires et j'ai eu besoin d'assistance. Mon excellente physiothérapeute a appelé à trois reprises mon médecin, sans obtenir de réponse. Finalement, je l'ai moi-même appelé. Sa secrétaire m'a répondu d'un ton désolé que le docteur était trop occupé. « Mais vous pouvez me poser toutes les questions que vous voulez, dit-elle d'un ton aimable.

— Si j'avais voulu parler à une standardiste, j'en aurais appelé une. Mais voilà, je veux parler à un médecin. »

Exit donc le médecin trop occupé. Sa remplaçante était une de mes amies, Gladys McGarrey, un merveilleux médecin. Elle m'a bien soignée. Elle s'inquiétait vraiment de mon sort. Elle venait me voir à domicile, même les week-ends, et me prévenait toujours de ses absences. Elle savait m'écouter. Elle incarnait tout ce que j'attendais d'un médecin.

La bureaucratie de la sécurité sociale a été à la hauteur de la piètre image que j'en avais. On m'a assigné des assistantes sociales qui n'avaient aucunement l'intention d'accomplir leur mission. L'une d'elles n'a pas voulu me répondre lorsque je lui ai demandé quelles prestations étaient couvertes par mon assurance. « Votre fils peut s'occuper de cela », m'a-t-elle répondu. Puis il y eut cette histoire, en apparence insignifiante, concernant un coussin de siège. Une infirmière avait commandé pour un moi un coussin de siège pour mon coccyx douloureux, car je restais assise quinze heures par jour. Lorsqu'il m'a été livré, je me suis aperçue que la sécurité sociale avait dû payer 400 dollars pour cette chose qui n'en valait pas plus de vingt. Je l'ai renvoyée à l'expéditeur.

Quelques jours plus tard, la société m'a téléphoné pour me dire que je n'avais pas le droit de renvoyer moi-même ce coussin par la poste. Il devait absolument être enlevé par le service de livraison. Ils avaient donc décidé de me réexpédier ce foutu coussin. « C'est parfait, renvoyez-le-moi, ai-je dit d'un ton incrédule. Je m'assiérai dessus. »

L'univers des services de santé est kafkaïen. Deux mois après mon attaque, même si je continuais à souffrir d'une paralysie, ma physiothérapeute m'a annoncé que ma compagnie d'assurances avait décidé d'arrêter tout traitement. « Docteur Ross, je suis désolée, mais je ne pourrais plus venir, m'a-t-elle dit. Ils ne veulent plus rembourser les soins. »

Comment peut-on traiter un malade de cette manière ? Ma sensibilité de médecin en fut terriblement offensée. Après tout, la médecine était ma vocation. Je m'étais sentie honorée de traiter des victimes de la guerre. Je m'étais occupée de malades considérés comme incurables. J'avais consacré toute ma carrière à enseigner aux médecins et aux infirmières à faire montre de plus de compassion. En trente-cinq années de pratique, je n'ai jamais fait payer un seul patient.

Et maintenant, voilà ce qu'on me disait : « Ils ne veulent plus rembourser les soins. »

C'était donc cela, la médecine moderne : une décision absurde prise par un fonctionnaire quelconque qui n'avait jamais vu le malade ? La paperasserie avait-elle remplacé le souci du bien-être d'autrui ?

Je trouve personnellement qu'aujourd'hui on ne respecte plus aucune valeur.

La médecine moderne est complexe et la recherche est coûteuse, mais les patrons des grandes compagnies d'assurances et des organismes privés de préservation de la santé ont des salaires annuels qui atteignent des millions de dollars. Pendant ce temps, des malades atteints du sida n'ont pas les moyens de s'acheter les médicaments qui leur permettraient de prolonger leur vie. Des cancéreux se voient refuser des traitements parce qu'ils sont considérés comme « expérimentaux ». Des salles des urgences sont fermées tous les jours. Comment cela peut-il être toléré ? Comment peut-on enlever tout espoir à un malade en refusant de le soigner ?

Il fut un temps où la médecine ne s'intéressait

qu'à la guérison, et non à la gestion. Il faut absolument qu'elle retrouve cette déontologie. Les médecins, les infirmières et les chercheurs doivent reconnaître qu'ils sont le cœur de l'humanité, tout comme les ecclésiastiques en sont l'âme. Il faut qu'ils placent leurs semblables — qu'ils soient riches ou pauvres, blancs ou noirs — au premier rang de leurs priorités. Croyez-moi, moi qui ai reçu de la « terre polonaise bénie » comme salaire pour avoir sauvé un enfant, il n'est pas de plus grande récompense que le sentiment d'avoir rendu service.

Arrivé dans l'au-delà, chacun doit faire face à la même question : *Combien de services avez-vous rendus ? Qu'avez-vous fait pour aider les autres ?*

Si vous attendez d'être dans l'autre monde pour y répondre, il sera trop tard.

La mort en elle-même est une expérience merveilleuse et positive, mais le processus de la mort, lorsqu'il se prolonge comme le mien, est un véritable cauchemar. Il sape toutes vos facultés, surtout la patience, l'endurance et la sérénité. Tout au long de l'année 1996, j'ai dû lutter contre une souffrance permanente et les limitations que m'imposait ma paralysie. On doit s'occuper de moi jour et nuit. Si on sonne à la porte, je ne peux aller ouvrir. Quant à l'intimité, elle appartient désormais au passé. Après quinze années de totale indépendance, c'est une dure leçon. Des gens entrent et sortent de chez moi. Parfois, ma maison ressemble à la gare centrale de New York. Parfois, elle est trop calme.

Quel genre de vie est-ce là ? Une vie misérable.

En janvier 1997, au moment où j'écris ces lignes, je dois dire honnêtement que j'ai hâte de « passer l'examen final ». Je me sens très faible, j'ai mal en permanence et je suis totalement dépendante. Si j'en crois ma conscience cosmique, je sais que si j'arrêtais de me montrer amère, colérique et pleine de ressentiment vis-à-vis de ma condition, et que si je me contentais d'accepter tout simplement cette « fin de vie » telle qu'elle est, alors je pourrais partir dans l'au-delà dans de bien meilleures conditions, vers un plan plus élevé. Mais, comme je suis particulièrement têtue et fière, il me faut tirer les derniers enseignements de cette vie dans des circonstances très difficiles. Comme tout le monde, d'ailleurs.

Malgré toutes les souffrances que j'endure, je suis toujours opposée au Dr Kevorkian, qui abrège la vie des gens pour la seule raison qu'ils souffrent ou qu'ils ne se sentent pas bien. Il ne comprend pas que, ce faisant, il les prive des dernières leçons qu'ils doivent apprendre pour être en mesure d'obtenir leurs « diplômes ». En ce moment, j'apprends la patience et la soumission. Si difficiles que soient ces leçons, je sais que le Très-Haut a un plan. Je sais qu'il a fixé une date où je pourrais quitter mon corps, à l'image du papillon qui sort de sa chrysalide.

L'évolution est la seule raison de notre présence ici-bas. Il n'y a pas de hasard.

40

SUR LA VIE ET LA FAÇON DE VIVRE

C'est bien dans mon style d'avoir d'ores et déjà prévu ce qui va se passer. Ma famille et mes amis viendront du monde entier, traverseront le désert jusqu'à ce qu'ils tombent sur un petit écriteau planté sur une piste poussiéreuse et sur lequel on peut lire *Élisabeth,* puis atteindront le tipi indien et le drapeau suisse qui flotte très haut au-dessus de ma maison de Scottsdale. Certains me pleureront. D'autres auront compris à quel point je serai enfin soulagée et heureuse. Ils mangeront, échangeront des anecdotes, riront, pleureront et, à un moment donné, lâcheront des douzaines de ballons gonflés à l'hélium qui donneront au ciel une apparence surnaturelle. Bien entendu, je serai morte.

Mais oui, au fait, pourquoi ne pas organiser une cérémonie d'adieu ? Pourquoi ne pas fêter l'événement ? À soixante-dix ans, je peux dire que j'ai vécu pleinement. À ma naissance, je ne pesais que « deux livres et des poussières » et l'on ne s'attendait pas à ce que je survive. Par la suite, j'ai passé la plus grande partie de ma vie à combattre le Goliath que sont les forces de l'ignorance et de la peur. Tous ceux qui sont familiers de mon œuvre savent que pour moi, la mort peut constituer une des plus grandes expériences de la vie. Tous ceux qui me connaissent personnellement peuvent témoigner de mon impatience de quitter ce monde de souffrances et de luttes pour rejoindre le royaume de l'amour infini.

Ma dernière leçon, celle de la patience, n'a pas été de tout repos. Ces deux dernières années, à cause d'une série d'attaques cérébrales, je me suis retrouvée complètement dépendante des autres pour les moindres gestes de la vie quotidienne et pour les soins qui doivent m'être prodigués. Je dois me battre tous les jours pour descendre de mon lit, m'asseoir sur mon fauteuil roulant, aller à la salle de bains et en revenir. Depuis deux ans, je ne souhaite qu'une chose : quitter mon corps, à l'image du papillon qui sort de sa chrysalide, pour me fondre enfin dans la grande lumière. Mes guides m'ont répété à plusieurs reprises que je devais faire du temps mon ami. Je sais que le jour où ma vie s'achèvera sous cette forme, dans ce corps, j'aurai appris ce type d'acceptation.

Le seul intérêt de cette lente approche de la transition finale a été le temps que j'ai pu ainsi consacrer à la contemplation. Je suppose qu'il était normal qu'après avoir accompagné tant de patients mourants j'aie pu disposer du temps nécessaire à une réflexion sur la mort, alors que je dois faire face à ma propre mort. Il y a quelque chose de romanesque dans cette attente, une légère tension, un peu comme dans ces procès de cinéma où un grand silence envahit le tribunal au moment où l'accusé se voit offrir l'occasion de se confesser. Fort heureusement, en ce qui me concerne, je n'ai plus rien à confesser. La mort prendra pour moi l'aspect d'une étreinte chaleureuse. Comme je le dis depuis longtemps, la vie dans un corps physique n'est qu'un intermède très court dans l'existence totale d'un être.

Lorsque nous avons appris les leçons que nous étions venus apprendre sur terre, nous sommes autorisés à passer au plan supérieur. Nous pouvons alors abandonner notre corps, qui emprisonne notre âme de la même manière que la chrysalide enferme le futur papillon. Ainsi, nous serons libérés de toute souffrance, de toute peur et de tout souci... nous serons libres comme un magnifique papillon qui retourne chez lui au royaume de Dieu... un endroit où nous ne sommes jamais seuls, où nous continuons de grandir, de danser et de chanter, où nous retrouvons ceux que nous avons aimés, et où nous sommes enveloppés d'un amour infini et inimaginable.

Dieu merci, j'ai atteint un niveau où je n'ai plus besoin de revenir pour apprendre quelque autre leçon, mais je dois dire que l'état de ce monde que je quitte à tout jamais me laisse triste et troublée. La planète tout entière est confrontée à d'énormes difficultés. La terre traverse une période de grande vulnérabilité. Elle est « violentée » depuis trop longtemps sans que l'on prenne en compte les graves conséquences de nos comportements. L'humanité a dévasté le paradis terrestre. Guerres, avidité, matérialisme, penchant à la destruction, tout cela est devenu la force motrice de la vie, le mantra de générations entières dont les raisonnements sur le sens de l'existence se sont dangereusement pervertis.

Je crois que la terre va bientôt corriger ces méfaits. À cause des actions passées de l'humanité, il y aura de terribles tremblements de terre, inondations, éruptions volcaniques et autres catastrophes naturelles, sur une échelle inconnue jusque-là. Cela, je le sais. Mes guides m'ont annoncé des bouleversements aux proportions bibliques. N'est-ce pas le seul moyen de réveiller l'humanité ? Quoi d'autre pourrait enseigner le respect de la nature et la nécessité de l'évolution spirituelle ?

Si mes yeux ont perçu ce futur terrifiant, mon cœur me dirige vers ceux qui resteront derrière moi. N'ayez pas peur. Il n'y a aucune raison d'avoir peur si vous gardez à l'esprit que la mort n'existe pas. Au lieu de vivre dans la peur, efforcez-vous de découvrir votre Moi profond et de percevoir la vie comme un combat où les choix les plus difficiles sont aussi les plus élevés — des choix qui engendreront la justice, la force et la compréhension du Très-Haut. *Le plus grand cadeau que Dieu nous ait fait est le libre arbitre.* Il n'y a pas de hasard. Il y a une raison positive derrière tout ce qui nous arrive dans la vie. *Si l'on avait protégé des ouragans les terrains où se sont creusés les canyons, vous ne pourriez pas contempler ces paysages fantastiques que l'érosion a sculptés au fil des siècles.*

Alors que je vais bientôt passer dans l'autre monde, je sais que le paradis et l'enfer sont seulement la suite logique de la vie qu'ont menée les gens. *La seule raison d'être de la vie est l'évolution. La leçon suprême de la vie est d'apprendre à aimer et à être aimé de manière inconditionnelle.* Sur terre, des millions de gens meurent de faim. Des millions de gens sont sans abri. Des millions de gens souffrent du sida. Des millions de gens ont été maltraités. Des millions de gens doivent surmonter leurs infirmités. Tous les jours, des êtres se lèvent pour réclamer à cor et à cri davantage de compréhension et de compassion. Écoutez-les. Écoutez cet appel comme s'il s'agissait d'une musique magnifique. Je peux vous assurer qu'en ouvrant votre cœur aux personnes en difficulté vous recevrez les plus belles récompenses de toute votre vie. Les plus grandes bénédictions viennent toujours de l'aide apportée à autrui.

Je crois vraiment que ma vérité est une vérité universelle, qu'elle se situe au-delà de toute religion, de tout principe économique, de toute race, que chacun peut la découvrir à travers l'expérience commune de la vie.

Tous les êtres proviennent de la même source et retourneront à la même source.

Nous devons tous apprendre à aimer et à être aimés de manière inconditionnelle.

Toutes les difficultés que vous traversez dans la vie, toutes vos mésaventures et vos cauchemars, tout ce que vous considérez comme des punitions divines, ne sont en réalité que des cadeaux. Ce sont des occasions de poursuivre son évolution, ce qui est l'unique raison d'être de la vie.

Vous ne pourrez pas guérir le monde tant que vous ne vous serez pas guéri vous-même.

Si vous êtes prêt à vivre des expériences spirituelles et si vous n'avez pas peur, alors vous en aurez certainement. Vous n'avez nul besoin d'un gourou ou de quelque autre maître exotique pour vous expliquer comment les vivre.

Nous tous, lorsque nous sommes venus au monde en sortant de la source — que j'appelle

Dieu — avons été dotés d'une parcelle de divinité. C'est pour cela qu'au fond de nous-mêmes, nous savons que nous sommes immortels.

Vous devriez vivre pleinement jusqu'à votre mort.

Personne ne meurt dans la solitude.

Chacun est aimé au-delà de toute compréhension.

Chacun est béni et guidé.

Il est très important de ne faire que ce que l'on aime faire. Peut-être êtes-vous pauvre, ou affamé, ou encore vivez-vous dans un endroit minable, mais vous devez vivre pleinement votre vie. Et, à la fin de vos jours, vous considérerez votre vie comme une bénédiction parce que vous aurez accompli ce pour quoi vous étiez venu sur terre.

La plus difficile des leçons est d'apprendre à aimer de manière inconditionnelle.

Il n'y a rien à craindre de la mort. Elle peut être la plus merveilleuse expérience de votre vie. Tout dépend de la façon dont vous avez mené votre existence.

La mort n'est qu'une simple transition conduisant à un plan d'existence où la souffrance et l'angoisse sont inconnues.

L'amour permet de tout supporter.

Mon vœu le plus cher est que vous essayiez de donner davantage d'amour au plus grand nombre possible de gens.

La seule chose qui soit éternelle est l'amour.

REMERCIEMENTS

Je veux profiter de l'occasion qui m'est ici offerte pour remercier non seulement mes amis des temps heureux, mais surtout ceux qui sont également restés à mes côtés durant les périodes difficiles :

David Richie, que j'avais rencontré « au bon vieux temps » en Pologne et en Belgique et qui, malgré son grand âge, continue de rester en contact avec moi et de me rendre visite.

Ruth Oliver, dont l'amour a toujours été inconditionnel.

Francis Luethy, qui m'a beaucoup aidée lorsque je vivais en Virginie.

J'aimerais également remercier Gregg Furth, Rick Hurst, Rita Feild, Ira Sapin, Steven Levine et Gladys McGarrey pour les très nombreuses années d'une amitié indéfectible.

Cheryl, Paul et leur fils Joseph (mon filleul), pour leurs fréquentes visites.

Le docteur Durrer et sa femme pour leur fidèle amitié.

Peggy et Alison Marengo pour avoir adopté sept enfants atteints du sida et pour avoir été un exemple pour nous tous. Je n'oublie pas non plus Lucie, ma filleule.

Et je remercie naturellement mes deux sœurs, Erika et Eva, ainsi que le mari d'Eva, Peter Bacher.

TABLE DES MATIÈRES

Aubin Imprimeur
LIGUGÉ, POITIERS

Achevé d'imprimer en août 1998
pour le compte de France Loisirs
123, bd de Grenelle, 75015 Paris
N° d'édition 30200 / N° d'impression L 56548
Dépôt légal, août 1998
Imprimé en France